安藤昌益の実像

近代的視点を超えて

山崎庸男
Nobuo YAMAZAKI

農文協

はじめに

本書は、安藤昌益の人と思想を概観・紹介しつつ、以下の一〇項目におよぶ先行研究への疑義と、私見の提示をめざすものである。これまでの安藤昌益に関する主要な論考を検討、総括し、新たな昌益像の創造をめざした。この江戸期日本に自生した思想家の人と思想の実像を、一人でも多くの人びとに知ってもらうことを意図した作品である。

その先行研究への疑義と私見とは、おおよそ次のようなものである。

一、昌益思想研究上の最大の難題―思想の「革新的な身分制批判、人間・男女平等」論と、天人合一原理・陰陽五行説などの「古い思想構造」論との融合―を、「整合的に理解する」ことをめざし、昌益思想の本質を解明することにある。

二、狩野亨吉《かのうこうきち》、渡辺大濤《わたなべだいとう》、E・H・ノーマンの昌益像を素描し、狩野証言にある徳川家康批判の「張紙」（稿本『自然真営道』）証言に関して、再考の必要性を指摘し、従来の昌益像形成の画期をなした狩野亨吉証言に対し初めて疑義を提起する。

三、稿本『自然真営道』がなぜ北千住に所蔵されていたのか。その謎を解明するため、昌益思想を語り継いだ川村寿庵・真斎父子、橋本律蔵などに関する資料を紹介しつつ、昌益思想の継承・影響などにも言及する。

四、大館資料の『石碑銘』『掠職《かすみしょく》手記』の分析を通して、これらの資料内容が地域の動向と深く結びついていることを明らかにして、これらの資料価値が広い歴史性をもつことを提示する。

五、八戸時代の前期昌益思想を分析して、中期の斬新な思想（真・自然）の基礎がすでに形成されていたこと、昌益思想の視座・原理は前期から中期へと一貫していることを明らかにする。それは、通説の「昌益思想は東北の飢饉が生んだ」とする説に対し再考を促すものとなるであろう。

六、十八世紀後半の医学界における医学論争の渦中を経て、昌益独自の「無二一真論」の運気論思想が確立されたこと。この医学論争の渦中にて、昌益は他の医者にはないイデオロギー性の強い独自な言説を展開して聖人批判の端緒になったことを指摘する。本書において、昌益思想の変貌・確立の重要な画期となった宝暦期医学論争を重視することの必要性を提起する。

七、中期昌益思想の根本思想である「自然」「真」などの用語を詳細に分析して、昌益思想の「自然」は自然界《ネーチャー》の意ではないことを明らかにする。

八、安藤昌益は、近世幕藩制身分制度を激しく批判し、また、人間・男女平等論を主張した思想家である、と理解されている。本書は、昌益思想の「二別」（上下）批判は、現実の近世幕藩身分制社会の検討から獲得された視座・思想ではなく、昌益思想の「無二一真論」の原理・思想から導き出された主張であることを明らかにする。また、昌益の「四民」（士農工商）批判は、中国儒教・聖人に対する批判の一環で、批判の対象は、中国・聖人に限定されていることを指摘する。昌益の自国認識は、基本的には自国を肯定しているのに、なぜ身分制社会を批判するのか、この最大の難問を解明する。

九、昌益による異国渡来の既成教学批判の本質が、昌益の強いナショナリズムを基底とした自国肯定認識・神道的思想に根ざしていることを明らかにして、昌益思想の本質と、その新たな歴史的立ち位置を提示する。

十、昌益と門人たちの「八戸全国集会《シンポジウム》」説に対し、当時の八戸・大館の時代状況を提示して、その実施開催説再検討の必要性を提起する。

以上の内容と目的をもった本書であるが、結果的に従来の通説的な昌益論とは大きく異なる内容となっている。本書が、昌益研究のさらなる深化・発展に少しでも寄与できればと願うものである。

二〇一五年十月

山﨑 庸男

●目　次――安藤昌益の実像　近代的視点を超えて

Ⅱ　安藤昌益思想の形成・展開・完成過程とその特徴

凡例

本書は、安藤昌益の思想形成と狩野亨吉以降の昌益研究の分析・検討を通じ、新たな安藤昌益像の創出・提示を目的とする。そのため、多岐にわたる文献の引用・検証が、読者の煩を招くことを恐れ、以下のように簡略化して、それを避けることにした。

一、安藤昌益の著作及び関連資料の引用は、以下のように行なった。安藤昌益の著作のうち、稿本『自然真営道』は『稿自』、刊本『自然真営道』は『刊自』、『統道真伝』は『統』と略記した。引用に当たっては安藤昌益研究会編『安藤昌益全集』全二十一巻二二冊、別巻一（農山漁村文化協会、一九八二〜一九八七）、および同増補篇全三巻（農山漁村文化協会、二〇〇四）により、本巻については丸付き数字、別巻は「別」と表記して巻数を、その下に漢数字で頁数を示した。（例）①一〇一は第一巻一〇一頁であることを示す。なお、必要に応じて、安藤昌益全集刊行会編『安藤昌益全集』（校倉書房、第一巻一九八一、第十巻一九九一の二冊のみ、未完）を、校倉版『全集』として引用した。

一、後人による研究文献の引用は、著者名、書名・論文名（掲載紙誌名）、掲載ページ数、出版社名、刊年の順に記した。特定し難いものを除き、初出以外ではページ数のほかは省略した。また、同一資料が再録・復刻されている場合は、入手・閲覧が容易と思われる資料（刊年の新しいもの）の頁数を記載した。

一、本書は広範な読者に昌益を知って貰おうと企図した。そのため、振り仮名、語釈、傍点も多めに補った。また、他資料からの引用中に筆者（引用者）が補った語釈、付記については〔 〕で示し、傍点は特記しない限り、筆者（引用者）によるものとした。

一、本書記載の本邦江戸期の医書で、その刊年が特定できるものは、その初出箇所に刊年を記載して読者の便に供した。

Ⅰ　安藤昌益と彼をめぐる人びと

一 『自然真営道』と安藤昌益像の変遷——研究史概観

1 狩野亨吉と稿本『自然真営道』

稿本*『自然真営道』を旧蔵していた東京府南足立郡千住町（現東京都足立区千住）の穀物問屋「藁屋《わらや》」の当主橋本律蔵（文政七〈一八二四〉年〜明治十五〈一八八二〉年）が亡くなり、蔵書が売りに出された。『自然真営道』は浅草の浅倉屋書店が購入、その後、内田天正堂なる人物の手に渡った。内田は購入した『自然真営道』に「極秘」「門外不出」などの朱印を捺した（カバー画像参照）。一八九九（明治三十二）年頃、当時、第一高等学校校長であった狩野亨吉（慶応元〈一八六五〉年〜昭和十七〈一九四二〉年）は、貴重な古典籍の収集を活発に行なっていた。その過程で『自然真営道』を本郷の古書商田中清造から購入。この『自然真営道』は、本論百巻九十二冊、大序巻一冊、合せて百一巻九十三冊の大著だが、狩野の入手時には、既に「生死論巻」二巻二冊（巻三十八、三十九）が欠けていた。

＊稿本『自然真営道』　安藤昌益の主著。同名のものが百一巻九十三冊の稿本と、三巻本の刊本の二種類あり、前者を大冊・稿本、後者を小冊・刊本などと呼んでいる。

『自然真営道』をながく所蔵していた人物について、狩野は「自然真営道の原稿を持伝えた人は北千住町の橋本律蔵である」（狩野亨吉「安藤昌益」岩波講座『世界思潮』三、岩波書店、一九二八。以下引用頁は、復刻版『安藤昌益』〈書肆心水、二〇〇五〉で示す。二八頁）ことを知っていた。一九〇八（明治四十一）年、狩野は「某文学博士」として名を伏せ、『内外教育評論』第三号に、「大思想家あり」と安藤昌益の存在を初めて公表した。この記事は、某文学博士（狩野）と記者との談話形式の体裁をとっていた。

このなかで狩野は、「此大思想家は大方大抵の人が知らない、其は何故かと言えば、此人の書を誰れも読んだ事が無いからだ（中略）自分も最初は此書は狂人が書いたのであろうと思って、（中略）説く所は偉らい事を言うが、何も当時の社会に激し、不平を感じて後の考えでもないらしい」と述べる。

これに対し対談した記者は、「記者此所で一寸申し置く、（中略）扨《さて》其説を何故に博士が好んで世に紹介されぬかと云えば、此人の哲学観が一種の社会主義、又は無政府主義に類して居るから、今の思想界に之を紹介するは、面白くあるまいとの懸念かららしい。（中略）秀吉や家康などに至っては、ツマラヌ法世の人間だと云って痛快に罵倒して居る。（中略）而《そ》して彼が何故此書を公にしなかったかは其説によれば、人間は一切平等主義のもので、種々の階級とか、君臣など云う者は不自然なるものとするから、当時の徳川の世に此んな事を言えば、身首処を異にするからだ。（中略）此大思想家とは誰ぞ、博士が種々研究して知り得た所では、安藤昌益という名である。幸に此人に就て知る所の人は、記者の許に御報あらば、難有存じます」（『内外教育評論』第三号、内外教育評論社、一九〇八）と結んだ。

文中の「安藤昌益」の活字は一段大きく作られている。狩野はこの記事のなかで、「何も当時の社会に激し、不平を感じて後の考でもないらしい」と興味ある視点を提示する。表現が短文なので、狩野の真意は把握しづらいが、この頃の狩野は、昌益思想を当時の封建社会と直接結びつける視点はなかったと思われる。それに対し、対談した記者の、「社会主義、又は無政府主義に類して」とか、「当時の徳川の世に此んな事を言えば、身首処を異にするからだ」と、記者の昌益像が提示されている。

同年、『日本平民新聞』が、「百五十年前の無政府主義者・安藤昌益」のタイトルで、先の「大思想家あり」の内容を要約・紹介した。このように安藤昌益は、当時の社会主義的・反政府的な人々に、自分たちの先駆者として捉えられはじめていた。

狩野は、「大思想家あり」を発表した前年に、病気を理由に京都帝国大学文科大学長兼教授の辞職願を提出しており、この年に受理された。以後、狩野は官途につかず、終生一市井人として研究に努めた。狩野は、「日本国民の知力発展史を研究して見たい」（前出「大思想家あり」）と、安藤昌益をはじめ、志筑忠雄《しづきただお》・本多利明《ほんだとしあき》などを発掘し、世に紹介した。

2　関東大震災と稿本『自然真営道』

狩野によって安藤昌益は世に紹介されたが、一九一〇（明治四十三）年に大逆事件がおこった。天皇暗殺を計画したとして、多くの社会主義者・無政府主義者が検挙された。大逆罪で一二名が死刑を執行されたが、その多くは暗殺計画には直接関与していなかった。また、一九一七（大正六）年、ロシア革命がおこり、世界ではじめての社会主義国家が生まれた。このような内外世界の動向は、安藤昌益研究の発表を長く途絶えさせる結果をもたらすこととなった。

一九二三（大正十二）年九月、関東大震災がおこった。この時、東京帝国大学図書館も被災して、稿本『自然真営道』は焼失した。この年の三月、狩野は吉野作蔵の要請により、稿本『自然真営道』を東京帝国大学に売却していたのであった。大学図書館も被災し、購入された稿本『自然真営道』全冊は、他の貴重本とともに焼失したと思われた。

ところがこの震災以前の一九一八（大正七）年ころ、狩野は『自然真営道』一二冊を、東京帝国大学史料編纂掛長の三上参次博士に貸与しており、この一二冊は幸運にも焼失を免れたことがその後判明した。

この一二冊は、現在、東京大学総合図書館に貴重書として所蔵されている。その後、狩野は一九二四

（大正十三）年に、『自然真営道』巻三十五～巻三十七『人相視《にんそうし》表知裏巻《ひょうちりかん》』上・中・下巻三冊（写本）を、下谷《したや》の吉田書店で、翌年、上野黒門町の文行堂書店から、『統道真伝』四巻五冊など、いずれも東京の下町周辺の古書店から購入している。大正末年頃に浅井虎夫が、宝暦四年版『新増書籍目録』（版元京都）の中巻に、「孔子一世弁記、二冊、安藤良中。自然真営道、三冊、同」と記載されているのを見出し、狩野に通知した。

3　狩野亨吉・渡辺大濤の昌益研究

一九二八（昭和三）年、狩野は岩波講座『世界思潮』第三冊に「安藤昌益」（前出）を発表した。この論文は、発見者狩野亨吉による唯一の本格的な昌益論で、名実ともに記念碑的論文であった。このなかで狩野は、『自然真営道』の記述のなかにあった徳川家康に対する激しい批判の箇所を、次のように紹介している。

「彼が家康当時神君と崇められた家康に向った時である。其心術の陋《ろう》を見るや彼は忽《たちま》ち悪罵の権化に変じ、峻厳酷烈其度を超え、叱責罵辱其頂に達し、読む者をして足顫《あしふる》（震）い手汗するを禁ぜざらしむるものがあった。而して其事を記したる所に誰人《だれびと》の優しき心で為したことであろう、四重五重の張紙があって、丁寧に家康の名前を覆い隠していた程である」（二二頁）

この記述箇所は、狩野が記す「第二十三巻家康の批評」（残存する『大序巻』にある「自然真営道統目録」にはこの巻名はない。正式な巻名は「巫者《ふしゃ》真者問答巻」である）にあったようであるが、焼失しており、正確な出典、記述内容は不明である。

この狩野の証言にある「四重五重の張紙」は、誰が行なったのであろうか。狩野は、「誰人の優しき心で為したことであろう」と表現して、昌益本人か、後世の手でなされたかは記述していない。この狩野証言を疑念なく素直に受け止めると、誰でも昌益は、当時の為政者・社会に対し激しく批判をした過激な人物であることを想定するであろう。狩野はこのような記述のある『自然真営道』に対し、「もしかの猛烈なる完本をそのまま出板〔出版〕したとすれば、而して世人に読まれ、多少とも影響するところがあったとすれば、其結果は知るべきで、直に彼と当時の為政者との争いとなることは、何も之を実行に訴えなくとも、考えて見ただけでも明白な事柄である」（一〇〜一一頁）と指摘する。

この頃の狩野は、当時の封建社会のなかで、『自然真営道』は危険な書との認識をもっていたようだ。この狩野の「家康」証言（「張紙」一箇所）の影響力は実に大きい。この証言内容で、昌益像はほぼ確定したと言っても過言ではない。また、狩野は昌益の性格や行動については、「彼曰く、争う者は必ず斃《たお》れる。斃れて何の益があろう。故に我道には争いなし。我は兵を語らず。我戦わず」（四一頁）と昌益の平和主義を強調する。

狩野は、この昌益の発言を当論文のなかで、「彼の常に云う語に、我道には争いなし、吾は兵を語らず、吾は戦わず、と云うのがある。（中略）私は自然真営道の中に数ヶ所で此語に出遇った」（一〇頁）と述べている。しかし、焼失を免れ残存する『自然真営道』や、『統道真伝』にはこのフレーズ（成句）はない。このフレーズは、あとに述べる渡辺大濤やノーマンも引用している。

このフレーズは、たしかに狩野が指摘する昌益の平和主義を示す主張だが、一方、後代の研究者には、昌益は当時の社会に対し、何らかの行動の可能性と自制力をもっていた人物とも推測されかねない狩野証言でもある。狩野の論文に述べられた、昌益による家康への激しい批判。狩野は、「彼は公にすべきものと公にすべからざるものとの区別を知って居た」と判断して、「猛烈なる」『自然真営道』の公刊した場合の、危険な結果をも想定している。

狩野の昌益論は、昌益思想を歴史的に研究して、昌益思想誕生の歴史的背景を深く探ることに力点は置かれていない。しかし、狩野はこの論文で、「佐倉の義民木内宗吾《きうちそうご》」や百姓一揆にふれ、「農民の不平から起こった事で」と記述するなど、この頃の狩野のなかでは、昌益の思想は封建社会と深く関わって形成されたことと認識されていたのであろう。狩野の視点は、自然科学的・哲学的な面から昌益思想を捉え、昌益思想の中心である「自然」「互性活真」の説明に多くをさいているといえよう。

以上、狩野の昌益像を見てきたが、ここで大事な点を指摘しておきたい。それはこの狩野の昌益像は、「以上は私が自然真営道を読んだ時の記憶を辿り」（二六頁）、この論文を完成させたのであった。狩野が述べるように『自然真営道』は、「其年の大震災に焼けてしまった。こういう事になろうとは夢思わなかったので、私も又私から借りて見た二三の友人も、誰あって抄写して置かなかった」（九頁）のである。

こうしたなかで「博士の博覧強記は世既に定評がある」（渡辺大濤『安藤昌益と自然真営道』「序」二頁、木星社書院、一九三〇。復刻版『安藤昌益と自然真営道』勁草書房、一九七〇。引用は復刻版）狩野の証言・昌益像の影響は大きく、狩野以後の昌益研究者に受け継がれていった。

渡辺大濤は、狩野亨吉に親しく、「余暇ある毎に博士に乞いて其大要を聴き、自然真営道の輪郭だけを窺い知ることができた」（二頁）と記す。また、狩野の手元にあった『統道真伝』をも閲覧している渡辺は、当時「大地の研究に没頭し、生物一切が生死共に離るべからざる大地と生物生活との根本的関係、及び大地と諸天体との関係につきて深く考察」していた。そのため「安藤昌益及び彼の稿本自然真営道の存在を狩野博士に聞き、農村の田畑から芽生えたような土臭い彼の思想に、少なからず興味を感じ」（三一七～三一八頁）ていた。

こうして渡辺大濤は、一九三〇（昭和五）年『安藤昌益と自然真営道』（前出）を出版した。そのなかで徳川家康について、狩野から聞かされていたのであろう渡辺は、「第二十三巻に於て、特に死を決して家康の心術の陋劣なることを猛烈に悪罵し、之れに衣食する役人共が、徒らに上家康に阿諛《あゆ》して下民衆より搾取することをのみ是れ事として、嘗て善政を布きしことなきを責め、如何にもして、直耕直食、自給自足の自然世に大衆を導こうとしている」（二五八頁）と述べる。渡辺は、「家康」にふれつつ、時代のなかでの昌益思想の社会批判性をより強調する。

しかし、狩野と同じく原典からの引用ではなく、渡辺大濤は『統道真伝』を活用した。渡辺の著書のなかには、狩野が証言した「四重五重の張紙」に関する記述はない。狩野が指摘した、昌益の平和主義を示す「我道には争いなし……」について、渡辺は、「従つて彼は非戦論者であつた。彼は争いを好まず、吾ガ道ハ不ㇾ語ㇾ兵ヲと云つている」（一三頁）と短文でふれ、狩野の昌益像を継承する。渡辺は昌益の思想について、「農本共産主義に依らねばならぬと説いている」（四八頁）と、渡辺も狩野の昌益思想の農本共産主義論を受け継ぐ。

狩野は昌益の行動について、「彼は情の人であったと同時に又智の人であった。それ故熟慮熟考を重ね弥々《いよいよ》十二分に理由を突き止めたと思う迄は軽率に決起しようとはしなかったのである」（前出一二頁）と述べる。これに対し渡辺大濤は、「彼が農村の衰退を嘆き、口舌の議論にのみよらずして実行運動に着手したことも……」（前出二〇頁）とか、「彼の配下を殆《ほと》んど全国の要処に配置して私《ひそ》かに幕府の動静を窺っていた」（四頁）などと記す。

また、『自然真営道』第十一巻の表紙裏から発見された無心の「書簡」（⑯下四四〇）の、「時節来り候得は五百両も差上可申……」（前出三七頁）の資料に対し、渡辺は、「安藤昌益は自己の理想実現に要する資金調達方を共鳴者の一人に依頼したことがあったらしい」（三六頁）と述べるなど、昌益たちの政治的行動の可能性については、より強調・拡大して言及した。北千住の橋本律蔵については、「北千住の仙人と呼ばれた人で、隠れたる篤学者であったと云われている」（三頁）と記した。

渡辺大濤の著書が出版されたあと、一九三二（昭和七）年、狩野亨吉は、刊本『自然真営道』三巻を神田の文行堂書店から購入した。

4　E・H・ノーマン『忘れられた思想家―安藤昌益のこと―』

第二次大戦後の昌益研究の画期は、ノーマンの『忘れられた思想家―安藤昌益のこと―』（岩波新書、上・下巻、一九五〇）である。

ノーマンの父親は、カナダ・メソジスト教会の宣教師として日本に赴任し、ノーマンは、一九〇九（明治四十二）年、長野県北佐久郡東長倉村（現北佐久郡軽井沢町）で生まれた。その後、カナダの外交官、日本史学者として活躍した。第二次大戦後、米国の要請により、カナダ外務省からGHQ（連合国軍最高司令官総司令部）に出向、占領下の日本の民主化に努めた。

ノーマンの昌益研究は、「私は数百年の封建時代が日本にあったのであるから、その間に専制権力と抑圧に対する反抗を擁護するような思想があったことを示す強い感銘を与える証拠が何かありはしなかったかという点に近来興味をもってきた」（上巻二頁）という問題意識で昌益を見出した。

ノーマンは、狩野が引用する昌益の有名な「我が道には争いなし。我は兵を語らず。我戦わず」（上巻四七頁）を引用して、昌益の平和主義を確認する。また、徳川家康に関しては、「昌益の家康に対する軽侮は渡辺大濤氏が故狩野亨吉博士の話として著者に語られたところからも判るであろう。その話というのは狩野博士が昌益の家康に言及している『自然真営道』第二十四巻を調べておられたとき、稿本のある字の上に貼紙がしてあってそこが高くもち上っている。その上には聖人と書いてあり、家康を指したものである。だが博士はその貼紙の下に何が書いてあるか知りたいと思って、そこを湿めして剥いでみると、まず、出て来たのが君主という字、次に獣、その一番下に書いてあったのが奴輩《どはい》の二字であった」（上巻一五六～一五七頁）という。

狩野よりも、渡辺の話を聞いたノーマンの方が、より具体的な内容になっている。ただし巻数については、両者は異なっている。ノーマンの昌益像は、「昌益は明治以前の日本の思想家のなかで、封建支配を完膚なきまでに攻撃した唯一の人である」（上巻一五五頁）とか、「昌益の政治哲学の精髄は、この平等論にこそある」（下巻九五頁）と指摘する。

渡辺大濤が展開した、昌益の行動や組織の存在などの可能性への指摘に対し、ノーマンは、「この点についてはどちらかといえば疑いの余地を残しておきたい、少くとも判断を保留しておきたいと思う」（上巻四七頁）と慎重に対応している。

以上、狩野亨吉・渡辺大濤・ノーマンの昌益像を見てきた。三者に共通しているのは、強弱の差はあるが、①昌益像は、封建社会に対する批判者像であること。②昌益は人間平等論を展開したこと。③昌益の思想形成の背景は、三者ともに封建社会の問題状況から誕生したと捉えていることである。

昌益の行動や組織の存在などについては、渡辺がより拡張して言及していることがわかる。これらの研究成果は、『稿自』の多くが被災してしまった結果、狩野亨吉の証言・記憶、及び焼失を免れた一二冊の『稿自』、『刊自』『統』などをもとに昌益像が作られたのである。

5　狩野亨吉「証言」への疑義

このように形成された昌益像について、ここで筆者は疑義を提示したい。

一つは、狩野証言にある昌益による家康への過激な言説は、後世の研究者をして、昌益思想形成の背景として、昌益とその時代状況との極めて鋭い緊張状況の存在を想起させ、封建社会批判者・安藤昌益像形成の決定打になったのではないか、と筆者は捉えている。しかし、現存する昌益の著書中には家康を批判している記述はない。現存する『私法神書巻下』（⑯上）のなかに、徳川家康・徳川将軍家に関する次のような記述があるので紹介する。紹介の方法は、『私法神書巻下』と、昌益が日本史・中国史の学習に利用した『倭漢皇統編年合運図』の記述内容を比較して示す。『倭漢皇統編年合運図』について三宅正彦は、「『私法神書巻』の日本歴史の記述は、円智日性著・吉田光由増補『倭漢皇統編年合運図』元禄七年版にもとづきつつ、一定の改変を加えて成立している」（「安藤昌益における神道思想の特質―三種の神器の否定―」『近世近代の地域と権力』五〇二頁、清文堂出版、一九九八）と記す。筆者が参考にした『倭漢皇統編年合運図』（国会図書館所蔵の元禄版。引用に当たり原漢文を書き下した）を『倭』、『私法神書巻下』を『私』と示し、二書の記述内容を比較する。


〈天文十一年〉

『倭』源家康公誕生。

『私』源《ノ》家康生マレ玉フ。（⑯上八七）

〈天正十四年〉

『倭』秀吉、姓ヲ豊臣ト改ム。

『私』秀吉、姓ヲ改メ豊臣ト為ス。推シテ太閤ノ位ヲ為ス。私奢、前代未聞ノ不当者ナリ（⑯上八八）

〈慶長　三年〉

『倭』豊臣　薨《みまかり》ス。東山ニ葬ス。

『私』秀吉（死ス）。同年、京大仏成ル。是レ、秀吉之レヲ営マントシテ、衆人ノ心ヲシテ大功徳ノ人ト思ハシメン為《メ》ナリ。敢テ仏ヲ信ズルニ非ズ。（⑯上九三）

〈慶長　四年〉

『倭』豊臣、廟号ヲ賜フ。豊国大明神ト為ス。

『私』秀吉ノ廟、「豊国明神」ト贈《おくリナ》ス。甚ダ不宜〔よろしくない〕ナリ。秀吉ニ何《ン》ノ真徳有リテカ之レヲ為ン。（⑯上九三～九四）

〈元和　二年〉

『倭』大相国〔太政大臣の別称〕家康公薨。今ニ日光山東照大権現ト号ス。

『私』家康薨リ玉フ。日光権現・東照宮ト為ス。（⑯上九五）

〈寛文　九年〉
『倭』将軍家、詔ヲ下シテ正月二十日従《よ》リ百日ヲ限キリ、諸国貧人ヲ集メ、北野七本松四条河原ニ粥ヲ烹《ニテ》施《せ》行《ぎょう》令《せ》シム。

『私』将軍家、諸国ノ貧人ヲ集メテ、北ノ野・七本松ト四条河原ニ粥ヲ煮テ施行シ玉フ。（⑯上九七）

〈延宝　三年〉

『倭』天下飢饉、死人巷ニ満ツ。故ニ将軍家命ヲ下シテ、三月自《より》五月ニ至、北野七本松四条川原ニ於テ貧人等ヲ集メ、粥及ヒ米銭等施行。

『私』天下大イニ飢饉シ、将軍家、方方ニ於テ粥ノ施行シ玉フ。（⑯上九八）

この二書の比較から次のことが指摘できる。

まず、昌益は家康について、「生マレ玉フ」「家康薨リ玉フ」など、昌益は独自に敬語的に添え書きをしている。また、将軍家の施行についても独自に「玉フ」と添え書きしている。『私』には当時の「神君家康」評についての記述はない。それと『倭』では「家康公薨」と、家康に対し「公」と尊称しているが、『私』には「家康薨玉フ」と、「公」がない。その理由であるが、昌益は「公」「玉フ」と二重の尊称表現を避けたのであろうと推測している。『私』の別の箇所（⑯上四九）にて、「権現」の記述箇所の右脇に〈公〉と付記してあり、昌益が家康に対して「公」を付記しなかったことに特別の意味はなく、二重の尊称表現を避けた結果であろうと考えている。

この『私法神書巻下』は、『稿自』第十巻の後半部分の内容で、すでに昌益は、『稿自』『統』にて聖人・釈迦批判を開始しているが、狩野が「彼が家康当時神君と崇められた家康に向った時である。其心術の陋《ろう》を見るや彼は忽ち悪罵の権化に変じ」（前出）と記述するような内容は見出せない。

このように、狩野の家康に関する一箇所の「張紙」証言（「獣」→「奴輩」の表記）に見る家康への激しい批判と、この『私法神書巻下』に見える昌益の家康や幕府に対する敬語的な表現との間には整合性が見られず、とても同一人物による評価とは思えない。

犬飼暁雄は『私法神書巻下』を検討して、「江戸幕府に対しては、批判的なことは言っていない。家康に対しては、『薨玉フ為《ス》二日光権現東照宮《ト》一』とその死を『薨』と敬い、権現と祀られたとたたえている」（「安藤昌益の天皇観」三宅正彦編『安藤昌益の思想史的研究』一五五頁、岩田書院、二〇〇一）と指摘している。

また、秀吉について昌益は、「推シテ太閤ノ位ヲ為ス。私奢、前代未聞ノ不当者ナリ」「秀吉之レヲ営マントシテ、衆人ノ心ヲシテ大功徳ノ人ト思ハシメン為《メ》ナリ。敢テ仏ヲ信ズルニ非ズ」「『豊国明神』ト贈《リナ》ス。甚ダ不宜ナリ。秀吉ニ何ノ真徳有リテカ之レヲ為ン」と評価が厳しい。昌益が秀吉を「推シテ太閤ノ位ヲ為ス。私奢」「衆人ノ心ヲシテ大功徳ノ人ト思ハシメン為《メ》ナリ」とする指摘は、昌益が儒教・聖人の私欲を批判するまなざしとまったく同じである。

さらに、狩野の記憶にあった「我道には争いなし、吾は兵を語らず、吾は戦わず」という記述についてであるが、現存する『稿自』『刊自』『統』に、これと同一の記述はない。このフレーズに近い記述は、巻二十五の『真道哲論巻』には、栄沢《えいたく》の言として、「軍術ハ、人ヲ殺シ己レ亡ビ、人ヲ亡ボシ己レ殺サル（中略）故ニ確門《かくもん》ニ於テ、軍術ノ事ハ微言スルモ活真ノ大敵ナリ。之レヲ忌《い》ム」（①二五三）とある。

ニュアンスは近いが、狩野の記憶の文言―「吾は戦わず」―は強烈である。このフレーズは昌益の平和主義を示すとともに、強烈な、自制した批判者像を読み込むことが可能である。前述したが、狩野が見た『稿自』の張紙一箇所の記述について、筆者は整合性の観点から狩野証言に対し疑念をもっている。

筆者は、『稿自』は幕末から明治維新の大激動（徳川幕藩体制の崩壊と明治御一新）の時代のなか幸運にも受け継がれ、その間に、後世の人が、「四重五重の張紙があって、丁寧に家康の名前を覆い隠していた」ことを含めて、後世の作為の可能性はなかったのであろうか。渡辺が指摘する『稿自』には、「それには最終まで多数の書き入れがあった」（前出「序」）という指摘にも留意したい。

6　ノーマン以後の安藤昌益像の展開

家永三郎は「安藤昌益の思想」（『史学雑誌』六十巻八号、山川出版社、一九五一。『日本近代思想史研究』増訂新版、東大出版会、一九八〇）において、「最初に結論を述べるならば、昌益の思想は、きわめて近代的な思想と封建的思想との抱合密着している処に特色を有する」（四〇頁）とか、「彼の思想の意義と限界とを併せとらえて、不当なる過大評価に陥ることを厳に戒しむべきではなかろうか」（八〇頁）と結んでいる。

また、尾藤正英は日本古典文学大系97『近世思想家文集』（岩波書店、一九六六）の「解説」において、「封建社会の身分制度に対する批判の思想としてこれをみれば、たしかに日本の思想史上に類例をみない程に徹底したものであって、その独創性が高く評価されるのも当然であるといえる。しかし独創性が強調される反面において、その思想の孤立性が印象づけられることとなり、いかなる条件がこのような思想の出現を可能としたのであったか、またそれは同時代の社会のなかでいかなる役割を果そうとするものであったか、という点については、さまざまの角度からの説明が試みられながら、なお十分な解答がえられるにいたっていない」（五七八頁）と述べている。

さらに野口武彦は、「いわゆる封建社会批判の学説を展開するにあたって、昌益が基礎的な思考方法として採用したのは、当時一般にいわば通俗科学として信じられていた陰陽五行説—もっと正確にいえば、その独特な読みかえ—であった」（日本の名著19『安藤昌益』一二頁、中央公論社、一九七一）と述べ、「われわれは、封建社会批判の部分だけを任意に抽出してきて革命思想家昌益の像を主観的に作り上げてはならぬのと同様に、昌益はすぐれた封建社会批判を展開しているにもかかわらず、陳腐な陰陽五行説にこだわっているというぐあいに、これら両者を分離したものとして扱うことも許されてはいない」（傍点は原著者、一二〜一四頁）と述べ、「われわれはその学問方法の持っている特殊な『陳腐さ』の問題を避けてとおることはできず、しかもなおかつ昌益が封建制度の透徹した批判者でありえた秘密はどこにあるのかという問題に直面しなくてはならないのである」（同上）と、尾藤とほぼ同様のことを指摘する。

この野口の主張は、かつて奈良本辰也が、「その一つ一つをとれば、彼の学者としての地位はせいぜい二流どまりだろう。あるいは、はっきりと三流の田舎学者といった方がよいかも知れない。しかし、彼をして、あえて今日に意義あらしめているのは、その身分制度に対する苛責なき批判と、諸々のイデオロギーの背後に体制擁護の思想をよみとっていることである」（岩波文庫『統道真伝』下巻「解説」三四六頁、岩波書店、一九六七）と述べた視点と同じものであろう。このように昌益像の抱える革新的な昌益像と、陰陽五行説など古い思考を根底にもつ昌益像とのジレンマがつねにつきまとうのである。

安永寿延は、「日本思想史のなかを閃光のごとくひらめいた安藤昌益については、すでにこれまで語られすぎるほど語られ、次第に偶像化され、ときには伝説化されもした。その反動として、彼のネガティヴな面にも注意がむけられ、偶像破壊が試みられる」（『安藤昌益』「あとがき」三〇三頁、平凡社、一九七六）と昌益研究の現状を述べ、比較的研究の手薄な昌益の言語論・医学論にも言及した。

一九七四（昭和四十九）年に、秋田県大館市史編さん委員会により『掠職手記』『石碑銘』（大館市二《に》井田《いだ》・一関家文書）の二点の文献、昌益の墓と過去帳の存在などが報告され人々を驚かせた。

このような新資料の発見や、昌益研究の展開のなかで、安藤昌益研究会（代表寺尾五郎）による『安藤昌益全集』（全二十一巻二十二冊、別巻一〈『安藤昌益事典』〉農山漁村文化協会、一九八二～八七）が刊行された。一方、安藤昌益全集刊行会（代表上杉修）による『安藤昌益全集』（校倉書房、第一巻〈一九八一〉、第十巻〈一九九一〉の二冊のみ、未完）が刊行された。

前者の寺尾五郎は、「日本における破格抜群な独創的思想家であるのみならず、世界的に見てもきわめて先駆的な存在である」（「総合解説」①六）と述べる。一方、後者の校倉版『全集』の中心者三宅正彦は、「昌益は武士が農民を収奪する領主制・農奴制、武士の支配を維持するための主従制を激しく攻撃している。しかし、昌益は家父長制を支持して、女性差別を肯定した」（「安藤昌益の行動と思想―本覚《ほんがく》思想の特性―」『安藤昌益の思想史的研究』八～九頁）と指摘する。

寺尾は、昌益の革新的言説をより強調して昌益論を展開する。一方、三宅は昌益思想の革新的思想は評価しながらも、「昌益は家父長制を支持して、女性差別を肯定した」と指摘する。その流れを汲む若尾政希は、「昌益の著作から、反封建的・変革的言辞のみを抜き出し、昌益の思想の先進性、超時代性の喧伝が繰り返し行なわれてきた」（『安藤昌益からみえる日本近世』一頁、東京大学出版会、二〇〇四）と指摘する。若尾は従来の研究で手薄であった、延享期を中心とした昌益の八戸資料の研究を通して、昌益の読書歴を明らかにするなど成果をあげている。

以上、安藤昌益研究史上における昌益像の変遷の概略と、研究者の指摘する昌益思想の把握の困難性についてふれた。また、筆者の狩野証言に対する疑義を提起した。その理由は以下に展開される。

現在の高校の日本史教科書では、「十八世紀半ばになると封建社会を批判し、それを改めようとする意見があらわれてきた。とくに、八戸の医者安藤昌益は『自然真営道』を著して、万人がみずから耕作して生活する自然の世を理想とし、武士が農民から収奪する社会や身分社会を否定した」（『詳説日本史』二二〇頁、山川出版社、二〇一二）と記述されており、狩野亨吉・渡辺大濤・ノーマン以来の昌益像を、現行の教科書でも確認できる。

二　安藤昌益の生涯——その謎の解明に挑む

1　安藤昌益の墓、新資料の発見
——秋田県大館

昭和四十九年三月二十四日付の『北鹿《ほくろく》新聞』（北鹿新聞社、秋田県大館市）に、大きな活字で、「昌益（徳川時代の思想家）、二井田にねむる　大館市史編さん委・石垣忠吉氏が文書解明へ」。その左脇には、「生まれは久保田（秋田）」と報じられた（次頁写真参照）。その紙面には、「委員石垣忠吉氏によって死亡場所も墓も二井田にあることが確認されようとしている」「昌益は宝暦十二年十月十四日二井田で病死、法名は昌安久益、別に守農大（ママ）神確竜堂良中といった。墓は門人らによって温泉寺に建てられ、そこに葬ったが、幕府や藩へ遠慮のため逆方向に向けられている（目下積雪で埋まっているため消雪後調査、写真タク本などをとる予定）」とある。

この紙面で、昌益の二井田での門弟十名が、昌益を顕彰した石碑銘の存在。昌益没後、門弟たちと神官（修験）との間でおこった騒動について簡単にふれている。この報道は、昌益研究者にとって画期的なものであった。昌益の伝記については不明な点が多く、特に生誕の地・終焉の地などについてはまったく不明であったからである。

ヒントとして、『稿自』巻二十五の「真道哲論巻」には、「良中先生、氏ハ藤原、児屋根《こやね》百四十三代ノ統胤ナリ。倭国羽州秋田城都ノ住ナリ」（①一七八）の記述がある。生地か居住地かは定かでなく、戦前から狩野や渡辺らは、「真道哲論巻」に登場する多

2月30日第3種郵便物認可　北鹿新聞　日刊　昭和49年3月24日　日曜日

北鹿新聞

発行所　北鹿新聞社

（徳川時代の思想家）

昌益、二井田にねむる

大館市史編さん委　石垣忠吉氏が文書解明へ

生まれは久保田

秋田

"足どり"は不明確

安藤昌益の新資料発見について報道する昭和49年3月24日付『北鹿新聞』記事

忘れられた思想家「安藤昌益」晩年に関する新資料発見のスクープは、まず地元紙『北鹿新聞』によってなされた（山田福男氏提供）。

くの八戸在住の門人たちの存在から、南部氏八戸藩の城下町八戸を中心に探った。

一方、「秋田城都ノ住」の記載から、秋田・久保田藩佐竹氏の本城下町であった久保田（現秋田市）などを、精力的に探索したが手がかりは得られなかった。大館出身の狩野は、『稿自』の巻十四の表紙裏から見出した、昌益自筆の書簡「二井田村八郎右衛門安否、承《うけたまわ》ラズ候。追々御念ノ段申シ遣《つか》ハス様、御知ラセ申スベク候」（⑯下四四〇）と、二井田村八郎右衛門についての、安否の問い合わせの書簡を見出していたが、やはり先の「秋田城都ノ住」の記述を重視して、佐竹氏の支城の置かれた大館には、着目しなかったのかもしれない。

さて、この『北鹿新聞』には、大館市史編さん委員会による『一関家文書』の解読から、多くの事実が明らかになったことが記されていた。この『一関家文書』は、昌益の二井田での門弟の一関重兵衛・市五郎父子の一関家に伝わった文書である。今回、この『一関家文書』から発見された資料から、次の二つのことが明らかになった。

一つは、『石碑銘』（後日、編さん委員会は、もう一つの『石碑銘（写）』の文書を見出した。内容はほぼ同じだが、これには十名の門弟の名前が記載されている。本書五七頁参照）と記された資料の発見である。『石碑銘』には、「宝暦十一年　守農太神《しゅのうたいしん》確龍堂良中先生在霊　十月十四日」と記述されている（この資料の「宝暦十一年」の記述については、本書四八頁参照）。また、『石碑銘』には、安藤家の来歴や、昌益が二井田村に帰り、没落した安藤家（屋号・歴代当主・孫左《まござ》衛門《えもん》、二井田では「まごじゃむ」と通称）を再興し、門弟たちから、「後世　誠《まことに》　守農太神与《と》可言矣《いうべし》」と顕彰されていたことも記されていた。

石碑銘文の後半には、昌益の「気」の自然哲学的な思想も展開されている。二つ目の発見は、『掠職手記』（本書四九頁参照）である。この資料は、昌益三回忌をめぐって安藤家（孫左衛門）・門弟たちと、安藤家の菩提寺である当地の曹洞宗温泉寺、および当地の修験（掠職）の聖道院《しょうどういん》（照道院）との間におこった騒動の資料である。

そこには、「当所孫左衛門と申者、安藤昌益目迹《めあと》ニ御座《ござ》候《そうろう》処《ところ》、昌益、午《うま》之年十月十四日ニ病死仕《つかまつり》候《そうろう》」⑭（一二九）と、昌益が宝暦十二午（一七六二）年に病気で亡くなったという衝撃的な記述があった。

また、これらの資料解読の過程で、市史編さん委員の石垣忠吉・山田福男・板橋範芳らは、温泉寺を訪れ、住職の佐藤舜英師の協力を得て、日別『過去帳』の十四日の丁（頁）に、「昌安久益信士　宝暦十二年拾月　下村《したむら》　昌益老」と記載されていたことを見出した。この戒名は張り紙に記載され、その張り紙の下には、もう一つ別の戒名が記されていた（本書六二頁参照）。温泉寺墓地内には安藤家の二基の墓（角柱型と将棋駒型。本書六三頁参照）がある。そのうちの角柱型の「うら寂しいほど」（石垣忠吉）小さな墓（高さ五五センチ、幅二二センチ五ミリ、厚さ一四センチ）の拓本を取り、「空　昌安久益信士　位　宝暦十二年　十月十四日」と判読した（大館市史編さん調査資料第十四集『安藤昌益　その晩年に関する二井田資料』三八頁、大館市史編纂委員会、一九七四)。その後の調査により、温泉寺の過去帳の昌益の張り紙戒名の下には、「堅勝道因士」と記されていることが判明した。また、三宅正彦は、昌益の門弟の安達清左衛門家に昌益の位牌が保存され、そこには「宝暦十弐(二)歳　安藤昌益　帰元《きげん》　賢正道因禅定門　午十月十四日」と記されていることが報告された(『安藤昌益と地域文化の伝統』三四頁、雄山閣、一九九六)。また、安藤家の将棋駒型の墓は、「宝暦三(ママ)年　午十月十四日　堅勝道因士」と解読された(三宅前掲書一九頁)。昌益の戒名が三種類存在するのは、今回発見された『一関家文書』の解読と、それにともなう調査によって初めて明らかにされた。

江戸時代、外様大名佐竹氏は、出羽国秋田郡久保田(現秋田県秋田市)に藩庁をおいた。秋田郡には久保田と大館に城がおかれた。それまでは『真道哲論巻』の「秋田城都ノ住」の記載のみからの特定は難しかったが、この温泉寺の昌益(安藤家)の墓と過去帳の発見、『一関家文書』の記述内容からして、「秋田城都ノ住」は、「秋田郡大館城都」のことで、昌益生誕・終焉の地は、大館城都二井田村と断定してよかろう。

2　安藤昌益修学の地——京都

(1)安藤家の伝承

安藤昌益の青年時代、そして四十歳代に八戸に現われるまで、どこで、どのように生活し勉学に勉めていたのか、ほとんど不明である。若き昌益が、大館二井田村から他国へ出て行ったことは、「孫左衛門与《と》謂者《いうもの》生《うまれ》是《これ》他《た》国《こく》走《へはしり》」(『石碑銘』)とあり、また、現在の安藤家の当主である安藤義男さんは、「安藤家に伝えられている話によると、先祖は久保田(秋田)から羽織袴姿で二井田にやってきたという。その何代目かに昌益という人が生まれた。昌益は医者になるために八戸に去ったが、そのとき生きては帰らないと言って村を出た……」(川原衛門『追跡　安藤昌益』四八頁、図書出版社、一九七九）という伝承を語っている。三宅正彦は、「八戸へいく。生きては帰らない」（『安藤昌益の思想的風土・大館二井田民俗誌』五〇頁、そしえて、一九八三）という安藤家の伝承を採取しており、この伝承と文書資料とは一致する。

この安藤家で川原が採取した「医者になるために八戸に去った」という伝承（三宅の採取にはない）は、留意しておきたい。それは昌益が四十歳代に、医者として八戸に登場することと何か関わりがあるかもしれないからである。

ともあれ現在、昌益研究者の間では、昌益の生活場所として、「大館二井田→京都→八戸→大館二井田」説が一般的な理解である。三宅は、「大館二井田→八戸→大館二井田」を想定している。これらに先の伝承を加味すると、「二井田→八戸→京都→八戸→二井田」となる可能性もあるかもしれない。大館の昌益門弟であった一関家の先祖は、南部一関地方から来ていることなど、八戸と大館とはとても近い関係であることが見えてくる。

（2）安藤昌益と修学の地

若き昌益の生活や勉学の地については、現在二つのことが想定されている。一つは昌益の禅僧説、もう一つは昌益の京都での医学修学説である。

まず禅僧説を見てみよう。例えば昌益は、「悉ク総身・失心スルコト瓦解・氷消ノ如ク、明明然トナル、之レヲ大悟徹底ト為スト云ヘリ。予モ雨水ノ小《こ》溜《どまり》シテ朗然タルニ向カヒテ忽然トシテ瓦解・氷消シ、身心ヲ有ルコトヲ知ラズ、此レ場ヲ得。数十来ノ禅修学ノ老僧、之レヲ聞キテ是レ大悟ノ場ナリト為シテ、印可ヲ出ス、如意・払子ヲ授ク。之レヲ以テ之レヲ思フニ、場ヲ得テ大悟スト言ヘルコトハ気ノ映《ウツロ》ヒニシテ、自然真・尽妙ノ義ニ非ズ。未ダ愚ノ病ナリ」（④二九四～二九五）と、かつての昌益の悟りの場面と、禅学の老僧から、悟りを得たとする証明認可としての「印可」と、仏具としての「如意払子」を受けたと推測できそうな記述がある。

別の箇所でも「予ハ雨水ノ転ヲ浸セルニ因リテ悟ル。場ヲ得ザル者ハ発明ト雖モ大悟ニ非ズ、私ノ推悟ナリ」（⑨一四三）との似た記述もある。この二つの「予」の記述から、昌益の空白の履歴の一部分に、禅僧・禅修学の経験があったと推定する説がある。

筆者は、昌益の前期資料にある、「爰《ここ》ニ大事ノ口伝アリ。工夫シテ悟リ玉ヘ。コレ爰ガ我ガ来ル所ノ根元ナレバ、爰ガスメズシテハ何程真空ヲ工夫シテモ、妙ノ一字ノ沙汰シテモ、其ノ妙ノ本体ヲ知ルコト能ハザルナリ。爰ガ本ナリ。真空ガ末ナリ。工夫シ玉ヘ」（⑯下三六七）の表現などから、禅的な昌益の感性を感じる。

ただ、中期の「真」論を確立した昌益思想からは、「之レヲ以テ之レヲ思フニ、場ヲ得テ大悟ストル言ヘルコトハ気ノ映《ウツロ》ヒニシテ、自然真・尽妙ノ義ニ非ズ。未ダ愚ノ病ナリ」（④二九四〜二九五）「自然ヲ尽サザレバ真ノ悟リニ非ズ。尽サズシテ一跳直《いっちょうじき》入《にゅう》ニ悟ルコト之レ無シ」（⑨二六四）と、禅宗の「悟り」には否定的である。

昌益研究史において、昌益思想と仏教思想との関係を指摘するのは尾藤正英・安永寿延・三宅正彦らがいる。

安永は、「禅僧良中から医師確竜堂へ」（『増補写真集　人間安藤昌益』農文協、一九九二）の中で、「『良中』とは禅宗系の法名である」（一二五頁）と指摘し、昌益の用語である「直耕」「互性」と仏教思想との関係性を強調する。

三宅はかつて、「昌益の出家を証明する史料はまったくない上に、昌益の仏教知識は、手軽な仏教案内や講釈のネタ本によっていることが判明した。これは、昌益が禅僧でなかったことを立証する根拠になろう」（前出『安藤昌益と地域文化の伝統』二二五〜二二六頁）と述べた。近年は、「安藤昌益の行動と思想―本覚思想の特性―」のなかで、例えば「活真は無始無終であるから、法世は一時的仮住的な状態にすぎず、自然の世こそ本来的常住的状態である。これは、まさに本覚思想の論理であろう」（前出『安藤昌益の思想史的研究』九頁）と、昌益思想全体に、仏教の本覚思想（一切衆生に本来そなわっている覚りを開いて仏となる本性）が流れていると指摘する。

以上、先学の研究成果にふれてきたが、筆者は、たしかに昌益の寺院での禅修学に関する資料はないが、八戸での昌益の講演を聴いた天聖寺《てんしょうじ》住職延誉《えんよ》上人《しょうにん》は、「心理郭然《かくぜん》として釈門《しゃくもん》に通ず」（「詩文聞書《しぶんもんじょ》記《き》」『新編八戸市史』〈以下『新編市史』と略〉近世資料編Ⅲ三九九頁、二〇一一）と、昌益の講演に対する感想を述べている。昌益思想は、彼が多くの思想を学び取捨選択しながら形成―例えば仏教のみに限定してみると、自性《じしょう》（そのものが本来備えている真の性質）の思想が根底に流れていると感じるが、昌益思想は形成した思想を、最終的には生命力「気《ソナワリ》」の思想をもって改造・体系化したものである、と考えている。筆者も、昌益の禅修学や、昌益思想に仏教的な思想・感性は感じている。一方、安藤家に伝承されている、「昌益は医者になるために八戸に去った」との伝承との整合性などから、「禅僧」説よりは「禅修学」説が妥当であろう。

（3）安藤昌益の医学修学と『儒道統之図』

昌益の京都での医学修学を推測させる資料に『儒道統之図』がある。この資料は、岩手県立博物館の鈴木宏が「『儒道統之図』―安藤昌益京都修学に関連する新資料について―」（『日本史研究』四三七号、日本史研究会、一九九九）において発表した。この資料は、当時、岩手県立博物館に寄託されていた旧八戸藩士戸村幾野右衛門の子孫戸村茂樹氏所蔵文書中にあったものである。

以下にこの『儒道統之図』を検討してみよう。なお、掲載に当たり、傍系を省くなど簡略化した。また、人名に対する傍注や傍系の記載は対応する丸付数字の注として示した。

伏羲大王―神農―黄帝―少昊《しょうこう》―顓頊《せんぎょく》―帝嚳《ていこく》―堯王―舜王―夏禹王―殷湯王―周文王―周①公旦―大②成至聖文宣王（孔子）―曾参子―子思―孟子―周茂叔（『太極図説』の周敦頤）―程③伊川―円④知―藤⑤原頼之―阿⑥字岡三⑦泊―安藤良中

①傍系に「武王」を並記。

②この「儒道統之図」が正統とする「曾参子」(曾参=曾子)との間に「孔門の十哲」を記載。
③傍系に「程明道」を並記。さらに円知の正系とは別に「陽亀山―羅中素―李延平―朱熹(朱子)」の傍系を記載。
④「程伊川門人」「日本南都奥福寺住僧」と脇書き。左側に「于今於中国代々伝之万々歳」と大書。
⑤「清和天皇十三世」と脇書き。
⑥「頼之十五世正統」「洛北堀河之住」と脇書き。
⑦「二世羽州秋田」と脇書き。左側に「真儒伝之一巻有師家也」と大書。

この『儒道統之図』について三宅正彦は、「意図的な偽文書などではけっしてないと思われる」としつつも、「『儒道統之図』はあまりにも矛盾が多すぎる。これをもって、昌益の京都遊学や学問の系統を実証することは、不可能である」(「安藤昌益の道統意識―戸村家文書『儒道統之図』の意味するもの―」『安藤昌益の思想史的研究』二二一～二二三頁)と指摘している。三宅の疑義は、日本人側の円知―藤原頼之なる人物に該当する人物が不明であること、師阿字岡《あじおか》三泊(味岡三伯)の漢字表記への疑問などによるものである。

筆者も、この資料発見の経緯などから後世の偽作資料とは考えていない。京都の医家味岡三伯家は、医書や医学の講義・解説をする「医学講説人」としても著名であった(『良医名鑑』正徳三〈一七一三〉年)。医者を志した昌益は、当時、医学の最先進地京都において味岡家となんらかの出会いがあったことは肯定してよいと思う。

ここに昌益と京都との関わりを推測させるもう一つのデータがある(⑯上一四～一五)。『和訓神語論』の一節に、「国国ノ和訓《コトバ》、違品」(⑯上二二八)と題し、日本各地の方言を列挙している。最も多いのは京都の二二語と、南部・津軽・秋田の計八語で、他国は皆一～二語くらいである。京都訛が最も多く採録されている。また、昌益が、「大坂ノ言《モノイ》イ。敢テ京ニ違ハズ。言《コトバ》少シク荒《アラ》ク、少シク違イ有リ」(⑯上二二八)などの記述に接すると、昌益と京都との結びつきを考えさせる。さらに昌益の京都の古方医・香川修徳に対する「日本ノ京市ニ、一本堂ト名

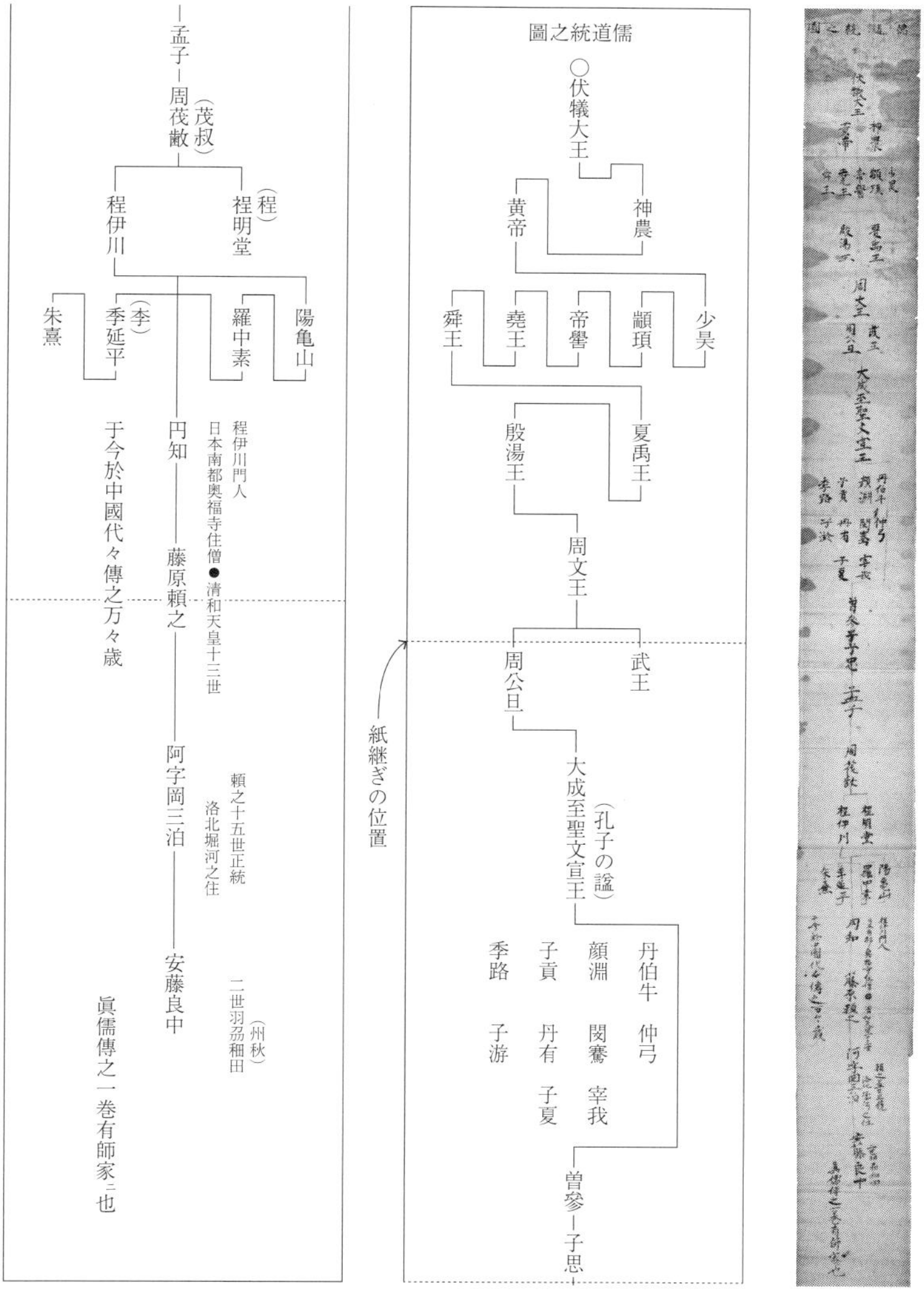

「儒道統之図」の全体像と翻刻

系統を示す罫や「清和天皇十三世」の上にある●は朱で示されている。翻刻に当たり、旧字体はそのままとし、異体字に通行の字体を、一般と異なる表記には対応する通行の文字を示すなど、必要な補いを（　）で示した。本書129頁に円知以降の日本における道統部分を別に掲げた（戸村茂樹氏所蔵、写真提供：岩手県立博物館）。

乗ル者有リ（中略）文才・学芸賢シト雖モ」（⑯上三五二〜三五三）という記述もある。

以下に昌益の資料に見える香川修徳以外の京都在住の医者・学者を紹介する。

①井口常範《いのくちつねのり》『天文図解』（⑯下一〇九）、②馬場信武《ばばのぶたけ》（二回、⑯下三三二）、③半井道三《なからいどうさん》（⑯下三二五）。

3　安藤昌益、八戸に登場

(1) 八戸と安藤昌益資料

青森県八戸市は、県東南部、太平洋に面した南部地方の中心都市である。気候は太平洋側気候であるが、夏は北のオホーツク海から低温・高湿な季節風「やませ」（東風《ヤマセ》）が吹く。冷涼な季節風であり、この影響で昔から度々冷害が発生した。江戸期にこの地方を襲った飢饉の多くは「やませ」によるもので、当時の記録には、例えば「東風（此風を地方にては『ヤマセ』風といふ）打ち続き折々北風に変し冷気強く七月まで出穂なし」（七崎修「安藤昌益在世時の八戸藩における気象災害記録」『安藤昌益』三一一頁、伊吉書院、一九七四）などの記録がある。

(2) 八戸城下と安藤昌益

江戸時代の南部氏八戸藩の成立は、寛文四（一六六四）年、盛岡南部二代藩主重直《しげなお》が、世継ぎを決める前に病気で逝去した。その結果、お家騒動が起こり、幕府の裁定で南部藩十万石を分割し、重直の五男、重信《しげのぶ》が八万石の盛岡南部藩を継ぎ、七男の直房《なおふさ》が二万石で八戸南部氏として独立（分藩ではなく新規取立）した。

八戸藩の領地は、三戸郡（青森県）・九戸郡（岩手県）・盛岡南部領内の飛び地にある志和四ヵ村（岩手県紫波郡）などを含む、計八十三ヵ村。石高（表高）は二万石、実高（内高）は四万石余である。藩内の人口は、寛延二（一七四九）年の宗門改めで、七万一三五二人と、藩最大の人口を示す。この年、寛延飢饉（「猪飢饉《いのししけがじ》」）が起き、翌三年、藩内人口は六万五三九九人に減少する。このうち、八戸城下には七〇二四人が住み、領内人口の一一パーセント近くを占める（『新編市史』通史編Ⅱ近世、二〇一三）。昌益はこの城下町のなかでも繁華な十三日町に居を構え、その家族と住んでいた。さて、安藤昌益がどのような経緯で、陸奥《むつ》の南部氏八戸藩城下に来たのかは資料がなく不明である。従来は、八戸藩側医の神山仙益・仙庵（仙確）父子の紹介ではなかろうかと推測されていた。

近年発刊された『新編市史』では、昌益と八戸文化人との交流を記述した、八戸の天聖寺第九世住職延誉上人（夢遊）が著わした『詩文聞書記』（表紙に「露担堂夢遊《ろたんどうむゆう》」と記載）に登場する八戸藩士岡本高茂《たかしげ》と昌益との関係に言及している。「『詩文聞書記』のなかでも、岡本高茂先生とあり、夢遊や昌益と対等に交わった文人だと考えられている。岡本は宝暦直前には江戸での勤務が長く、昌益と江戸で出会い、八戸に招請した可能性も考えられるのではあるまいか」（『新編市史』近世資料編Ⅲ三八七頁、二〇一一）と、その可能性を指摘している。

筆者も、その可能性はあるのではないかと思う。『詩文聞書記』に、延誉上人による「尓《しかる》ニ公（岡本高茂）ノ応招シテ濡儒安《じゆじゆあん》（安藤昌益）先生ト」（同前三九七頁）という記述がある。底本（漢文）の「返り点」表記が難解であるが、岡本高茂が昌益を天聖寺延誉上人に紹介したことを推測できそうな記述で、新たなる展開が期待できる。

八戸における昌益に関する事跡と、その資料について紹介する。周知のことであるが、八戸在住の上杉修（明治三十年～昭和五十四年）は、敗戦後の一九四六〈昭和二十一〉年に、旧藩主南部子爵家所蔵の八戸藩の『御日記』などを、私財をもって購入し、その散逸を防いだ。共同研究者の野田健次郎（明治四十四年～平成四年）は、この『御日記』の解読に取り組み、一九五〇〈昭和二十五〉年になり、八戸における昌益の事跡が初めて明らかにされた。こうした多くの先人の献身的な努力によって、昌益の事跡が次第に明らかにされた。それは以下のとおりである（昌益の八戸における事跡は『新編市史』近世資料編

Ⅲ「第一節　安藤昌益・周伯史料」参照。引用にあたり書き下し、振り仮名を施した）。

①　元禄十六（一七〇三）年、昌益誕生

――生年については、延享三（一七四六）年実施の『宗門改組合申上帳』によると、十三日町の「門徒願栄寺」の分に、「昌益　四十四」とあり、家族構成は男二人・女三人とあった。生年は、この延享三年から逆算した（野田説）。

②　延享元（一七四四）年、昌益（四十二歳）、八戸城下に居住。

――城下天聖寺住職延誉上人の著わした『詩文聞書記』の表紙に、「延享甲子春」とあり、延享甲子は延享元年である。書中の延享元年の頃、延誉上人は昌益を「濡儒安先生」と表現している。昌益と八戸知識人との交流が知られる。内容については、本書一二六頁参照。

③　同年、遠野南部氏から派遣された流鏑馬《やぶさめ》奉納の射手三名を治療。後日、昌益は藩からの薬礼を辞退。

――『御日記』の八月九日の条に、「一、射手病気ニ就キ、御町医安藤昌益、去ル六日ヨリ療治申シ付ク」とある。かつての八戸の領主根《ね》城《じょう》南部氏の氏神であった櫛引《くしびき》八幡宮の秋の大祭には、この南部氏が寛永四（一六二七）年の遠野移封（遠野南部氏となった）後も、崇敬の念を表わすため、例年流鏑馬の神事を奉納するならわしであった。

派遣された惣奉行・射手奉行・射手の三名が、根城八幡宮の籠《こもり》屋《や》において精進潔斎に勤めていたが、暑気当りと思われる病に倒れてしまった。そこで御町医昌益が治療にあたり、後日、「一、八戸弾正殿役者（役儀を勤める者）三人、先頃病気ニ而御町医安藤正《(ママ)》益ニ療治申付ケ、快気仕《つかまつ》リ候ニ付キ、薬礼トシテ金百疋《ひき》、正益へ差シ出シ候処、上ヨリ仰セ付ケラレ候儀故、受納仕ラヌ由《よし》御奉行ニ申シ出ヅ」とある。

百疋（百文）は当時の一般的な礼金額であろう（ちなみに後述の八戸門人たちの昌益への年始状には金弐百疋とある）。薬礼金辞退の理由だが、昌益には遠野南部氏の神事と、その役儀という公儀（公務）、及び神事に対する昌益の思想（「社八国ノ本ナリ」⑯下三〇三）があったのであろう。

④　延享二（一七四五）年、八戸藩家老中里清右衛門の薬用の相談に応ずる。昌益四十三歳。

――『御日記』二月二十九日の条に、「御町医安藤昌益相談之上薬相用、四五日以来少々快方御座候得共」（「口上之覚」）とある。担当医の藩医関伯元《せきはくげん》など、複数の医者たちとともに治療にあたった。

⑤　同年、昌益は天聖寺にて八戸知識人を前に講演をする。聴講した延誉上人は、「数日講筵《こうえん》（講演席）之師大医元公昌益、道広天外猶聞焉《えん》」と賞賛した。

――講演の年月については、従来は延享元年説が有力であったが、前出『新編市史』近世資料編Ⅲには「延享二年十二月前半」（三九六頁）の考証がある。

⑥　同年、『暦之大意』を制す。

――この資料は昌益の暦学を記したもので、「時ニ延享二乙丑仲夏、柳枝軒　確龍堂安氏正信　制」（⑯下二二五）と記されている。安藤昌益は、一字姓「安氏正信」と表記し、「柳枝軒《りゅうしけん》」「確龍堂《かくりょうどう》」（『私制字書巻』〈②九三〉に「龍《リョウ》」と振り仮名がある）と、当時の号名が知られる。

⑦　延享三（一七四六）年、昌益は家族四人とともに、八戸城下十三日町に居住。昌益四十四歳。

――昌益は城下の中心地に地所・家屋持ちとして居を構えた。先の『宗門改帳』の昌益の名前が記されている箇所に、「借家」などの記載がないので、持ち家であったことがうかがえる。

　この『宗門改帳』では、昌益の左隣が「凉庵《りょうあん》七十七、借家」とあり、この富坂《とみさか》凉庵は町医者である。息子の富坂凉仙《りょうせん》は宝暦年間の飢饉の記録『耳《じ》目《もく》凶歳録《きょうさいろく》』を著わし、「九夏三伏（夏の最も暑い頃）の暑日《アツキ》は厳冬素雪の寒き夜に引替《ヒキカハ》り」「主従親子相互ひ食を争ひ、衣服を奪《ウバ》ふこと明なる日も闇《ヤミ》の如し」「土《ツチ》百性《（ママ）》の身ぞつらや」「然も死する者少なからす故に、庸医《ようい》（普通の医者）憐レ之潤燥《かつそう》（体にやさしい）の薬粥を施し、命を救こと亦《また》多し」（『新編青森県叢書』第三巻、歴史図書社、一九七三）などと凶作飢饉の様子を記録している。涼仙は、のちに八戸近郊の軽米（現岩手県九戸郡軽米町）住んでいたことがわかっている。

昌益とほぼ同時代の一関藩医建部清庵《たけべせいあん》（正徳二〈一七一二〉年～天明二〈一七八二〉年）は、宝暦五年の飢饉を目撃して、飢饉をしのぐための手だてを述べた『民間備荒録』（宝暦五年「序」）を著わした。その「序」には、「平生鋤芸《じょうん》（農作業）の労なく、生涯をやすんずるも亦、農夫の力吾人《ごじん》の天にあらずや」（『日本農書全集』第十八巻三七頁、農文協、一九八三）と農民への感謝を記す。写本が作られ村々の肝煎《きもいり》（村役人）に渡り、村々は飢饉に対応する力をつけた。また、清庵は、オランダ医学に関心をもち、杉田玄白との往復書簡は『和蘭医事問答』（寛政七〈一七九五〉年出版）として結実した（『建部清庵生誕三〇〇年　江戸時代の病と医療』一関市博物館、二〇一二）。医者には、それぞれ独自な〝まなざし〟がある。

⑧ 昌益宛の八戸の弟子たちからの「年始状」断簡（年代不詳）。

――この資料は『稿自』三十六巻の表紙の裏張りにあったものである（前出『安藤昌益と自然真営道』二九頁）。文中には金弐百疋を贈ることを記し、文末に「正月五日　安藤昌益様　関立竹・上田祐専《ゆうせん》・福田六郎・仲居伊勢守《いせのかみ》・高橋大和守《やまとのかみ》・神山仙庵・嶋《しま》守伊兵衛《もりいへえ》・北田忠之丞《ただのじょう》・澤本徳三郎・中邑《なかむら》忠平・中村右助・村井彦兵衛・××道右衛門」などの門人の名前が記されている。注意したいのは、門人出頭人は藩側医・関立竹で、二位は藩側医の上田祐専である。それに対して神山仙庵は第六位であり、名も「仙確」ではない。これらのことから、この年始状は、『刊自』以前のもので、仙確が昌益高弟の地位につく以前のものであろう。やがて仙庵は、高弟となり「仙確」を使用したのであろう。関立竹・上田祐専は、神山仙確が主導した『真道哲論巻』には登場しない。

⑨ 宝暦二（一七五二）年、昌益の高弟、八戸藩御側医・神山仙確（仙庵）、刊本『自然真営道』の

序文を執筆。昌益五十歳。

――『刊自』の巻一の「序文」末尾に、「宝暦二壬申十月　奥北八戸県静良軒《せいりょうけん》確仙　序」とある。藩の公文書である『御日記』には、必ず「神山仙庵」として記載され、「仙確」の名は「確龍堂」（昌益）と関わって使い分けをしていたと思われる。仙庵は天明三（一七八三）年死去。仙庵の戒名（法号）は「南誉仙確居士」、仙確の妻の戒名は「確誉貞輪大姉」である（野田健次郎「神山家について」校倉版『全集』十巻四六四頁）。二人は「確龍堂」の「確」にこだわっていたのであろうか。

八戸における昌益に関する資料は、延享三（一七四六）年（昌益四十四歳）以降には登場しない。『刊自』が宝暦三（一七五三）年に出版（昌益五十一歳）されるが、この段階でも昌益の居住地に関して記述された資料はない。そして『稿自』「真道哲論巻」に突如、「良中先生（中略）倭国羽州秋田城都ノ住也」と表記される。

⑩　宝暦八（一七五八）年ころ、昌益は秋田大館の二井田に移り住み、安藤家の当主名孫左衛門を襲名している。昌益五十六歳。

――二井田の資料『掠職手記』に、「近年昌益当所へ罷出《まかりいで》五年ノ間ニ……」とあり、昌益の没年（宝暦十二〈一七六二〉年から逆算した宝暦八年頃である）。

⑪　同年、安藤秀伯、昌益の門人北田市右衛門に加療。

――『御日記』の宝暦八年七月二十七日の条に、「御町医安藤秀伯薬用仕リ、一通リ順快御座候処、猶又、去月末頃ヨリ変症御座候ニ付キ、神山仙庵、療治ヲ得、薬用仕リ候」とある。この安藤秀伯は、昌益没後の宝暦十三年二月二十九日の条に、「一、御町医安藤周伯、母召シ連レ、上方へ罷リ登リ候節……」に登場する人物と同一人物と推定され、昌益の息子と考えられている。

この『御日記』宝暦八年の資料から、昌益は大館に移住し、周伯（秀伯）は八戸安藤家の当主的存在として医業に従事していたと思われる。また、この資料から医業修業を含め、仙確は周伯の後見人的な役割を果たしていたものと思われる。昌益の単身大館への移住決断が可能となったのであろう。

⑫　宝暦十一（一七六一）年三月十五日の条（『御日記』）に、「三戸山本由益宿　安藤周伯　右宿書上申出」とある。

――後出する三戸出身の医者川村寿庵（号錦城）は、安藤昌益と深く関わりのある人物である（本書七〇頁参照）。昌益たち安藤家はこの盛岡藩領の三戸に何か関わりがあるのかも知れない。

⑬　宝暦十二（一七六二）年、安藤昌益病没。享年六十。

――『掠職手記』に、「昌益午ノ年十月十四日ニ病死仕リ候」とある。昌益は二井田に移住してまもなく亡くなった。この頃、神山仙庵は藩主の側医として江戸詰である。

⑭　宝暦十三（一七六三）年二月二十九日、昌益の息子周伯、母と同伴上方へ勉学のため通証文《とおりしょうもん》（通行手形）を願い、三月一日に藩の許可が下りる（『御日記』）。周伯二十八歳。

――『山脇門人帳』（下巻）宝暦十三年十二月二十五日の条に、「同年十二月廿五日江戸に於いて陸奥《むつ》南部　安藤周伯亨嘉《みちよし》　国領帯刀《たてわき》取次　廿八歳」（『京都の医学史』資料篇二七三頁、思文閣出版、一九八〇）とある。古方医の山脇東門《やまわきとうもん》（山脇東洋の息子）に入門したことをしめす。

⑮　八戸南部家の『文久癸亥三年　御書籍目録』に、「自然真営道　壱冊」の記載がある（『新編市史』近世資料編Ⅲ三九五頁）。

――八戸市立図書館編集『安藤昌益関係資料目録』（八戸市立図書館編『安藤昌益』三五〇頁）には、「稿本自然真営道　上杉修氏蔵　甘味諸薬自然之気行（八戸藩―旧藩主南部家―上杉修）」とあり、『自然真営道』は藩主に献納されていた可能性がある。昌益の高弟仙庵から贈呈されたのかもしれない。問題はこの事実をどう解釈するかである。昌益の『自然真営道』は幕藩制社会批判の書である、と通説は説いている が、当時の関係者にとって、昌益の著書は現実の幕藩制社会批判の書とは捉えられていなかったのではなかろうか。蔵本のいきさつについては定かではないが、「南部家蔵書」に加えられていたという事実は、そのことを物語っていると言えないであろうか。

4　安藤昌益と大館二井田

(1) 大館二井田

秋田県大館市は、県北部に位置し、米のとぎ汁のように白い川と形容される米代川が、東から西に向かって中央部を流れ、四方を山に囲まれた盆地にある。江戸時代は秋田久保田藩（佐竹氏）の大館城下として栄えた。大館城（桂城《かつらじょう》）は、佐竹一族の小《お》場《ば》氏（後に佐竹姓を許される）が所預役《ところあずかりやく》として支配していた。

二井田の集落は、大館盆地の南方、JR花輪線の扇田《おうぎた》駅の南側、比内《ひない》地区の中心部にある達子森《たつこもり》の周辺に広がる穀倉地帯の一角にあり、犀川《さいかわ》（米代川の支流）が集落の前を流れている。享保期、二井田村十二ヵ村の当高は千四百石余～二千石余、家数一七二軒で、人口の九六パーセントは農民である。二井田村は、秋田郡南比内地方で最大の戸数をもつ稲一毛作地帯であった（『大館市史』第二巻「第三章　二井田村と昌益」一九七八）。

(2) 安藤昌益、二井田帰村

安藤昌益が八戸から単身大館二井田村に移住した理由を、二つの資料（古文書）『石碑銘』と『掠職手記』の記述内容から見ていく（⑭一九～一五三「二井田資料」参照）。

『石碑銘』（原・漢文）

「孫左衛門ト謂フ者生マル。是レ他国ニ走レドモ、先祖ノ亡却ヲ歎キ、丹誠ヲ懲《こ》ラシ、廃《すた》レシ先祖ヲ興《おこ》シ、絶エシ家名ヲ挙《あ》グ。後世誠ニ守農太神ト言フベシ」（⑭八三）。

『掠職手記』

「当所孫左衛門と申者、安藤昌益日迹ニ御座候処、昌益、午之年十月十四日ニ病死仕候。右孫左衛門、申《さる》年、昌益三回忌、（中略）自分親昌益三回忌法事相勤候」（⑭一二九）。

これらの資料は先学の調査などから、次のように理解されている（⑭所収、石垣忠吉「二井田資料解説」、三宅正彦『安藤昌益と地域文化の伝統』）。それらによる概略を述べると、

昌益の兄と推定される安藤家当主孫左衛門が宝暦六（一七五六）年に亡くなった（戒名・絶道信男）。孫左衛門には跡継がなく、弟にあたる昌益は、兄の三回忌を前にして、宝暦八（一七五八）年ころ、二井田に単身移住し、安藤家当主孫左衛門を襲名して、安藤家当主となる。『石碑銘』の「廃レシ先祖ヲ興シ、絶エシ家名ヲ挙グ」ことにしたのである。

その後、昌益は安藤家の後継者として、隣家で親しい二井田村の肝煎役を勤める仲谷八郎右衛門の分家筋の者（実家は仲谷彦兵衛家）を、安藤家当主孫左衛門として家督を継がせた。

この後継者孫左衛門は、昌益帰住の前から安藤家に入り、雇われていた可能性が高い。『掠職手記』の中で、修験聖道院がこの孫左衛門を、「若せへ（住み込みの雇い人）上がり」（⑭一三九）と侮蔑的な物言いをしている場面がある。この孫左衛門が、昌益三回忌の法事を勤めた者である。

以上のことから、昌益の二井田移住は、安藤家の存続・再興のためとみて大過はあるまい。昌益の死亡理由は、「十月十四日ニ病死仕候」（『掠職手記』）とあり、温泉寺の「過去帳」や「将棋駒型墓碑」などによると、安藤家では昌益没後、十日後に女性が、二ヵ月後には子供が亡くなっている（三宅正彦『安藤昌益の思想的風土　大館二井田民俗誌』五九～六〇頁）から、あるいは何らかの流行病であったのかも知れない。

（3）仲谷八郎右衛門と宝暦以前の二井田村

次に昌益が二井田に移住したころの村の様子を、二井田村肝煎役仲谷八郎右衛門が、宝暦前の寛延三（一七五〇）年～四（一七五一）年に、大館在勤代官田中平吉宛てに出した訴状があり、その内容・要点

を紹介する（⑭三一〜四一）。

〈寛延三年の訴状〉

一、村の総家数百八十八軒だが、そのうちの四十二軒は潰《つぶ》れ〔倒産〕欠落《かけお》ちになっていること。

一、御高三百二十三石余の田地の小作人がいなくなっていること。

一、苻人《ふにん》〔小作人〕のなくなった田地は、郷中〔村の支配・自治体制〕の役目〔耕作維持〕となり、このままだと自分の持ち田まで粗田化〔実りが悪化〕して、一村潰れ、貧窮この上なき村になるのは必至であること（⑭三一〜三二）。

〈寛延四年（宝暦元年）の訴状〉

一、御百姓連々困窮に及び相続《あいつづ》け兼《か》ね、御役立ちまかりならず、年々潰れ・欠落ち御百姓数多《あまた》これあり（略）。

一、苻人無き御高三百二十石余の田地……迷惑至《し》極《ごく》に存じ奉《たてまつ》り候（⑭三六〜三七）。

右申上げ候とおりの御百姓に御座候えば……家財などまで売払い、ようよう御田地物成《ものなり》〔年貢〕仕り候えども……一郷相立ち申すように下《くだ》しおかれたく願上げ奉り候御事。右の通りに御座《ござ》候間《そうろうあいだ》、恐れながら何分宜敷《なにぶんよろしき》様ニ仰上《おおせあげ》られ、御助け下《くだ》しおかれたく願上げ奉り候。以上（⑭四一）。

（4）『石碑銘』に見える安藤家

昌益はこのような厳しいときに二井田村に帰住し、安藤家の存続・再興に取り組むこととなった。以下、安藤家の来歴・家産・農家経営の経緯について見てみよう。

羽州秋田比内贄田邑《にえだむら》、未ダ直耕ヲ為ス者無シ。茲《ここ》ニ、安藤与五右衛門《よごえもん》ト云フ者生マレ農業ニ発明、近人近隣ニ之レヲ弘《ひろ》メ、終《つい》ニ農業ノ国郡ト為ス。是レヨリ与五兵衛《よごべえ》（中略）右十有余代、益々《ますます》豊安ニ農業仕リ来リ候。茲ニ与五作生マレ、悪逆ノ過《あやま》チヲ起シ、先祖ヲ忘却シ、十有代迄ノ先祖ノ余類、隣国・他国ニ離散ス。茲ニ、先《さき》ノ与五（右）衛門ヨリ四十二代八百二十余年ニシテ孫左衛門〔昌益〕ト謂フ者生マル。是レ他国ニ走レドモ、先祖ノ忘却ヲ歎キ、

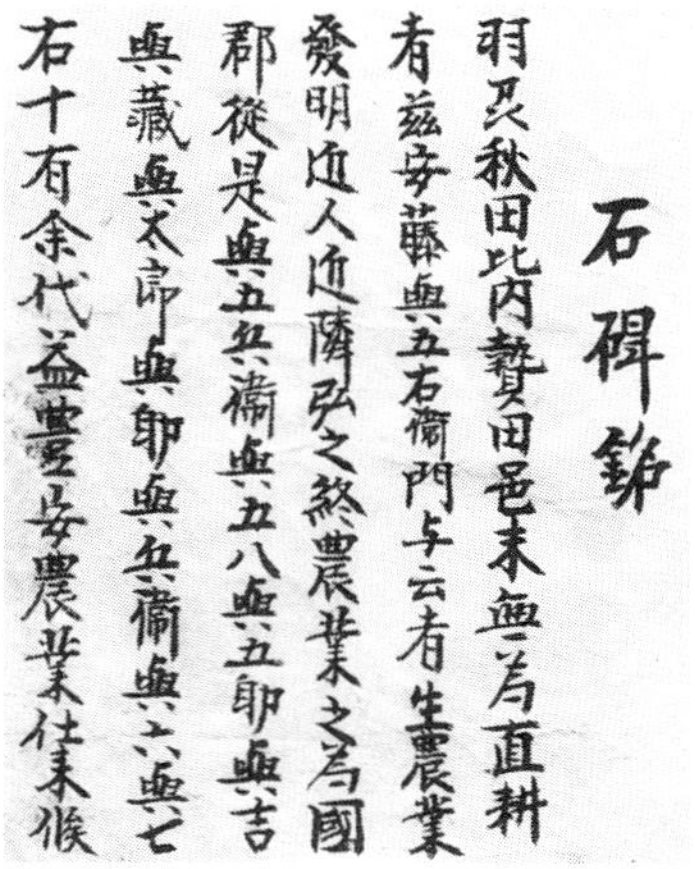

『石碑銘』冒頭部分
450字ほどの碑銘文で安藤家の来歴や昌益による再興、昌益の自然哲学が述べられている（山田福男氏撮影・提供）。

丹誠ヲ懲《こ》ラシ、廃レシ先祖ヲ興シ、絶エシ家名ヲ挙グ。後世誠ニ守農太神ト言フベシ（後略）。

（後略）以下は、昌益の「気」の自然哲学が展開されている。二井田村の草分け百姓的な安藤家の栄枯盛衰が記され、昌益（孫左衛門）による安藤家の存続と再興の様子が刻まれている（⑭八二）。

昌益帰住後の安藤家の家産について、高橋秀夫は、宝暦十一年の『一関家文書』の分析から、「孫左衛門家の当高は十五石以上で、持高は二十五石以上になろう。田地面積にすれば二〜三町で、下人や仮子《かろく》〔作男〕数人をおいた上層農民である」（三宅『安藤昌益の思想的風土　大館二井田民俗誌』五九頁）。

安藤昌益誕生以前の、延宝二（一六七四）年の二井田村資料（『一関家文書』）には、「二井田村肝煎佐治《さじ》右衛門《えもん》　同断　孫左衛門」（同前三七頁）と、安藤孫左衛門家は肝煎役を勤める上層農家であった。その後、安藤家は衰退して行き、昌益は「他国に走」った（『石碑銘』）。

宝暦期、凶作・飢饉に疲弊する二井田村の、『宝暦四年戌二月吉日　五斗米高人別帳《ごとべいたかにんべつちょう》』（『一関家文書』）には、安藤孫左衛門家は記載されていない。三宅正彦は、この資料から安藤孫左衛門家は没落していたと推測している（「安藤昌益と孫左衛門家の二井田村在地史料」校倉版『全集』第十巻五二五頁）。

この後、昌益は二井田村に帰住し、再び上層農家へと上昇・再興を果たした。『石碑銘』に刻された昌益による安藤家の存続と再興の姿は、「守農太神」と讃えられてもけして奇異ではない。『大館市史』（「秋田県災害史年表」七〇頁）によると、昌益の亡くなった翌年、宝暦十三（一七六三）年の記事は「凶作・霖《りん》雨《う》（長雨）、冷害、凶作（羽後）」とある。翌、明和元（一七六四）年昌益三回忌、「守農太神」の石堂・石碑銘建立の年の記事には、「飢饉・旱魃《かんばつ》・風雨秋田春飢ゆ」とある。

（5）二つの『石碑銘』資料

ここで資料『石碑銘』についてふれる。『石碑銘』文は二種類ある。初めに石垣忠吉によって発見された『石碑銘』（八丁、縦二四・五×横一五・九センチ。これをAとする。⑭七七〜八二）。その後、大館市史編さん委員会が見出した『石碑銘（写）』（七丁、大きさはほぼ同じ。これをBとする。⑭八八〜九八）。

Aには「石碑銘」の題があり、漢字四五〇字ほどの碑銘文である。碑銘文の前半は二井田村での安藤家の来歴、そして昌益による安藤家（孫左衛門）再興の姿が述べられ、「守農太神」と讃えられたことが記されている。後半は昌益の「気」の自然哲学が展開されている。碑銘文の最後には、「宝暦十一年守農太神確龍堂良中先生　在霊　十月十四日」とある。

Bは、表紙に「良中先生石碑銘写《うつし》　安藤昌益」と記されている。銘文は、Aと同じく「石碑銘」と題があり、銘文の内容は同じで、誤字があり、「転真」を「転直」、「直耕」を「真耕」（残存資料にはこの表記例もあり、一概に誤記とはいえない）と記しているという。銘文の最後に、「安藤良中先生門人　一関重兵衛　同市五郎　安達清左衛門　同清吉　同吉太郎　中沢太治兵衛　同吉三郎　平沢専之助　中沢長左衛門　中山重助　〆《しめて》拾人」（⑭九七〜九八、本書五七頁参照）と記されている。二井田村の有力農民（長名衆《おとなしゅう》）たちである。

前出の『五斗米高人別帳』によると、一七五四年の二井田村の各家の当高が記されている。昌益の門弟である肝煎仲谷八郎右衛門三三石余、一関重兵衛一二八石余、安達清左衛門七一石余と、昌益は二井田村の有力農民を門弟としていたことがわかる（校倉版『全集』十巻五二六頁）。二つの『石碑銘』に記されている「守農太神確龍堂良中先生　在霊」は、石堂に刻されていた銘文と思われるが（「石堂〔虫食い〕御座候故見《み》候得《そうらえ》ハ、守農太神確龍堂良中先生ト御座候由ニ而、書留持参致候」『掠職手記』）、石碑と石堂の二つとも打ち砕かれ、今となっては確認できない。

さて、この資料（A・B）の解釈は難しい。一つは年記の「宝暦十一年」の記述である。温泉寺の昌益の『過去帳』『墓碑』では、死亡年は「宝暦十二年」である。とすると『石碑銘』文は昌益在世中に作られたものであり、それで「在霊」と表記したのかも知れない。後述する『掠職手記』には、修験聖道院が執拗に石碑銘に関して追求するなか、門弟は「昌益存命の節、碑の銘（虫喰〔（八字）〕）捨《すて》置《おき》申《もうし》候《そうろう》も不罷成《まかりならず》」とか、「昌益書残され候故立置候義」とか、銘文は昌益の存命中に存在していたと証言している。資料（『石碑銘』）の記述と門弟の証言（『掠職手記』）とが一致している。しかし、ことはそう単純ではない。

年記のことと関わるが、もう一つは、「十月十四日」の記述である。この期日は昌益の亡くなった日と一致する。昌益が生前に存在した銘文の作成日は偶然にも「十月十四日」だったのか。そのようなことはあり得るのであろうか。昌益生存中の「宝暦十一年」の記述と、命日の「十月十四日」の記述の二つをどう整合的に理解するかであろう。

石垣忠吉は、「『宝暦十一年』が私にはわからない。門弟衆の『手違い』か写しの際の『手違い』か、それとも、昌益存命中に書きおかれたという、その存命中の『宝暦十一年』を意味するものか」（前出『安藤昌益その晩年に関する二井田資料』四五頁）と述べる。三宅正彦は、『石碑銘』の解読のなかで、「宝暦十一年」の記述の箇所の「注1」において、「宝暦十二年の誤り」と、門弟の記述の誤りと判断した（校倉版『全集』十巻三三四頁）。

「宝暦十一年」の年記についての解釈は難しい。聖道院は執拗に、「石碑之銘御書出し御持参」や、「門弟人数書付御出し」を求めた。聖道院の追求のなかで、門弟たちは、銘文は昌益存命中に存在していたと発言している。となると生前を示す「宝暦十一年」の記述は問題ない。

そのように考えると、「宝暦十一年」は門弟たちの「手違い」というよりは、門弟たちは銘文を作成した事実としての「宝暦十一年」を遺《のこ》し、一方、三回忌を前に昌益の命日の「十月十四日」はそのまま生かしたところに門弟たちの思いは感じられる。門弟たちは、二つの事実を『石碑銘』に遺したかったのであろう。

かつて森嘉兵衛《かへえ》は、銘文（A・B）中の脱落文（「農業穏生ノ直耕ナリ。東南隅ハ進火ノ気行、則チ転真ノ左手、進夏ノ主ニシテ、農業」）の可能性を指摘した（「安藤昌益の変身」『朝日新聞』一九七五年一月二十三日夕刊）。

筆者は、当時（宝暦十一年）、昌益は病身ではなかったか、と推測する。それが「脱落文」を生じた原因かも知れない。それと、B『石碑銘（写）』は、聖道院に提出したものと推測する。Aにはない門弟名を列記し、最後に「〆拾人」と記したのは、聖道院の執拗な要求・要件に応じたものであろう。また、誤字があるのは、急いで提出用『石碑銘（写）』を作成したことから生じた誤記であろうと推測する。

(6)『掠職手記』と二井田村騒動

次に『掠職手記』に記された昌益三回忌から始まった安藤家（孫左衛門）・昌益門弟たちと、安藤家の菩提寺温泉寺と一体となった修験聖道院との騒動を見てみる。この『掠職手記《かすみしょくしゅき》』（石垣忠吉命名）は、二井田村の修験である聖道院永秀が騒動を書き記したものである。

江戸時代、比内地方には神主はおらず、修験が自分の家に修験道の祈禱所をもつとともに、所管の神社を管轄していた。二井田村の修験は、掠（霞《かすみ》）所を足場として近隣五ヵ村の神事の支配・管轄権を行使できた。この掠所における修験の職務の内容・権限を掠職《かすみしき》という。村内においては、各種の民間信仰における神事・祭事の祈禱、病気・災難などの加持祈禱。さらに医療行為や薬剤の調合、守札の販売、村人からの吉凶占いなど、村内の宗教的な活動や、村人の生活全般に関わり、村内の寺院と一体となって宗教的な役割を分担していた（森毅『修験道霞職の史的研究』名著出版、一九八九）。

修験は「住職」「僧」と呼ばれ、「院号」（「聖道院」）をもった。二井田村の修験は、秋田久保田藩（佐竹氏）の寺社奉行や大館代官の支配下に入り、掠職の役務・権限を行使した。次にこの騒動を見るうえで、はじめに次のことに留意しておきたい。昌益が二井田帰住ころの温泉寺住職と、聖道院の二井田村での年譜は次のようである（三宅正彦『安藤昌益と地域文化の伝統』四七～四八頁、同『安藤昌益の思想的風土 大館二井田民俗誌』二五九頁）。

寛延二（一七四九）年六月
――聖道院の先代三光院永全が死去。この頃から聖道院（永秀）は二井田村の掠職を継ぐ。二井田村掠職として二代目。

宝暦八（一七五八）年
――昌益、二井田村帰住の頃。昌益五十六歳。

宝暦十（一七六〇）年
――温泉寺十世契禅屋秀《かいぜんおくしゅう》住職、寂《じゃく》（死亡）五十一歳。

宝暦十二年五月
――十一世法髄慈眼《ほうずいじげん》住職、寂三十二歳。
――十二世貫山覚之《かんざんかくし》、他寺より転任。三十九歳。

宝暦十二年八月
――聖道院の妻、死亡。

宝暦十二年十月
――昌益死亡。昌益六十歳。

宝暦十四年（明和元年）六月
――「石碑銘」「石堂」建立。

宝暦十四年十月十三日
――昌益三回忌法事。貫山覚之住職四十一歳、来住二年目。

以上から、昌益の二井田村帰住後、温泉寺住職は短期間で交代していること。昌益と住職の年齢差に開きがあること。昌益死亡時の住職は他寺から温泉寺に入り、若く、地域での経験は少ないことなどがわかる。

二井田村掠職は、三光院・聖道院の二代目の新参である。聖道院は二井田村に来て妻に先立たれている。このような背景の中、二井田村は、「近年昌益当所へ罷出《まかりいで》、五年之間ニ……一切不信心ニ而相止、……只拙者《ただせつしや》共ハ、祈願所・菩提所名ノミニ而、是ニ而子孫ノ法行相立不申《あいたちもうさず》」(⑭一四二)という状況になっていた。そして騒動はおこった。

『掠職手記』に記録された一ヵ月余の騒動を追ってみる(⑭一二九〜一五〇、主要な箇所のみを示す)

明和元(一七六四)年十月十三日晩〜翌十四日朝

——昌益三回忌の法要。

十月十四日晩

——門弟たちが孫左衛門宅にて精進落しの魚料理をもって法事をする。

十月十六日

——温泉寺住職、孫左衛門を呼び出し魚料理の件を問いただす。孫左衛門は否定。

十月十八日

——住職、孫左衛門と親類の彦兵衛を呼び出し、孫左衛門の屋敷裏の「墓所らしきもの」を問いただす。孫左衛門は、門弟たちがしたことと発言。住職は、石碑の銘文を提出せよと言い、使いの者に検分させる。石堂に「守農太神確龍堂良中先生」と刻された碑文を知る。

十月二十四日

——住職は聖道院と会い、住職は「守農太神」の神号に関することなので、と問いかける。聖道院は一切知らずと言う。晩、聖道院は孫左衛門・彦兵衛を呼び出し、神号の「守農太神」の石堂のことを問いただす。孫左衛門は、親昌益の門弟たちがそうしたと答える。聖道院は、神号は誰が名づけたのか、このことはお上にお許しを得たのか、と言う。孫左衛門は知りませんと言う。

十月二十六日朝

——聖道院は、謝罪に来た村民に対し、門弟たちの名簿と、石碑銘の「写し」の提出を要求。

（これ以降、聖道院は門弟たちの名簿と石碑銘文の「写」の提出を執拗に求める。村の統治・自治組織である「郷中」（肝煎・与右衛門と長百姓《おとなびゃくしょう》で構成）は、村内での処理を願い出る）

十一月七日

——郷中と隣村代表は、聖道院宅にて、石碑は郷中で打ち砕き、社壇は復元、と郷中内での処理を申し出る。聖道院は、子孫の掠職の生活が成り立つようにして頂けるならば、と言う。

十一月八日

——聖道院宅に郷中の村民が行き、石碑銘文・門弟名簿の提出を申し出る。その後、聖道院・肝煎・郷中が立ち合い、石堂・石碑銘の検分をする。夕方、聖道院宅にて、郷中と、昌益門弟一関重兵衛ら十名が対面。聖道院は、伊勢堂古社地を昌益の社壇とした理由と、掠職・郷中に相談もなく建立したことの説明を求める。また、聖道院は、昌益老を「守農太神」としているが、どこかから諡号《しごう》（死者に贈る名）の許可を得たうえでやったのであろうな、と言う。

その場の者は、「昌益存命中に碑の銘文を書き残してあり、そのまま捨て置くのもどうかと思い、石碑にして建て置いたのですが」と、謝罪する。聖道院は、六月に建立の際に祭事を行ない、また七月にも祭事を行なったことは聞いているが、その際、祭主はどこから来たのか、と尋ねる。さらに、聖道院は、門弟の書きつけには御神酒をふるまったとあるが、祭事でなければ御神酒はいらないはず、掠職をないがしろにしていると怒る。今回のような「異行の執行」の扱いについては、自分一存でなく「御上」（秋田藩寺社奉行など）に伺い、その御裁断を仰ぐと言う。

郷中は、郷中内での処理、一村安泰になるようにと謝罪する。聖道院は、「近年昌益が当地へやって来てから五年の間に、家ごとの日待《ひまち》・月待《つきまち》・幣帛《へいはく》・神事・祭事・祭礼などが、すべて不信心のひろがりでとりやめとなり、そのほか庚申待《こうしんまち》・伊勢講《いせこう》・愛宕《あたご》講《こう》なども無く」なった。当方は、ただ祈願所・菩提所という名ばかりで、これでは子孫の生活も成り立たない。祈禱所を潰そうというのであれば、御上に報告・御指示を待つという。この日待・月待については、「出羽国秋田領風俗問状答《といじょうこたえ》」に、当時「神官、僧徒など招くもあり。あるは里人打寄、念仏し明すも候」（『日本庶民生活史料集成』九巻五〇五頁、三一書房、一九六九）とある。

十一月十一日

――聖道院宅。郷中は、近隣の曹洞宗の三寺（宝泉寺・養牛寺・本宮寺）に入寺（仲介役を依頼）し、三寺側から温泉寺に対する働きかけを依頼したことを伝える。

十一月十二日夕方

――三寺の僧、聖道院宅を訪れ「内輪」での処理を提案。聖道院は、一村潰れになっては一大事なので、当方の子孫が成り立つようにと、郷中には言ってあるのでと言う。三寺側は了解して郷中に伝えると言う。

十一月十三日

――聖道院宅。郷中は、石碑は郷中で砕き、社壇は復元すること、貴院の子孫の法行を約束することなどを言う。温泉寺に対して郷中は、孫左衛門は当所から所払いにすること、屋敷を打ち壊すこと、これ以上の処罰をしないことなどを、三寺側から温泉寺に伝えて欲しいと、三寺側に依頼したことなどを聖道院に伝える。

同日刻

――三寺側が聖道院宅を訪れる。三寺は、正式に嘆願したいと申し出て、温泉寺側も「一村潰ニ及申事のミ難忍《しのびがたく》」と、内輪での処理との考えであることを伝える。聖道院も納得して、その後、温泉寺を訪れる。温泉寺住職は、郷中が約束を実行するので内輪で、という。聖道院も納得する。

同日暮五つ（午後八時ころ）

――聖道院宅に三寺の者がお礼に来る。その後、郷中の肝煎・長名衆（有力農民）・門弟揃って挨拶に来て、双方納得して引き下がる。

以上が、約一ヶ月間にわたって二井田村でくり広げられた騒動の内容を記録した『掠職手記』の概略である。これにて一件落着と思われたが、その後、この一件に関するいくつかの資料（『一関家文書』）が、大館市史編さん委員会によって見出された（「二井田村と昌益」『大館市史』第二巻三〇四～三〇九頁、一九七八）。

一つは、二井田村肝煎与右衛門から大館在勤代官根本忠蔵に宛てた書簡である（「御代官様へ之御状下書」⑭五八～五九）。内容は、代官に「当村一件之義」と騒動は知られ、事情聴取を受けていたこと。仲介役の三寺側が、孫左衛門一人に一切の責任を負わせて「郷払い」にしたことについて、大館の曹洞宗取締役の宗福寺《そうふくじ》が「不届之義」と断じたこと。宗福寺から孫左衛門も呼び出されていることなどである。

このことから、『掠職手記』では、孫左衛門は郷払い・屋敷打ち壊しなどが想定されるが、孫左衛門は、二井田村内の縁者に世話になり、一時生活していたことが推測される。

二つ目の資料は、昌益の弟子玄秀（内藤玄秀）の動向に関するもので、明和二（一七六五）年三月末、大館城代佐竹義村が、代官大越久右衛門を通じて郷中に下した、「被仰渡候御口上」である。以下に読点・振り仮名を施したものを掲げる（⑭六一～六二）。

大館様より御代官を以被仰渡候御口上之覚

近年当村ニ徘徊《はいかい》致し、邪法を執行《とりおこな》ひ郷人《きょうじん》を相《あい》惑《まど》ハし候医者正（ママ）益弟子、山本郡鶴形村《つるがたむら》より罷越《まかりこし》居候《おりそうろう》医者玄秀、御支配下ニ被指置《さしおかれ》かたき者（ニ）候間《あいだ》、本在所《もとざいしょ》鶴形村江《へ》早々可相返候《あいかえすべくそうろう》。正益迹《あとめ》孫左衛門卜申もの、郷中にて払《はらい》の由《よし》、彼《か》之《の》者当村江《へ》不立戻《たちもどらず》候様ニ可致候。扨《さて》又、何れの無御訴《おうつたえなく》私ニ払候段、且《かつ》、正益存生之中、随身之もの有之段、其《その》聞《きこ》得《え》歴《れき》然《ぜん》ニ候故、可被遂御吟味候得共《ごぎんみとげらるべくそうらえども》、御砌《みぎり》も違候故（月日が経っているので）、御憐愍《れんびん》を以不被指及《もってさしおよぼされず》其儀ニ候。是迄、御目附被相廻《おめつけあいまわられ》、御吟味之上被相渡候。

御代官　大越久右衛門

酉三月廿六日

この「御口上」文書に対して、「郷中」は回答（請書）を代官に提出した。それが次の資料である。

右之通、此度御代官様より被仰渡、奉承知《しょうちたてまつり》、御《お》候《そうろう》。然《しから》ハ、当村御百姓孫左衛門義郷払、御訴《うったえ》も無之相払候段《あいはらいそうろうだん》、御聞得被為遊《おんきこえあそばされ》孫左衛門義郷中ニて払不申候《はらいもうさずそうろう》、右仁〔孫左衛門〕、郷中払等ニ仕《つかまつり》候得《そうらえ》ハ、御上様へ御願奉申上、其上、被仰付次第郷払仕候《しだいごうはらいつかまつりそうろう》御義と奉存候。何分よろしく被仰上被下置度《おおせあげられくだしおかれたく》、奉願上候。

一、当村医者玄秀義、御支配下ニ指置候義《さしおかれそうろうぎ》不被罷成段被仰付《まかりならざるだんおおせつけられ》、奉畏入候《かしこみいりたてまつりそうろう》。

右之通よろしく被仰上被下置度《おおせあげられくだしおかれたく》奉願上候、以上。

明和二年酉三月廿六日

二井田村肝煎

与右衛門

同村長百姓

同　彦兵衛

同　十兵衛

同　清左衛門

同　長左衛門

大越久右衛門殿

大館城代佐竹義村が、今回の二井田村の騒動について、「邪法を執行ひ郷人を相惑ハし候」と、強い関心をもちながら、「御砌も違候故」と、一件落着にした理由は何か。推測できるのは、騒動の発端となった昌益はすでに亡くなり、門弟たちも村の有力農民であり、騒動の内容を把握した結果、これ以上問題は起こらないと判断したのかもしれない。

この騒動が起こる以前、久保田藩佐竹氏は、藩内に大きな事件を抱えていた。いわゆる「佐竹騒動」（宝暦五〈一七五五〉年～七〈一七五七〉年）である。佐竹氏分家出身の五代藩主義峰《よしみね》のとき、養子義堅《よしかた》が早世し、その子義真《よしまさ》も宝暦三年に急死した。その結果、分家の義明《よしはる》が、七代藩主を継ぐという世子問題で家中は混乱した。

藩主義明の宝暦四年、慢性的な財政難に苦しむ藩は、藩札を発行して領内の銀を買い上げ財政を安定しようとした（「銀札仕法」）。結果は、銀札の大暴落、物価高騰、翌年の大凶作が重なった。家中は銀札推進派と反対派とで対立し、家中・領内は大混乱した。義明は銀札を廃止、関係者を処罰（死罪など）して事態を収拾した。この件に関連して城下町久保田その他でも民衆の騒ぎがおこった（『藩政時代の村羽後における飢饉・一揆』秋田近世史研究会、一九七四）。このような藩内の後遺症から、大館城代佐竹義村は、二井田村騒動に対し、代官を通じて「御砌も違候故」という無難な選択をしたのではないか、と筆者は考える。

（7）『石碑銘』『掠職手記』から見えてくること

次に『石碑銘』『掠職手記』の二つの資料から見えてくることを指摘しておく。

①『石碑銘』前半部分で、昌益が「廃れたる先祖を興し、絶えたる家名を挙ぐ。後世、誠に守農太神と言ふべし」と讃えられたこと。昌益の帰住の頃の二井田村は、「極窮の村」「潰れ寸前の村」の状態であった。そのなかでの安藤孫左衛門家の存続・再興の姿は、二井田の門弟だけでなく、他の農民たちにとっても、見習うべき姿ではなかったか。天保期秋田郡の事例だが、凶作・飢饉に遭遇した農民たちは、「田畑不レ残他え渡、家跡《いえあと》絶転《ぜってん》致候はば、何れの先祖にても、心外に可レ有レ之筈」とか、有力農民でさえ、「数百年来、肝煎役連綿致候得共、無高に相成」（西岡虎之助『近世における一老農の生涯』一一七頁、講談社、一九七八）ということが、宝暦期の村々でも日々起こりえたのではないか。

二井田村での昌益の活動は、門弟・村人たちにとって、百姓成立《なりたち》の理想的なイメージを与え、励ましとなったと思われる。『石碑銘』前半部は安藤家の「直耕」の苦難と再興の姿を描いたものである。後半部は、導入として「然シテ転道ハ与フルコトヲ為《し》テ取ルコトヲ為《せ》ズ。是レ転真ノ額体ト雖モ、何ヲ

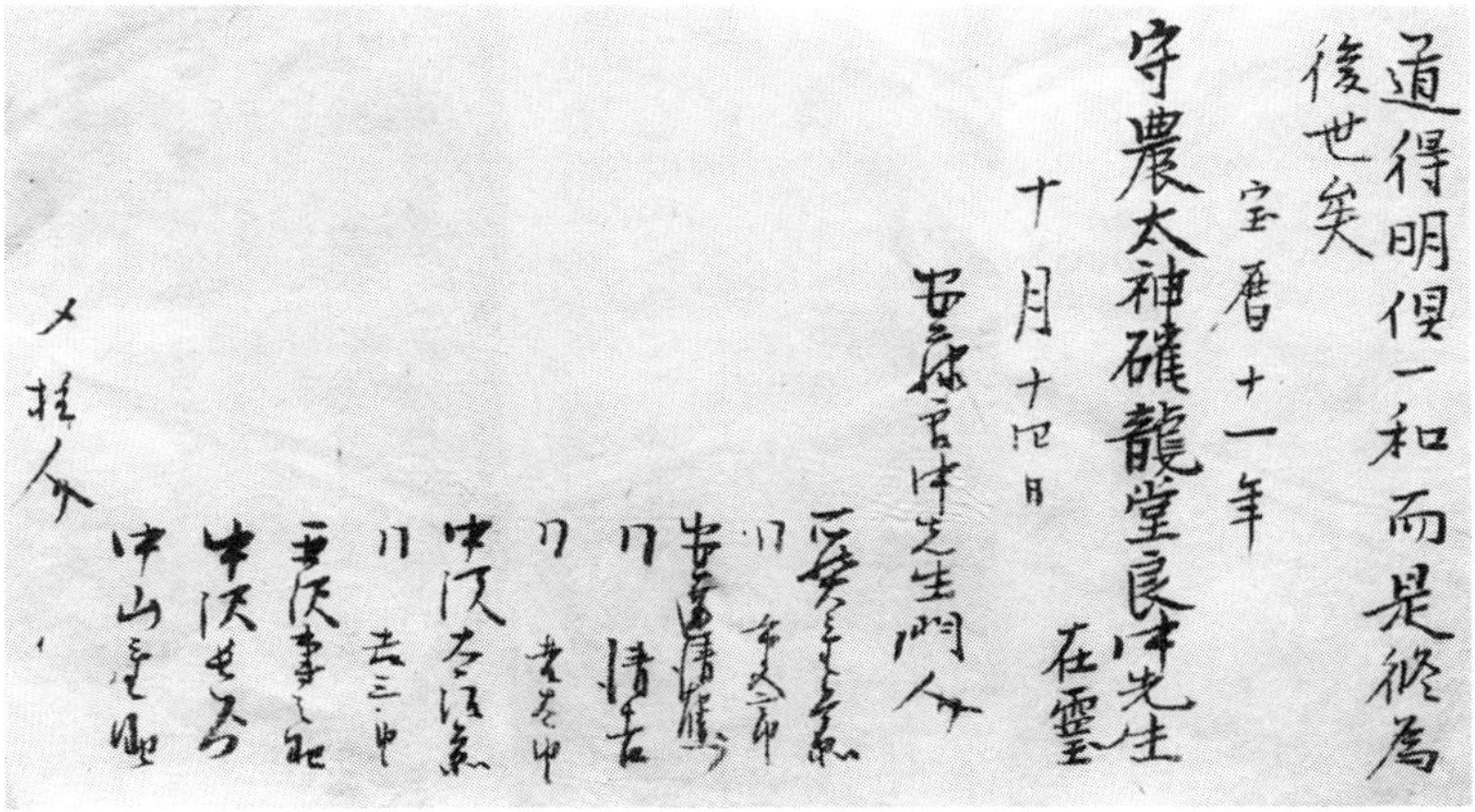

『石碑銘写』末尾

「守農太神確龍堂良中先生在霊」の文字と二井田村における「安藤良中先生門人」10名の記名がある（山田福男氏撮影・提供）。

以テカ是レヲ観ンヤ。転定ハ則チ是レ転真ノ妙体ナリ」と真・転定の生命的な妙体を示す。そして四季の生生する直耕を描写して、「是レ則チ転真常ノ額体、直耕ナリ」と位置づける。最終部分に「三万年来是レヲ明カシ見ハス者無シ。転下広シト雖モ是レヲ知ル者無シ。人々具足ノ面部八門ノ四行進退、互性・八気、転真・真神ノ行ノ倶《とも》ニ成ルヲ知ル者無シ。故ニ転真ノ妙道廃ル。予、之レヲ悲シミ、転真ノ妙道ハ倶ニ一和スルヲ明カシ得テ、是レヲ後世ノ為ニ修ス。宝暦十一年　守農太神確龍堂良中先生在霊　十月十四日」と記す（⑭八三〜八五）。

昌益は飢饉に荒廃する二井田の門弟たちに、転真とそれを具足する人々に転人一和の直耕を明示し、「是レヲ後世ノ為ニ修」したのであろう。筆者は、『石碑銘』は、宝暦期・飢饉下の荒廃する村の状況に対して、家名・家産の維持・復興への昌益からのメッセージであると見る。

②　二井田村に帰住して、「近年昌益が当地へやって来てから五年の間に、家ごとの日待・月待・

幣帛・神事・祭事・祭礼などが、すべて不信心のひろがりでとりやめとなり」と、昌益の影響力の凄さがわかる。温泉寺・聖道院はほとほと困り果てていて、昌益没後の巻き返しのチャンスを探っていたようにも見える（三回忌後の情報収集が早すぎる）。

温泉寺は、三回忌の魚料理の件よりも、石堂・石碑建立に一番関心をもっていたことがわかる。また、昌益の死没直後の戒名（「堅勝道因士《けんしょうどういんし》」）にも、温泉寺側の昌益に対する強い意思が現われていると考える。それは、昌益の門弟の安達清左衛門・清吉父子の戒名でもわかる。二人とも「信士」号である。安達家歴代当主は、かつて「禅定門《ぜんじょうもん》」号であった。三宅は、「これは、昌益の石碑・石塔建立の責任を問われたからであろう」（『安藤昌益と地域文化の伝統』三六頁）と指摘している。筆者は昌益の戒名もそのように見ている。

③　石碑・石堂は郷中で破壊したこと。孫左衛門の所払い・家屋打ち壊しだが、記述はあいまいで、前述したが孫左衛門は一時村内・近在に身を寄せていたのであろう。前出の大館代官から二井田村への「御口上」に対する、郷中の請書では「郷払い」を否定している。

④　「一村潰れ」の言葉は重い。郷中は騒動が「公」になることを恐れ、郷中での内輪（内済《ないさい》）処理（「何分郷中ニ而御救」）を繰り返し嘆願した。

秋田領内の「内済」に関する資料には、「若《もし》内済に不二相成一、此余吟味相成上は、当町大患迫《およひ》、潰《つぶれ》成儀生す間敷共、難レ計共存候」（前出『近世における一老農の生涯』一五三頁）と記されている。

宝暦期、「潰れ寸前の村」二井田の村人は、先祖伝来の家産の死守が大前提であった。門弟・郷中も、この騒動がお上に知れ、何らかの御吟味・御沙汰を怖れたと推測できる。この「一村潰れ」の危機感は、農民側（「一村安泰」）だけではなかった。温泉寺・聖道院側にも同じ問題を抱えていたことがわかる。

温泉寺は騒動のきっかけを作ったが、その後の展開は聖道院が主体となり、郷中とのやり取りを主導した。聖道院は、強硬姿勢を取り続けたため、三寺の仲介（農民側からの依頼であったが）となり、三寺を介して温泉寺の意向を示すことができた。騒動が大きくなり、「一村潰れ」は、「一村檀家潰れ」となることを恐れ、温泉寺側は、三寺を介して「内済」（「御内事之御心入」）を聖道院に提案した。

一方、聖道院は二井田村では新参であり、この騒動をきっかけに自己の掠職としての権限の強化を意図した。しかし、子孫の掠職の職権維持のことはつねに念頭にあった。また、聖道院の心配事は、他の修験に自己の掠職を侵害されることであった。聖道院が今回の祭事に対し、「祭主は何方より参《まいり》候哉《や》」と発言したのは、他の修験（掠）の介入を危惧したのであろう。秋田領内では、時代は下るが、文化年間、掠同士が掠職を争うことが起こってきたという（佐藤久治『秋田の山伏修験』秋田真宗研究会、一九七三）。温泉寺・聖道院は、この騒動が佐竹藩寺社奉行に知れることを恐れたことは当然であろう。こうして騒動は収束したのであった。

⑤　二井田村での昌益と神道との関わりについてふれておく。聖道院は、「近年昌益当所へ罷出、五年之間ニ、家毎之、日待・月待・幣白・神事・祭礼等も一切不信心ニ而相止、其外庚申待・伊勢講・愛宕講抔も相止メ」「近年別而《べつして》勤方《つとめかた》相止《あいやめ》」と、神事・祭事の仕事がなくなったと述べている。

昌益思想における山伏・修験・神主の位置づけは、「社人ハ不耕貪食シテ官位ヲ争ヒ、祈禱・守札・符咒《ふじゅ》ヲ業ト為ス。故ニ衆人常ニ神ニ願ヲ立テ、己レノ利欲ノ妄想ヲ神ニ塗リ掛ケ、他ニ非ザル神ニ迷ヒテ他ニ有リト為シテ、転神・己神《おのれかみ》一和スルトキ自ラ願望成就スルヲ知ラズ。社人・神主《カンヌシ》ハ神秘ト号シテ衆ヲ誑カシ、貪ルコトヲ欲シテ」（⑨二六九～二七〇）と厳しい見方をしている。

二井田村は、一種の無信仰地帯となっている。これは昌益の仏教・神道に対する思想の影響であろう。村人たちが現世利益を求め、他者（既成宗教）に依存する姿勢を、昌益が批判・教化した結果であろう。昌益の神道思想の根本は「神社・神法ハ神ニ私欲ノ妄願ヲ祈ラズ、唯慎ンデ神ヲ敬ヒ己レガ業ヲ守ル、必ズ神徳ノ幸有《ヒ》リ」「祈禱・願望、皆私欲ノ迷ヒナリ」（⑤三一六。昌益の神道思想については、本書二四四頁参照）と述べる。

昌益の「自然真ノ神道」の対極にあるのは「不耕貪食」と「私欲」であり、温泉寺の仏教、聖道院の神道と昌益の「自然真ノ神道」との対立が二井田村騒動の大きな背景であろうと推測している。後の寛政期の事例だが、秋田藩平鹿郡内で起った神道と修験道の抗争が報告されている（守屋重太郎「神道と修験道の抗争―県南の照井日記に見る―」『秋田魁新報』一九八六年七月八日・十日）。三宅正彦は「『聖道院覚書』〔『掠職手記』のこと〕にあらわれた神仏習合と自然神道―宝暦後半期二井田村の思想対立―」（校倉版『全集』十巻五五二頁）において、安政年間、飢饉で疲弊した二井田村近郷の綴子村《つづれこむら》で肝煎らが村民の負担軽減のために神事の停止を協議した事例を紹介し、宝暦期二井田村においてもこのような背景が存在した可能性を推測している。

それまで二井田の村人たちは、例えば庚申待ちは、「庚申を待申人ハ寿命長して子孫はんしやう〔繁昌〕す。（中略）此夜ハ心を静に致、看経《かんきん》〔お経を読む〕おし《（ママ）》て余念なく守り申せは、三年の内にハ諸願叶もの成り」（享保九〈一七二四〉年「庚申之御縁起」『大館市史』第四巻「民俗・文化編」四七一頁、一九八一）という習俗が一変してしまった。それと昌益三回忌に造られた石堂（社壇）には、昌益を「守農太神確龍堂良中先生」と、神号をもって讃えている。そして建立の祭事を二回、御神酒をもって行なっている。門弟たちは、何らかの「自然神道」の祭祀を行なったことが想定できる。また、昌益三回忌の夜、門弟たちは、魚料理にて法事を行なっていた。ここには、仏式でなく、神道の考えがあったのではないか、と推測している。二井田村の修験三光院（後の聖道院）の子孫は「仏さまの命日にも魚をあげる」と証言している（三宅『安藤昌益の思想的風土―大館二井田民俗誌』「二井田村の民俗」二六七頁）。神道では、忌日に魚料理は禁忌ではない。

大館の代官は、二井田村の騒動に関して、「近年当村ニ徘徊致、邪法を執行ひ郷人を相惑ハし候医者正《(ママ)》益弟子、山本郡鶴形村ヨリ罷越居候医者玄秀」と、この文書では、代官は、玄秀の行為（「邪法を執行」）を指摘するが、二井田村のなかで、昌益・玄秀らは何らかの儀式・祭祀的行為を行なっていたことが推測される。

石堂・石碑建立とその祭事は、門弟らが昌益の死後独自に考案したものというより、昌益存命中に、昌益と門弟たちの間で構想は出来上がっていたと見るほうが自然であろう。よって門弟たちの、「昌益存命之節、碑之銘」（⑭一三九）とか、「昌益書残され候故立置候義」（⑭一四〇）という発言もいちがいに否定できない。現在の二井田には、庚申塔があるが、そのうち下村丁内については、「お庚申さま」と呼び、「どんな神さまなのか、どんな御利益があるのかよくわからない。作神《さくがみ》（田の神）さまという話もある」（三宅同前書二八一頁）。この資料は、現世利益を他者（神仏）に依存しない昌益思想、農耕の神である「作神」は、「守農太神」のおぼろげな残影ではなかろうか。

⑥　昌益に随身した医者内藤玄秀は、出羽国山本郡鶴形村（現秋田県能代市鶴形）在住であったが、昌益没前後も二井田村に在村していた。昌益三回忌後の騒動がおこり、温泉寺・聖道院は、昌益・玄秀の影響力を一掃するために、玄秀を二井田村から排除することをめざした。玄秀は両寺に掛け合うが、明和二年、大館代官大越久右衛門は、玄秀を鶴形村へ戻らせるよう郷中に指示し、村役人たちは請書を提出している。鶴形村の曹洞宗海蔵寺の『過去帳』には「玄山道秀禅旭《キヨウ》　天明九酉正月　当村玄秀老」（三宅『安藤昌益と地域文化の伝統』三〇頁）とある。

⑦　『石碑銘』は、二井田村の草分け百姓安藤家の栄枯盛衰と、凶作飢饉の中、昌益による安藤家再興の姿を記述し、昌益を「守農太神」と讃えている。一つの資料を紹介する。

米代川沿いの鷹巣村《たかのすむら》（現北秋田市）は肥沃な水田地帯である。それは秋田藩の新田開発政策と、これに呼応した草分け百姓（開拓農民）たちの労働の成果であったという。天保期、村人たちは、草分け百姓の労苦に対する深い尊敬の念から村内の淨運寺境内に供養塔を建立した。碑文には「千辛万苦して多くの田畑を開発し、（中略）村居住往々繁昌すへきの基を 謀《おもんばか》りたり。（中略）然は此四人等の勤功村方に取りては莫大なるに、惜いかな何れの故にか子孫断絶したる家もありて其后胤《こういん》〔子孫〕なし。今年天保六未七月肝煎長名《おとな》相謀て、断たるを続き、廃れたるを興すの寸誠〔真心〕を尽、此四家の基《もとい》を再建し、其勲功を銘〔銘文〕にして永く此霊を茲《ここ》に祭る事しかり」（『鷹巣町史』第一巻三八二頁、一九八八）。

建立の天保六（一八三五）年は、天保の大飢饉（一八三三年〜一八三九年）の渦中である。大館二井田の『石碑銘』に記された、「羽州秋田比内贄田邑、未ダ直耕ヲ為ス者無シ。茲ニ、安藤与五右衛門ト云フ者生マレ農業ニ発明、近人近隣ニ之レヲ弘メ、終ニ農業ノ国郡ト為ス。（中略）孫左衛門ト謂フ者生マル。先祖ノ忘却ヲ歎キ、丹誠懲ラシ、廃レシ先祖ヲ興シ、絶エシ家名ヲ挙グ。後世守農太神ト言フベシ」とある。草分け百姓の困苦の姿を石碑に刻みこみ、記憶化することによって宝暦・天保の危機を乗り越えようとする村人たち。二井田村民と、隣接する鷹巣村民の気持ちとが重なる。但し、昌益の「守農太神」の石堂・石碑の建立は、昌益の門弟たちが独自にしたことであり、二井田村の郷中は関わっていないことには留意したい（「昌益社檀……郷中へも御相談も無之」⑭一三八）。昌益と門弟の小世界の建立かも知れない。

（8）安藤昌益の戒名と墓

次に昌益の戒名・墓、及び昌益にまつわる伝承などにふれてみる。昌益の戒名は三つある。古い順にあげる（⑭七二）。

① 堅勝道因士《けんしょうどういんし》

――この戒名は、温泉寺『過去帳』（寛政九年成立）に直接記され、温泉寺墓地の安藤家の将棋型墓石の旧戒名でもある。過去帳の上段部に記された戒名の

発見された昭和49(1974)年当時の安藤昌益の墓

「昌安久益信士」の戒名がある昌益個人の墓碑（左、65頁上段参照）と、先に建てられた「堅勝道因士」の戒名で昌益を記した合祀墓碑（次頁下段参照）（山田福男氏撮影・提供）

下段部には、「宝暦十二年拾月　下村　昌益老」とある。過去帳には、昌益の没年月、二井田村での安藤家の所在地、「老」は医者などにつける尊称（老師）である。

②　賢正道因禅定門《けんしょうどういんぜんじょうもん》

──この戒名は、昌益の門弟安達清左衛門家に代々伝えられた位牌箱の中にあった（三宅正彦報告）。位牌面には、「宝暦十弐歳　安藤昌益　帰元　賢正道因禅定門　午《うま》十月十四日」とある。安永寿延は、「宝暦十四歳」と読み、「昌益三回忌の法会《ほうえ》に際し、改めて温泉寺から追贈された戒名」と見ている。安永は、三回忌に際して、温泉寺側が高位の戒名を追授して、安藤家・門徒衆との和解の道を探ろうとしたと推測する（『写真集　人間安藤昌益』九七頁）。しかし、この戒名は『過去帳』や安藤家墓石にも記載されていない。筆者は、昌益三回忌に際して、門弟衆の長老の安達清左衛門ら門弟たちが、温泉寺の格下戒名に対抗して、独自に格上の戒名を作ったものと推測している。

③　昌安久益信士《しょうあんきゅうえきしんし》

――この戒名は、『過去帳』に書かれた「堅勝道因士」の上に張り紙をして、そこに新たに戒名が書かれている。したがって「堅勝道因士」より新しいことはわかる。この戒名は、昌益個人の角柱型墓石に刻された戒名でもある。この戒名は、温泉寺第十三世住職麒峰祖麟《きほうそりん》が追授したと推定されている。昌益の先代孫左衛門の戒名は「信男」（信士）号で、安藤家は歴代「信士」号と思われる。宝暦十二年、昌益死没直後の戒名は「因士」号である。その後、約四〇年（享和三〈一八〇三〉年頃）に昌益は「信士」号を追授される。昌益三回忌を務めた孫左衛門家の戒名は「信士」号に戻っている。

　これら昌益の三つの戒名から、二井田村における昌益・安藤家・温泉寺などの関係や数奇な歴史の実像が推測できる。

　次に安藤家と昌益個人の墓石を、古い順に見てみよう（⑭七二〜七四）。

A、将棋型墓石復原図

宝暦三（ママ）年　午十月十四日　堅勝道因士　天明七年　未三月二日　堅顔子（ママ）身信女

同会

仁相道儀信士　妙現禅定尼

享和三年　亥《い》九月十一日　宝暦三（ママ）年　午《うま》十月廿四日

――この墓石は、昌益の跡目孫左衛門（没年文化六〈一八〇九〉年）が、享和三（一八〇三）年以降に、安藤家の苦難と再興、そして昌益への思いを胸に建立したものと推測される。墓碑には昌益、自分の子（仁相道儀信士）と妻（堅顔了身信女）、そして『過去帳』にはないが、昌益と同じ年月に没している「妙現禅定尼」が刻まれている。なお、この「宝暦三年」は「宝暦一二年」の誤刻であろうとされている。

　安藤家歴代の墓とされていたこの墓に刻まれた昌益の戒名は「堅勝道因士」で、温泉寺『過去帳』に記されたものと同じであり、これが安藤家において昌益の正式な戒名と認識されていたことがわかる。このことから安達家にある「賢正道因禅定門」の戒名は、安達家や門弟たちの独自な位牌であることが推測される。

B、角柱型墓石

　宝暦十二年
空　昌安久益信士　位
　午十月十四日

――この墓石は隣の将棋型墓石よりあとに建立されたものであろう。戒名の昌安久益信士は、十三世住職麒峰祖麟（十二世は寛政七〈一七九五〉年没で、その頃から十三世住職に就任、文政七〈一八二四〉年に没している）によって追謚され、『過去帳』も貼り紙で訂正された。最初の戒名から約四〇年後のことである。この墓石は、新しい戒名の追謚と一体で建立されたもので、二井田村での昌益の名誉回復の指標であろう。この温泉寺には昌益の墓に関する伝承が残されている。石垣忠吉によると、

一、この墓、だれかによってしょっちゅう後ろ向きやら横向きにされたという話
一、お寺の本堂向きであったのが、墓が、お寺がいやだと後ろ向きになり、しまつにおえないので後ろを正面にしたという話

などである（前出『安藤昌益―その晩年に関する二井田資料』三八頁）。

時が過ぎ、幕末の頃、安達家は、かつて昌益の石碑・石塔が建立されていた場所に、九頭竜大権現など五基の石碑を建立した。その祭祀は、いつの間にか安藤孫左衛門家が行なうようになったという（三宅『安藤昌益と地域文化の伝統』三六頁）。また、安藤家の当主安藤義雄は、「ものごころつくころから、孫バアサンに昌益のことやいろいろなことを、あれこれと聞かされた。土用の丑の日には『九頭龍大権現』の石碑を洗えといわれた」（三宅『安藤昌益の思想的風土・大館二井田民俗誌』三五四頁、「安藤義雄一代記」）という。筆者には九頭竜大権現と確龍堂良中とが重なって見えてくる。

三　安藤昌益を語り継ぐ人びと——八戸・二井田・千住宿

1　八戸城下の人びと

昌益没後の資料と推測されるものを紹介する。

(1)『転真敬会祭文』

八戸における昌益の弟子たちは、昌益の死後、その遺訓を継ぐべく、「転真敬会」の名のもとに再結集をはかった（「『転真敬会祭文』と『注解』について」⑯下三四）。目的は、「今此ノ敬会ノ如キハ、則《スナハ》チ先師ノ自然真道ヲ説話シ、真妙徳ノ轉《カタジケナ》キヲ賛ヘ、之レヲ弟子ニ告授スルコト」（⑯下三八二）にあるという。そして、その綱領的文章が『転真敬会祭文』（以下「祭文」と略記）である。

この「祭文」には「右、先師ノ講義ナリ」（⑯下三八四）の記述があり、かつて昌益の講義を受けた人もこの会のメンバーにいたようである。「先師」表現が五か所あり、昌益没後のものと思われる。内容の一部を提示する。

①　真ハ一感シテ天地ト為リ、天地ノ体ハ乃チ真ナリ（⑯下三八一）

②　大ニ転定ノ直耕、小ニ男女ノ耕織、大小、転定・男女、唯《タダ》此レ一真・全体ノ自《ヒト》リ進退《ハタラク》ノミ（⑯下三八八）

——門人たちは、①昌益思想の「真」の内容を天地生成前の原初の本体と理解していること（本書九七頁参照）。また、②転定と男女の「直耕」と、それを「一真」の「進退《ハタラク》」関係としても把握していることこともわかる。

③　大小、転定・男女、豈《あ》ニ其レ二別有ランヤ。是ノ故ニ大小、転定・男女、実《まこと》ニ『唯《ただ》此レ中一真ノ全体』ニシテ、損ズルコト無ク益スルコト無クシテ、自《ひと》リ感ジテ進退ヲ為ス一事ノミ。是レヲ以テ、大小、転定・男女ノ間ヲ分別スルコト無クシテ、〈則チ〉真ノ全体ト為ルナリ（⑯下三八八）

――この「祭文」の「二別」理解は、やはり「転定・男女、実《まこと》ニ『唯《ただ》此レ中一真ノ全体』ニシテ」と、「一真」の原理（「全体《まつたきたい》」）から「二別」「男女」を捉えている。昌益の「二別」批判は、「原理」の視座から捉えていたことが、昌益没後の門人たちの理解からも確認できる。転真敬会の「男女《ヒト》」論は本書二三一頁を参照。

この「転真敬会祭文」の内容から以下のことがわかる。

まず、昌益の理論・用語は一応把握しているが、そこに止まっていること。昌益が指摘する、私欲がもたらす人間相互の対立の観点や、「おのづからなるもの」に価値を置き、人間の分別知を疑う視点はない。

さらに既成教学への批判がないこと。昌益思想は強烈な既成教学批判と自然哲学（気の哲学）とが一体と主張されることによって思想のエネルギーがあった。この「祭文」には批判的な視点はなく、「先師ノ真学ニヨリテ敬尊ノ義ヲ知ル」「先師ノ自然真道ヲ説話シ、真妙徳ノ辱《カタジケナ》キヲ賛」えることを主としていたと推定される。

（２）『確龍先生　自然数妙天地象図』

「自然は箇《ケ》の一物、自から自然と云ふ自然中に自然にして二五の妙品を具ふ。此れが自然也。五の自然なるを妙と云ふ。此の自然が自ら五にして五を具へ自ら生活の物也。故に本来微妙の一物と云ふは此れ也」（『青森県史』資料編　近世学芸関係、四七一頁、二〇〇四）

――この資料は八戸藩士接待家の旧蔵文書中から発見されたという（県史編さん室所蔵）。昌益自身の作とする確証はなく、内容的にはむしろ神山由助《ゆいすけ》（神山仙確の孫）の天地理解に近いという（若尾政希「解題」同前書一六頁）。『刊自』段階の「自然」を、のちの世代がどのように理解していたのかがわかる資料である。作者は、「自然」の意味内容を「天真一気の自然・自動」「一気中の主は誰ぞ。統道の伝に入る也」と記述するなど、「一気」（「一物」）に内在する自動性を「自然」と認識していた。

(3)『泰西《たいせい》流《りゅう》量《りょう》地《ち》測量《そくりょう》測算術《そくさんじゅつ》』

「混混沌沌トシテ、天地未発等ノ意ヲ自然ノ真ト云」（同四七四頁）

——神山由助の算術書（八戸市立図書館所蔵）。この書中には「自然真自感之気之事」の文言もある。昌益の「自然ノ真」が、天地生成以前の混沌と密接に関係した内容であると理解している。昌益の「自然」が、天地生成後の自然界《ネーチャー》ではないことが、昌益を語り継ぐ人たちの認識からもわかる。

2　大館二井田の人びと

『老《おい》の故事《ふるごと》』の世界

一関家に『老の故事』と題された一冊の文書が伝わっている（⑭六六〜七〇）。この文書には「七十翁龍吟斎」との署名がある。石垣忠吉はこの著者を昌益の門弟一関重兵衛と推測している。内容は、当時の比内地方の農民のありさまや、農作業の手順を知るうえで貴重なものであるという。内容の一部を提示する。

民家豪《ゴウ》福の者、己が業《ワザ》を措《サシヲイ》て、上《カミ》重役の族《ヤカラ》へ出入等《トウ》を願へ、時々酒肴を音信して膝《ヒザ》組の酒飲噺に、己に不用の御政事等の事を聞て、物知り顔して居るもの多ふし。又上たる族《ヤカラ》も、耕作の道を教諭なさばしかるべかりしを、無用の事を語聞せ、民の父母たる教をなさざるハ、民をして奢らしむると云ふ者也。民能己が行《ギヤウ》事耕作に意《ココロ》を用ひて、凶年を免るる工夫をなさばしかるべかりしを、由なき事に心を用ゆるハ、ひとへに上に近きを外へ照らして奢らんとするの志有る故也。昔時農家の仕風を失ひ、天地神明の教賜《タモ》ふ処を叛《ソムキ》き《(ママ)》、年々不作を取るも恥とせず、天災とのミ覚ゆるハ大イなる誤《アヤマリ(ママ)》り也。其罪《ツミ》を後に証《アラハ》す。（中略）必我意をすて、奢《オゴリ》を去りて、農事に心を用へよ。士太夫〔武士・役人〕は又父母たるの職を預《アヅカル》る故、能憐《アハレ》ミ、教ゆべし。民其教を父母の教と思ひ、叛へからず。則士太夫の教ハ、上ミより示し給ふ処と思ひ、士農和順し、郷内和睦し、互に農行に意を添えて、時を不失して豊作を修るは民の肝要なり。是を叛く時は則天地神明の道にも違え、父母の教にも叛くなれバ、恐れ可慎《ツツシムべき》事也。

七十翁　龍吟斎

――昌益思想の中核が、江戸時代の身分制社会への批判、人間・男女平等思想と捉える立場からすれば、この『老の故事』には、昌益思想の影響はまったくないと指摘できるであろう。しかし、このような通説的視点とは異なる筆者の目から見ると、書中に、昌益的なまなざしを捉えることは可能である。

著者（龍吟斎）の、「奢らんとするの志」に対する戒めの発言、「天地自然《シゼン》の道理」（⑭六七）を重視する姿勢、「士農和順し、郷内和睦」の視点は、昌益（確龍堂）が、「上下ノ欲盗、絶ユル則ハ、庶幾《コエネガ》フトモ乱ノ名ヲ知ラズ。是レ上下ノ法世ニシテ、乃《いまし》イ自然活真ノ世ナリ」（①二九〇）と主張する世界と近いものが感じられる。

一関家は、天保八年の段階で二百七十八石余。村内二番目の大地主である。つねに「家」没落の危機感を「家訓」としていたという（「一関家文書目録解題」『史料館所蔵史料目録』三四集一五四～一五七頁、一九八二）。筆者は、直耕を尊び、「私欲」を戒める昌益の視点が、この『老の故事』にも流れていると理解する。

3　江戸御府内・千住宿の人びと

(1) 川村寿庵《かわむらじゅあん》

川村寿庵（享保十五〈一七三〇〉年？〜文化十二〈一八一五〉年？）は、盛岡藩領三戸（現青森県三戸郡三戸町）出身の医者で、号は錦城《きんじょう》。寿庵は、谷文晁《たにぶんちょう》画による『名山図譜』（文化二〈一八〇五〉年刊。後『日本名山図会』と改題）を出版した人物として知られている。また、幕末から明治にかけて活躍した漢方医浅田宗伯《あさだそうはく》の『皇国名医伝』（嘉永五〈一八五二〉年刊）に名を残した医者である。川村寿庵については、森銑三《もりせんぞう》の「川村寿庵」（『増補新橋の狸先生』岩波文庫、一九九九）、『「日本名山図会」と川村寿庵』（岩手県立博物館、二〇〇八）などが詳しい。

昌益と寿庵との関係を記述した資料がある。錦城（寿庵）の弟子が、師、錦城の医説を記録した『医真天機』（京都大学医学図書館「富士川文庫」。原本と推定される小判本と、後日、筆写した大判本の二冊が存在）である。この『医真天機』の記述からわかることは、

①「近時、良中氏という者有り。持論、千古に於いて卓越、内風を以て之を呼ぶ、名義始めて明らかなり。其の意、胆風亢激為るを以て、気実血虚、此れに由り筋脈不利、遂に偏枯〔半身不随〕と成る。其の識の高明なる人と雖も、然りと雖も、道に隠する所有り、言に尽くさざる有り。乃ち一二議すべく無く、将に有為の論を得べし」（原文は漢文。書き下しは筆者）とあり、錦城は、昌益の医論は、他に比べる者がいないほど勝れているとし、良中氏はたしかに見識が高く勝れた人物だが、生き方において世事に関わらず、また、言う内容にわかりにくいところがある、とその印象を記述している。

資料のいう「近時」とはいつ頃であろうか。この書に引用されている昌益の文章には、「互性」「八気」（四行八気説）など後期の用語が用いられている。中期の『刊自』の刊行が宝暦三（一七五三）年、昌益五十一歳。錦城の生年が享保十五（一七三〇）

年頃とすると、錦城は二十代前半。二人の出会いは、それ以降のそれほど遠くない時期であろう。

錦城は、宝暦八（一七五八）年には盛岡藩医・上田永久《えいきゅう》（永宅《えいたく》）に弟子入りしている（齋藤里香「町医者安藤昌益と川村寿庵」『現代《いま》に生きる安藤昌益』御茶の水書房、二〇一二）。昌益は、この宝暦八年頃には大館に移住したと推定されている。移住した理由は、大館二井田の安藤家当主孫左衛門が宝暦六（一七五六）年に死去し、その三回忌に向けて、また、本家を継ぐためであったと思われる。

昌益と錦城との関わりは、宝暦三年以降、宝暦八年以前と推測でき、二人の関係は、昌益の「著書」の閲覧を通してだけではないと推定される。錦城の記述する昌益像（「道に隠する所有り、言に尽くさざる有り」）は、書物を通してだけではない、身近かに接した者の表現と思われるからである。

筆者には、この昌益像は意外な内容に思えた。かつて八戸の知識人に対して「道」を積極的に説く姿との大きな落差を感じた（本書一二四頁参照）。しかし、この錦城の記した昌益像は、昌益が八戸に妻子を残し、単身大館への移住するという大問題。あるいは、この頃、自己の五行論を「失り」と否定し、その訂正作業を行ないつつ、新たな四行八気説、「互性」「活真」などの、諸概念の再構築の渦中にあると想定するならば、了解しやすいように思う（本書二六四頁参照）。

中期昌益思想には、自己の原理を執拗に繰り返す表現が多く見られた。後期には、「活真ハ無二活・不住一ノ自行」などの表現に見られるように、フレーズ化の傾向、既成教学を「互性」原理で一括全否定するなど、昌益身辺の者だけが理解でき、他者への説明力・説得力は後退していく段階となる。これらの昌益を取り巻く状況の変化が、錦城の昌益像となったと筆者は考えるのである。

② この書中に、「良中子」「良中氏」などの表現が二七回も登場する。大変な数で、密接な関係を推測させる。昌益没後の明和期ころ、錦城は昌益の著書を見ていることがわかる（「閲良中氏書」）。その場

面は、胎児の出産のとき、当時の医学界では、胎児は妊娠中、胎児の頭部は上方に位置して、分娩が始まると転身して、頭部を倒下して出産すると考えられていた。当時の昌益も、「破水洩レテ子宮ヲ開キ、児速ヤカニ転倒シ産門ニ至ル」（⑩二二四）と認識していた。ところが、明和二（一七六五）年、賀川玄悦《げんえつ》（子玄《しげん》）が『産論』を発表し、胎児は頭を下方にして背を前方に向けて位置する、背面倒首が正常な胎位であることを指摘した。当時の医者たちにとって驚天動地の見解で、錦城も悩み、『産論』『解体新書』や、昌益の医書を見るなどしていた。当時の昌益の認識は、「後閲良中氏書。順立転身。一同古説」（『医真天機』）であった。錦城が閲読した昌益の医書は、『稿自』か、『統』かは不明であるが、たしかに錦城の周辺に昌益の著書が存在していたことがわかる。

③　大判本の表紙には、「真営堂」と読める印が捺されている。第一丁に「医真天機　奥南部錦城先生口授」と記され、上部に「蒼藁庵《そうこうあん》」の印が捺されている。裏表紙には「静谿《せいけい》橋栄徳蔵本」と書かれ、この筆跡と大判本の筆跡は酷似している。大判本の製作者は橋栄徳と思われる（以上、拙稿「安藤昌益をめぐる人物—医者・錦城」『史学雑誌』第九九編第七号、史学会、一九九〇）。

二〇〇七（平成十九）年、岩手県立博物館の齋藤里香から寿庵に関する新たな情報が提供された（『安藤昌益全国フェスティバル　in千住　報告集』安藤昌益と千住宿の関係を調べる会〈以下「調べる会」と略記〉・安藤昌益の会、二〇〇七）。その資料は、盛岡市立中央公民館所蔵『盛岡藩家老席日誌「雑書」』（『新編市史』近世資料編Ⅲ三九五頁）の、安永四（一七七五）年四月二日の条に次のように記述されている。

　上田永久申出候者《もうしいでそうろうは》、弟子三戸郡御給人《きゅうにん》川村理《り》仲《ちゅう》太《た》伯父寿庵と申者、医学為稽古《けいこのため》去々年（一昨年・安永二年）召連罷登《めしつれまかりのぼり》、御当地御町医安藤昌益方江《へ》差遣《さしつかわし》、稽古為仕候処《なしつかまつりそうろうところ》、去々年より当夏迄三ヶ年、右昌益所《ところ》差遣置《さしつかわしおき》、稽《けい》古《こ》為《なし》仕度段《つかまつりたきだん》申上、願之通被仰付《おおせつけられ》候、然処《しかるところ》、伝受《でんじゅ》筋相残候付《すじあいのこりそうろうにつき》、昌益師匠《ししょう》御当地御町医川村快《かい》庵《あん》門弟罷成《まかりなり》、昌益所ニ随身仕候而《ずいしんつかまつりそうろうて》、修行罷有候処《まかりありそうろうところ》（以下略）。

この資料から、安永二（一七七三）年、寿庵は江戸の町医安藤昌益の所にて医学稽古を行なっていたこと。その後、昌益宅から、昌益の師川村快庵の門弟になって修業したという。安永期の江戸町医安藤昌益は、初代昌益の息子周伯と推定できそうである。大館二井田の昌益は宝暦十二年に亡くなった。そのことに連動するかのごとく、翌宝暦十三（一七六三）年、昌益の息子と推定される八戸の安藤周伯は、母親と同伴で上方への勉学を希望して、藩に願い出て、許可された。

江戸に上った周伯は、この年の暮れに山脇東門に弟子入りしている。この安藤周伯が、安永期の江戸町医者安藤昌益と思われる。川村錦城は、初代と二代目安藤昌益と関わりをもったことになる。とても深いつながりである。錦城が、初代安藤昌益の医書を閲読したのは、二代目昌益宅でのことと思われる。神山仙確がまとめた稿本『自然真営道』は、この安永二年～四年ころには二代目昌益（周伯）の手元に届けられていたと思われる。

その後、相馬英生は、『雑書』（宝暦十一年）の記事から、川村寿庵は宝暦十一（一七六一）年から安永元（一七七二）年までの十年間、京都の古方派の香川修徳一門にて医学修行を行なっていたことを報告した（「川村寿庵の京都修行」『しらべるかい』第七号、調べる会、二〇一一）。相馬は、寿庵は明和七（一七七〇）年頃には盛岡に帰国したであろうという。その後は、前出の『雑書』安永四年の記事によると、安永二（一七七三）年に寿庵は、師匠の盛岡藩医上田永久に連れられ江戸にて町医安藤昌益（周伯）に入門をしている。関係者の素早い行動である。ネットワークの存在が推測でき、研究の新たな進展が期待できる。

寿庵には、長男・公実、次男・博がいた。寿庵は、当時の知識人である古賀精里《こがせいり》・増島蘭園《ますじまらんえん》などとの親交も知られている。また、天明の大飢饉の時、蔵書を売り払い、郷里の親類縁者らを救済したという（前出、斎藤里香書）。

　現存資料から、寿庵が医学以外で昌益思想の影響を受けたと思われることは確認できないが、若き日の昌益との出会いが二代目安藤昌益に入門することとなり、その後の安藤家と川村家との深い関わりから、稿本『自然真営道』を託されたと筆者は推測している。

（2）川村真斎

　一九六九（昭和四十四）年、筆者は京都大学医学図書館の「富士川文庫」から『真斎謾筆』を見出した。この『真斎謾筆』は、焼失した稿本『自然真営道』の「本書分」、後半の医論の意釈本で、『稿自』第七十三「衆病論巻」から第百「内瘡門《ないそうもん》巻」に至る、臨床医学各論の骨幹を抄出・筆写し、若干の注釈を加えたものである。焼失した『稿自』を復原し、とりわけ、その「医方ノ部」を再現する唯一の基礎資料である。

　当時、その著者と目される真斎なる人物の詳細は不明であったが、書中に「博案ズルニ」「是レ博ノ説也」など、「博」なる人物の注釈が記述されていた。二〇〇五（平成十七）年、「安藤昌益の会」会員の八重樫新治は、花巻市立博物館企画展「盛岡藩の絵師たち」の、谷文晁の『日本名山図会』の解説文に、「盛岡出身で江戸に住む医師川村錦城の子、博が父の集めていた一〇〇点余の全国の名山図を三冊にまとめて発行した」との文言を見出し、同会の石渡博明・東條榮喜に紹介した。

　さらに、調査の結果、『医真天機』の「奥南部錦城」と、『真斎謾筆』の真斎（博）が、父子関係である可能性が一挙に出てきた。しかも川村真斎は、江戸千住で没していることも判明した（前出、森銑三書）。川村博（真斎）の生没年は、天明五（一七八五）年～嘉永五（一八五二）年である（八重樫新治・東條榮喜・石渡博明「もう一人の『真斎』、あるいは本物?の『真斎』を巡って」『直耕』二七号、安藤昌益の会、二〇〇六)。

さて、この『真斎讒筆』には、「互性」「活真」「直耕」の用語が登場する。また、「万々人ト雖モ、人体ノ具リニ二別ナシ。故ニ万々人ニシテ一人也。故ニ天地一体・人(男女)一体也」(⑮二二九)などの記述もあり、また、次のような記述もある。

「良子云、数十人ノ医、数百方(処方)ヲ尽シテ治セズ、必死ノ膈噎《かくいつ》(食道ガンなど消化器疾患)トス、此方へ人魚(オオサンショウウオ)骨五分ヲ以テ、之レヲ蘇生セム、神妙ノ方也。予ガ家君(川村寿庵)マノアタリ之レヲ見ル故ニ、此ノ如キ症ニ用ユルニ実ニ十ニ八、九ハ治スル。故ニ予(川村真斎)モ亦之レヲ用ヒテ必死ノ症ト極リタルモノヲ治シタリ」(⑮三七六〜三七七)

真斎は、父寿庵の『名山図譜』の「付記」に、「向者《さきに》、家君の名山図を輯《あつ》むるに、(中略)川村博謹《つつ》しみて識す」(前出『「日本名山図会」と川村寿庵』九六頁)と、「家君」を使用しており、『真斎讒筆』にある「家君」は寿庵と推測できる。なお、真斎の処方集である『真斎方記』にも「家君」が登場する。

さて、「マノアタリ之レヲ見ル」の意味・解釈は、A、眼の前、B、疑う余地のない事がら、が該当するであろう。Aは、昌益と寿庵の直接的な医療現場を再現できそうであるが、Bは、昌益(良中)の門人を介した間接的な医療現場をも推測できる。筆者は、『医真天機』に見える昌益と寿庵との関係の深さから、Aであろうと想定している。

ところで真斎から見た昌益像は、「予モ不孝ニシテ、父母ノ示シヲ用ヒズシテ大酒ヲナシ、度々病ヲ発シ吐血等ヲナシタレドモ、(中略)真営道ニハ酒ヲ好マヌ人ナルヤ、殊ノ外ニ酒ヲ悪ムモ最ナル哉」(⑮二七九〜二八〇)と記している。酒に厳しい昌益の姿勢を父寿庵から聞いたのか、昌益の著書から知ったのかは不明である。

次に真斎の著書について、その概略を紹介しておこう。

①『真斎方記』

——真斎の処方書。書中に「五蔵ハ肺・心・肝・腎・脾ナリ。五府ハ胆・小腸・大腸・膀胱・胃ナリ。良仲子曰ク、四蔵四府ナリ。脾胃ハ真ナリ」「家君、熊ノ胆ヲ以テ之レニ代エ、屢々《しばしば》之レヲ用ヒテ大効ヲ得。因ツテ博、之レヲ記ス」（⑭一七九）とある。書中に、「東洞曰ク」と古方医吉益東洞《よしますとうどう》の医説を引用する。この『真斎方記』は、東洞の『類《るい》聚方《じゅうほう》』の写本という（『全集』増補篇二、二八）。

②『真斎聚方《しゅうほう》』（内藤記念くすり博物館所蔵）

——真斎が集（聚）めた処方集（「名家方選」）。書中に「良中子之三膏《こう》也。一切之腫物《はれもの》以三膏治之」と、昌益の膏薬《こうやく》処方や、昌益の処方を「以上真営堂方也」と採取する。書中に「亨云」「亨嘗《かつて》云」「亨安老人」など、「亨」なる人物が登場する。父川村寿庵が入門した二代目安藤昌益（亨嘉《みちよし》）と関わるかもしれない。山脇門人帳（前出『京都の医学史』資料篇）にある、「安藤周伯　亨嘉」のことである。この「亨安老人」なる表現は、安藤亨嘉ではなかろうかと仮定すると、安藤亨嘉は江戸にて生涯を終えた可能性もある。『稿自』は、亨嘉から真斎（博）へと受け継がれたのかも知れない（八戸近郊の島守村〔現八戸市南郷区大字島守〕村上家に伝わる「大福帳」に見える医師と推測される人物「周伯老」との関係は未詳。前出『新編市史』近世資料編Ⅲ三八八頁）。

③『老子解　真斎先生草稿』

——真斎の「老子解」を弟子が記録したものと推定される。真斎は、進退・互性・一気など、昌益の用語によって『老子』を解釈している。また、昌益の『真道哲論巻』のフレーズと似た「一ナラズ二ナラズ」の表現もある。

本書には「自然ニ生ズル活真気」とあり、真斎は、「自然」を「活真気」のもつ「自然」性（おのづから性）と理解していたようだ。

④『進退小録』

——昌益の「進退・互性」の原理を中心に論を展開している。文中に「博案ズルニ」の記述があり、真斎（博）の著書である。

『稿自』と、川村寿庵（錦城）・博（真斎）父子との関係であるが、寿庵は『医真天機』において「閲良中氏書」と、昌益の書を見ていることを記述している。寿庵が安永期、二代目安藤昌益宅において医学修業中の頃のことであろう。

息子真斎が昌益の著書を閲読していたことを示す記述はない。しかし真斎は、「予、真営道ノ理ヲ以テ欲スル処ヲ夢ミントスルニ」（『進退小録』⑭二一八）「真云。夫、活真ノ妙体ヲ明ストキハ」（同上）と記述するなど、『稿自』を閲読していることを推測させる記述を残している。また、『稿自』の医学部門を筆録したと推定されている『真斎謾筆』の存在、自然真営道理論で『老子』を解説した『老子解　真斎先生草稿』等々から、真斎は『稿自』を見ていたと解するほうが自然であろう。

真斎は、『稿自』が所蔵されていた千住において没し、水戸藩主徳川斉昭《なりあき》の医療相談に応じていたことを橋本律蔵は証言している。

真斎が残した昌益の主張としては、「活真ノ妙体ハ全ク同フシテ、活真ノ妙用ハ全ク同ジカラザル也。天地中央土・四方四隅ハ大ニ活真ノ妙体ニシテ、全ク同一也。天地ノ回日星月・進退ノ八気互性ノ妙用ハ、全ク不同也。人ノ身・手足・指ハ小ニ活真ノ妙体ニシテ、天下ノ万々人ハ全ク同一也」（⑭二二二）と、昌益の「万万人ニシテ一人ナリ」と同様の記述がある。

また、昌益の「男女《ヒト》」論は、「進退退進・互性ニシテ一気ナルモノナレバ、天地ニシテ一也、男女ニシテ一也」（⑭一九二）と、「男女一」論と認識していた。

川村寿庵・博（真斎）父子と漢方医浅田宗伯との関係であるが、浅田宗伯は『皇国名医伝』にて「川村寿庵」を紹介している。また、浅田宗伯の医書『方函《ほうかん》』（明治九年刊行）に「安肝湯《あんかんとう》、安藤昌益伝、治小児腹膨張《ぼうちょう》」と記載されていることが報告されている（龍野一雄「臨床家としての安藤昌益」『総合医学』七巻、一九五〇）。

『方函』の原本である宗伯の『方読便覧』の「安肝湯」の所には「南部安藤昌益方」とあるという

（『全集』増補篇二、一六）。宗伯が昌益の処方を入手したルートは不明だが、昌益を「秋田」ではなく、「南部」として紹介している。昌益を「南部」と紹介するのは、南部三戸出身の川村寿庵と息子真斎のルートが想定される。『稿自』を千住にもたらしたと推測されるルートでもある。

（3）橋本律蔵

二〇〇六（平成十八）年、「調べる会」は、京都大学文学部古文書室の「内田銀蔵文庫未公開資料」の中から、『静谿謾筆《せいけいまんぴつ》』『静谿漫筆』『老子解　真斎先生草稿』、橋本律蔵の手になるものと推定される『雑記』など、貴重な資料を発掘した。

「調べる会」の発掘は、橋本律蔵と同じ千住仲町《なかちょう》在住の内田銀蔵（京都帝国大学教授、日本近世史家）の父親が、学問を通じて親交があったことなどの情報をもとに、新たな資料探索をめざした結果である。

さらに「調べる会」は、『稿自』を保管していた橋本律蔵が、千住宿の穀物問屋藁屋橋本家の当主であり、資産家・名士、漢方医であったことなどを明らかにした。

「調べる会」が発掘した『静谿謾筆』（調べる会により翻刻・刊行、『静谿謾筆』二〇〇七）には、「良中子」「真営道」「真斎先生、話」「栄徳云フ」などの語句が散見し、また、「良中夫子ノ人気天気ヲ汚スノ説、至当ノ論ナリ。古書ニ徴シテ益々信ズ」（一一頁）「良中子、音律ヲ論ズル事、尤モ詳審ナリト。予、音律ヲ解セズ、故ニソノ当否ヲシラズ」（六頁）などの記述もあった。

著者である静谿橋栄徳は、昌益の「人気天気ヲ汚スノ説」や、昌益が音韻論に造詣が深いことを知っている。橋栄徳は『稿自』を読んでいることは間違いないであろう。『雑記』（笹島平吉「橋本律蔵氏の『雑記』について」『安藤昌益研究発表会記録集』調べる会、二〇〇九）には、「律蔵云」などの表記や、律蔵の祖父や息子に関する記述があり、本資料は橋本律蔵の手になるものと推測されている。

この資料の最大の収穫は、水戸の大村脩が川村真斎に奉贈した漢詩（「奉贈　河邨《かわむら》老先生」）に付した律蔵の注釈である。そこには、「河村真斎先生ナリ。名《な》博、字《あざな》子良、寿庵先生ノ二男」（四五頁）とあり、また、漢詩の「道通進退陰陽説」なる文言に対して、「律蔵云、進退説ハ良中子四行八気ノ論ナリ」（四六頁）と付されている。

真斎の住居について、漢詩には「金龍山北草廬《そうろ》中」と浅草の金龍山浅草寺の北方面を差し示している。千住方面であり、真斎の墓石に刻された、「嘉永五年壬子七月十三日、没于武州千寿《ぶしゅうせんじゅ》、享年六十八」（前出森銑三書一一四頁）と符合する。

この『雑記』によって、川村真斎は名前を「博」といい、川村寿庵の二男、博であることを決定づけ、同時に、真斎の父寿庵が、『医真天機』の「錦城先生」と同一人物であることを裏づけた。『真斎謾筆』に登場する「博」は、川村博（真斎）のことである。

次に『静谿謾筆』に登場する「栄徳云」についてもふれておこう。かつて筆者が「安藤昌益学派の医書について」（拙稿『史学雑誌』七九編二号、一九七〇）として紹介した『真営堂雑記』には、次のようにある（以下の引用は調べる会翻刻・刊行の『真營堂雑記』〈二〇一三〉による）。

「蠟石《ろうせき》製造之法（中略）右ハ天保甲辰（一八四四）年、真斎先生日光ニ於テ之ヲ考作ス。奇々妙々」（一一頁）また、「人魚骨ヲカク（膈）ノ病ニ用ユル事、確龍堂ノ極秘ナリ。真斎先生曰ク、真偽ヲ見ルニ、手ニテスリ滑ニナルヲ良トス」（六二頁）などと真斎や昌益の影響を示す記述が見られる。

この著者は、書中に「真斎先生」と表現しており、真斎の弟子的な人物であろうと推定される。また、書中に「真斎老人」とあり、著者と真斎との年齢差の大なるものを感じさせる（橋本律蔵の『雑記』には「真斎老」とあり、真斎と律蔵との年齢差は約二十歳である。『真営堂雑記』の著者と律蔵とは年齢的に近いと推測される）。さらに著者は、書中にて「確龍堂」と昌益の号を記述し、書名を「真営堂」とするなど、昌益と真斎との一本の系統関係の存在を熟知している人物である。

この『真営堂雑記』の裏表紙には、「橋栄徳蔵本」と記されている。書中には「栄徳云」「栄徳 按《あんずる》ニ」など、「栄徳」のメモ的な記述がある。この「橋栄徳」なる人物は、川村寿庵の『医真天機』（大判本）の裏表紙にあった「静谿橋栄徳蔵本」と同じ人物であろう。姓の「橋」は、「橋本」の修姓とみられる。橋本（「橋」）なる人物は、「栄徳」を名乗り、「静谿」なる号を使用している。前述したが、「調べる会」は、この静谿橋栄徳の手になる①『静谿謾筆』と②『静谿漫筆』を見出した（書名が紛《まぎ》らわしいため①②と付す）。

①『静谿謾筆』には、「良中子」の記述と、「良中子」の引用文が数多く見える。また、「真営道」「真斎先生、話」などの記述や、「栄徳云ク」「栄徳按ズルニ」などの表現もある。

②『静谿漫筆』には、「真斎先生漫録ニ云」の表現や、川村真斎の名前である「博」の記述もある。また、著者の名と推測される「栄徳曰ク」の表現もある。

現在「調べる会」には、この橋栄徳なる人物を橋本律蔵とする説と、橋本玄益とする説との二説がある。

橋本玄益は、弘化年間と推定される『織畑《おりはたけ》家千住宿街並職業図』（足立区立郷土博物館所蔵）に、「医師百姓兵右ヱ門地借　橋本玄益」と記載されている。「兵右ヱ門」は、千住の穀物問屋「藁屋」橋本家の世襲当主名である。医師橋本玄益は橋本家の敷地内に「地借」して医療活動をしていたと思われる。

齋藤里香は、二〇〇八（平成二十）年、幕府医学館教授多紀元堅《たきげんけん》の門人帳『存誠薬室弟子記（登門録）』（酒田市立図書館所蔵）天保九（一八三八）年の条に、「千住宿　橋本玄益　三十五」とあることを見出した。それによれば、橋本玄益は享和二（一八〇二）年生まれということになる。

さて、橋栄徳なる人物について、筆者は橋本律蔵であろうと推定している。その理由は、ア、橋本律蔵が「栄徳」印を使用した資料が三点あること（石渡博明「真営堂、橋栄徳、橋本律蔵をめぐる関係資料について」『直耕』二九号、二〇〇七）。「栄徳」印が橋本家の当主印としても、律蔵の署名と押印の三点の資料の存在は大きい。

イ、橋本律蔵が『稿自』を蔵本していた事実と、律蔵が昌益の思想を的確に把握（「良中子四行八気説ナリ」『雑記』）していたこと。さらに新谷正道の「『静谿謾筆』の中でも『良中子』の名を挿入した書き込み記事は、『真斎謾筆』から写したものではなく『稿自』から直接抜粋筆写しているとの結論に達した」（「昌益関係資料をめぐる昌益論の批評と研究史の個人的回顧〈1〉」『しらべるかい』一五号三四頁、二〇一四）という指摘もある。つまり、静谿こと橋栄徳の近くに『稿自』が存在し、閲覧・筆写していたことを示す指摘である。

これらの諸点から、筆者は律蔵＝橋栄徳＝静谿同一人物説を主張する。しかし、今後、橋本玄益が、「栄徳」印を使用している資料が出現し、玄益が「良中」「真営道」と関わることを示す資料が出現したときは、この律蔵＝栄徳説は大きく揺らぐであろう。

『真営堂雑記』の著者を、橋栄徳とする説も「調べる会」にはある。筆者も同じ見解である。論拠としては、『真営堂雑記』書中の「真斎先生」「確龍堂」など、昌益・真斎に関しての知識や関係の存在を知る人物としての橋本律蔵＝橋栄徳（静谿）と推定する説である。

その論拠は、書中に「栄徳云」「栄徳按ニ」などの書き込みがあること。書中の「予ガ庭前ノ青梅」（『真營堂雑記』三四頁）の記述と、『静谿謾筆』の「静谿云ク、予ガ庭中ニ四時青々タル梅実アリ」（『静谿謾筆』二八頁）との似た記述は、両著者の共通性を窺わせる。これらが『真営堂雑記』の著者と『静谿謾筆』の著者とを同一人物＝橋本律蔵と推定する根拠である。

さて、千住・橋本律蔵家に『稿自』が所蔵されていたことは前述した。律蔵は『雑記』において、川村寿庵・博（真斎）の父子関係を把握していたことが確認されている。また、昌益思想の核心を大雑把ではあるが把握していたこともわかっている。

では、橋栄徳にはどのような昌益思想の把握が見られるのかについて見てみよう。

①「良中夫子ノ人気天気ヲ汚スノ説、至当ノ論ナリ。古書ニ徴シテ益々信ズ」（『静谿謾筆』一一頁）

――この記述は、中国の道教思想が展開されている『淮南子《えなんじ》』の「時則訓《じそくくん》」と「本経訓《ほんけいくん》」からの引用文の間にある。この引用文は自然界の四季の気運、天地と君臣との調和を描写する箇所である。栄徳は、古書『淮南子』のイメージで良中夫子の、「人気天気ヲ汚スノ説」を捉えていたのであろう。

②「自然ノ天地・正道ノ穀精ナル人ハ全ク穀也。故ニ人ハ穀ヲ耕シテ穀ヲ食フ。天神・地霊ノ穀、人ニ具リ在シテ、自リ耕シスルコトハ人ニ具ル也。習ヒ教ルノ人作ニ非ズ、穀自リ耕ス也。夫婦ハ人生ズルノ生道也。親子ハ人育ツルノ育道也。兄弟ハ愛敬実ニスルノ実道也。従兄ハ互ニ察知シテ蔵《おさ》ムルノ道也。朋友ハ隔ルコトナク、一真ニスルノ真道也。是レ只一真ノ進退・和一ノ道也。此ノ如クナラバ天下一般、自ラ五倫ノ道也。故ニ自然ナル者ハ教ル習フ等ノコトニ非ズ。自知・自成ノ道ヲ自然ト云フ也。栄徳按ズルニ、人倫固有ノ自然ヲ知ラシムルヲ真師ト云フベシ。貢《みつぎ》ヲ薄クシ害ヲ除テ、人倫ノ自然ヲ遂テ安平ナラシムルヲ真王ト云フカ」（『静谿謾筆』二七頁）

――栄徳が『稿自』を読み、「直耕」「自然ノ五倫」「一真」「自然」等々、『稿自』の内容を理解しようと努力している姿が見える。栄徳（律蔵）は幕末から明治前期に生きた人物である。昌益の既成教学批判、二別批判、自然（「自リ然ル」）・「男女《ヒト》」の主張は、栄徳にあっては過去の文献であり、関心をもたなかった。

宝暦期という時代精神―医学思想の大転換期、中国文化からの自立化―のなか、カリスマ的な人物であった昌益が生きた時代から、あまりに遠く離れてしまったと筆者は思う。橋栄徳は、昌益の「自然」を「自知・自成ノ道ヲ自然ト云フ也」「人倫固有ノ自然」と捉え、自然界《ネーチャー》とは認識していない。

③「張師正《ちょうしせい》ノ『倦遊録《けんゆうろく》』ニ云フ、南海ニ泡魚《ほうぎょ》有リ、大イサ斗《と》ノ如シ、身ニ棘刺《とげ》有リ。能ク化シテ豪《ごう》豬《ちょ》〔ヤマアラシ〕ト為ル。巽《たつみ》〔南東〕ハ魚ヲ為シ、坎《かん》〔北方〕ハ豕《し》〔豚〕ヲ為ス。豈《あに》巽ノ坎ニ変ズルコトナルカ。案ズルニ変化ノコトハ理外ノ理、予、真営道ノ説ニ従フ也」（『静谿漫筆』三〇頁）

――「泡魚」について、諸橋轍次《もろはしてつじ》の『大漢和辞典』（大修館書店）は、「魚の一種。大きさ斗の如く、身にとげあり、化してやまあらしとなるといふ〔広東新語〕」とあり、同じ内容である。

栄徳は、昌益の形化《けいか》思想に興味をもったのであろうか。昌益の形化思想は、生き物が死んでから何に生まれ変わるかということである。昌益の「形化」の例として、蝙蝠《こうもり》は「吾《レ》ハ鼠《ねずみ》ノ老形化ナリ」「田鼠、鴫《しぎ》ニ化ス」「雀、海ニ入リテ蛤《はまぐり》ト成ル」等々である。栄徳はこのような内容に、「予、真営道ノ説ニ従フナリ」という。橋栄徳は現代人と異なり、昌益の「二別」批判、「男女《ヒト》」論などには関心をもたなかったようである。

④「慈眼寺門番話。金魚のよわりたるを、すぐ水ニ《（ママ）》入るればよしと云ふ。又金魚はもと天水桶《おけ》より生じたるものなりと。予、考るに、真営道の論と符合す。実にさもあらんか、考ふ可し」（『静谿漫筆』四〇頁）

――千住の慈眼寺は、律蔵の墓もあり、藁屋橋本家の菩提寺である。この資料は、昌益の形化思想ではないが、栄徳はそれに近い話として、「予、考るに、真営道の論と符合す」と思ったのであろう。栄徳は、昌益の形化思想などの「理外ノ理」の主張に関心をもっていたようだ。

橋本律蔵（栄徳）は、あくまでも〝近世人のまなざし〟で『自然真営道』を見ていたと言えよう。現代人のように、『自然真営道』を、身分制社会批判、人間・男女平等思想の宝庫とは見ていない。

律蔵は『雑記』にて、「律蔵云、学校盛ンにて《（ママ）》窮理〳〵トイヘバ、神ヲ蔑ニスルヨウニナル、アマリヨロシキコトニハナシ。高間ケ原ヘノボロフガ、ハキダメノスミ〔掃溜の隅〕テ消ヤウカナド、実ニ聞クニ忍ヒザル言〔論〕ニテ、実ニ濁世ニコソ。日輪ヲ神ニアラズナド、イフ学校ノ弊《へい》ニテ、窮理学ノ余《よ》ヘイ、耶蘇《やそ》〔キリスト教〕ノ見ナリ」（四一～四二頁）と文明開化に応じている。

また、幕末の激動と明治の御一新を体験した律蔵に、徳川将軍家に関する記述はないかと探してみた。徳川家康についての記述はなかったが、「慶喜殿ハ静岡ニアリテ猟ヲスルヨシ。コレハアマリヨロシクナキコト。日本皇統ノカハラヌハ」（橋本律蔵『雑記』。以下、続く文章はない）と、幕府滅亡後、静岡に閑居中の十五代将軍徳川慶喜についての記述があった。

安藤昌益と真営道医学に接して影響を受けた川村寿庵は、二代目安藤昌益に入門して、『稿自』を受け継いだ可能性もあるであろう。その後、寿庵は独自の大医の世界を築いた。息子川村真斎は、二代目安藤昌益（「亨安老人」）から『稿自』を受け継いだ可能性も想定できる。

真斎は、父寿庵から昌益の人となりを知り、真営道医学に関心をもち、大部な『真斎謾筆』を残した。名家の処方を集めた膨大な『真斎聚方』に、古方医山脇東洋の「東洋用方」とともに、初代昌益の「真営堂方」を残し、千住にて生涯を閉じた。

千住にて真斎から医学を学んだ橋本律蔵（橋栄徳）は、〝近世人のまなざし〟で『稿自』に接し、幕末から明治前期まで守り続けた。欧化・近代化を遂げた明治の後半、狩野亨吉は〝近代人のまなざし〟で『稿自』を見出し驚嘆した。

Ⅱ　安藤昌益思想の形成・展開・完成過程とその特徴

一　思想形成における三つの画期——安藤昌益思想の萌芽・開花・結実

本書では、昌益の思想形成を、以下にように前期・中期・後期の三つに区分した。

1　前期安藤昌益

前期は、延享期の八戸資料を中心にして、その指標は、名前として「安氏正信」を使用している段階である。前期昌益の思想解明に使用した資料は、主に『全集』⑯下収載の諸資料である。

①『暦大意上』『暦之太意中位下』二冊

——『暦大意上』には「于時延享二乙丑初夏　自序終」と、成立年代を推定しうる記載がある。「安氏正信述」で始まり、「仙庵寿時《ひさとき》写之（花押）　静良軒仙確　謹《つつしんで》書之」で終っている。『暦之太意中位下』は、「安氏　正信述」で始まり、「于時延享二乙丑仲夏　柳枝軒　確龍堂安氏正信　制」で終る。本資料は、既刊暦学書からの抜粋・要約などで構成されている（以下『暦大意』と表記）。

この『暦大意』について若尾政希は、「正信は『暦大意』の節々に『教童暦談《きょうどうれきだん》』（西川如見《じょけん》の書）の文章を活用しており、『教童暦談』をいわば下敷きにして『暦大意』を執筆したといっても過言ではない」と指摘している。また、安氏正信は寛保四年（延享元年）の『貞享暦《じょうきょうれき》』を資料としたことなどを明らかにした（『安藤昌益からみえる日本近世』一四九・三四九頁）。

②『博聞抜粋《はくもんばっすい》』三冊（著作年月不明）

——いずれも小冊で、「釈氏篇」「題簽なし」「雑ノ条」の三冊である。「釈氏篇」は仏教書からの引用。題簽のないものは神道書からの引用。「雑ノ条」は儒学書からの引用が多い。この資料について若尾政希は、「『博聞抜粋』は諸書からの抜粋集ではなく、『大全』（『太平記大全』）からの『抜粋』集」（若尾前掲書二五一頁）であることを明らかにした。

③『確龍先生韻経書《いんきょうしょ》』一冊（著作年月不明）

――本資料は昌益の音韻論の書である。表紙には「確龍先生韻経書一」とあり、本文冒頭の下段には「確龍堂良中先生　述作之」と記してある。双方ともに、昌益の門人である後人が、昌益の「述作」であることを保証したものであろう。まず全編を通じて見られるのは、天竺の僧・神珙《しんく》の『韻鏡』に対する批判である。

昌益は、「『韻鏡』ハ神珙ガ弘ムル所ナリ。今《マ》、予ガ謂フ所《ロ》ハ『韻経』ナリ」（⑯下三〇六）と自負し、多くの韻書は、「術工ノミヲ顕ハシ、更ニ天理自然ノ妙用ヲ見ハサズ」（⑯下二九八）と批判する。この引用資料には、人為の「術工」（作為）に対して、「天理自然」を対置する昌益の視点がすでに登場している。医者・昌益にとって『韻経』は、「其ノ病者ノ声音ヲ聞明ニシテ病根ヲ知ル故ニ、医タル者『韻経』ニ通ゼザル則ハ医ニ非ズ」（⑯下三一二）と『韻経』を捉えている。

④『禽獣草木虫魚性弁』一冊（著作年月不明）

――内容は、一、生物分類の根本原理。二、一気から万物が生成する過程。三、医学関係の「主薬抜粋」。四、宋学の「性」と「理」について、などである。裏表紙には「神山姓　瓢仙《ひょうせん》」とある。「瓢仙」は神山武吉の号、神山仙庵寿時の曾孫である。

⑤『詩文聞書記』一冊

――表紙に「延享甲子春」（延享元〈一七四四〉年）の記載がある。医師神代《かこみ》章斎の後裔である八戸市櫛引の神代一郎氏の所蔵を、当時八戸市立図書館で同館を「昌益研究のメッカ」たらしめた西村嘉《まこと》が見出した。発見当時は、法海山天聖寺八世則誉《そくよ》守西《しゅせい》の著作と考えられていたが、現在では、『詩文聞書記』の表紙の左下に、「露担堂夢遊」とある九世延誉上人の著作とされている（三宅正彦「延誉編『詩文聞書記』の思想分析―延享年間における八戸の儒教傾向と安藤昌益の思想―」校倉版『全集』第十巻四八九頁）。

この延誉上人の残した覚え書き（漢文・漢詩・和歌・梵字・雑事など）からいくつかのことが知られる。この天聖寺では、年末年始に八戸の知識人による交流、研修会的な集まりがあったこと、延享二年「季冬（十二月）中旬」に、昌益がその会に招かれ数日におよぶ講演をしたこと、八戸に来た昌益が、この頃には落ち着いて、八戸の知識人たちの期待のもと、交流を深めたであろうこと、などである。

この講演を聴いた延誉上人は、「数日講筵ノ師、大医元公（非常にすぐれた医者であり、かつ、天地の大いなる徳をもつ貴公《きこう》）昌益、道ノ広クシ、天外ニモ猶聞コエン……」と大歓迎・絶賛している。また、延誉上人は、岡本高茂を誉《ほ》め讃《たた》える漢文の中で、昌益を「濡儒安先生」と表現している。この『詩文聞書記』には、八戸の知識人として、八戸藩士岡本高茂、神山寿時（仙庵・仙確）、藩側医関立竹、八世守西上人などが上げられている（『新編市史』近世資料編Ⅲ第七章「安藤昌益」参照）。

2　中期安藤昌益

中期は、号としての「良中」の使用と、既成教学批判、身分制批判の開始、人間・男女平等思想論、「自然真ノ神道」の主張など画期的な段階である。使用資料は、宝暦三年刊行の『刊自』、宝暦二年の年号記載の『統道真伝』、それと現存する『稿自』第一「字書巻」から第九「制法神書巻」の、いわゆる「学問統括部」にあたる資料である。

『稿自』第一「字書巻」の「序」には、「宝暦五年」の年号がある。また、筆者は「良中」号を使用する『儒道統之図』（本書一一九頁参照）も、中期の資料として位置づけている。

この頃の昌益の使用用語は、「天地」「転定《てんち》」の両者が混在するものの、「自然」「真」「直耕」「転定」「進退」など、昌益の主要な用語が登場し、用語の意味内容が確立した段階である。また、「自然」を「自《ヒト》リ然《ス》ル」と表現したり、「自然ノ世」も描写されている。このように昌益の基本的な用語の意味内容や、視点が明確に確立した段階である。

運気論は五行・五気説で整理され、昌益の基本的な思想・視点がほとんど出そろった段階と考えられる。

筆者は、自己の思想確立を宣言する「良中」号の成立、天地万物の生成と、その存在のあり方・原理である「無二一真論」の完成、ナショナリズムの主張を基底にもつ「自然真ノ神道」論を思想の中核に据え、この中核思想から異国教学（儒教・聖人、仏教・釈迦）批判の展開、身分制批判、人間・男女平等思想の言説を主張するなど、この画期的な時期を「中期」と捉えている。

3　後期安藤昌益

後期は、前述した『稿自』の残存諸本とは異なる体裁をもつ『大序巻』、第二十四『法世物語巻』、第二十五『真道哲論巻』（「良子門人問答語論」。「統目録」には「良演哲論巻」とある）、これらの資料には昌益を「先師」と表現する箇所が見られ、昌益の没後を推測させる記述がある。

さらに第三十五～三十七『人相視表知裏巻』、『甘味ノ諸薬・自然ノ気行』（『稿自』六十二～六十七「薬性紀巻」の一部と推測されている）、八戸資料の『転真敬会祭文』、昌益の大館移住後の二井田資料（『石碑銘』『掠職手記』他）などである。

これら後期・昌益における主要用語は、「四行・八気」「互性活真」「男女《ヒト》」など中期と異なる気論、用語が登場する。

二　前期安藤昌益思想の形成とその特徴――自然哲学の基本構造

1　思想的根幹としての「気」

安藤昌益は「気」の思想家であり、その医学思想は、運気論医学をもっとも濃密にもったものである。昌益の思想に初めて接する人には、「気」についての基礎的な理解が必要と思われるので、ここで「気」の意味内容について簡単にふれておきたい。

旧漢字の「氣」は、「气《いき》」と「米」とから成りたち、一説に米を炊くときの湯気の意（气）とも言われている。昌益も『稿自』「私制字書巻」（②三五九）において同様の説明をしている。「气《キ》」の字についても、「気ノ升ル」姿と解字して、和訓は、「イキル・モトム」（②一四一）とある。生命力としての活《イ》きる、意欲《モトム》のことであろう。「氣」の字は、「米・息」の意味と深く関わっていることがわかる。また、昌益は「自然ノ氣《ソナワリ》」（②一九三）と、「気」（气《いき》・五行）は世界に、おのづから「ソナワリ」（具・備）たる存在と認識している。この気《ソナワリ》の「自然性」（非作為）の視点は、昌益思想の理解にとって、きわめて重要な意味内容をもつ。

漢字「気」の使用例は、次のように整理できる。

① 生命力・活動力―元気・気力・生気・活気・産気。昌益の「気」の「イキル・モトム」世界。

② 宇宙―大気・空気・気象・気候・正気。

③ 人体・医学―病気・気血・気管（気道）・気息（呼吸）・気絶・気海《きかい》（下腹部の経穴）。

④ 精神の状態―陽気・陰気、強気・弱気、やる

気・気が滅入る、など精神状態を表現する。

⑤　生得的な人間の性質―気質・気性・気立てなど、天から与えられた自然性（「気《ソナワリ》」）を特徴とする。昌益は「転性《ウミツキ》」と表現する。

⑥　気の形状―気球（地球を囲む大気の全部）・気流・運気・気化（大気の変化、陰陽の変化）・気感（気の動き・働き・感応）。

⑦　暦・四季―節気（二十四節気）・気節・秋気など、暦を通して四季（四気）を回る「気」の節目をしめす。

⑧　生命（気）の神秘的な力―神気・霊気・生気・精気など。

このように「気」の漢字には、自然界から人間の精神の状態・働きまで多種多様な使用例がある。気の意味内容を一言で表現することは無謀であるが、筆者は「気」とは、宇宙・万物を生成する「生命力」と簡単に捉えている。

次に気の特徴を示してみよう。

①　気は天地万物・森羅万象を生成する生命エネルギーであり、それは元気・生気・気力などの熟語に表現されている。この生命力に関わる精力、その生命のもつ霊気・神気など、気のもつ霊力、人智の及ばない神気の要素がある。

②　気は宇宙に充満した大気として連続体（無限の連綿体）で、一つの体（一体・一気・「一連一気」）として活動する流体である。昌益は「一気、断絶スル則ハ転定・人・物・世界有ルコト能ハズ」（⑨八五）という。その姿は空気状で、気の集散によって事物が生成され、また、消滅する。「空気」であり、見ることはできない（「此ノ気ノ目ニ遮ラズ手ニ採レザル」③三六七）。

③　気の根源（原初・太元）は、中国では太極・混沌などの言葉で表現され、天地生成（開闢）以前の存在・あり方（宋学の「本然《ほんぜん》」「未発《みはつ》」の状態。自然のままで、人工が加わっていない本来の姿）を、天地万物生成以後（「已然《いぜん》」「已発《いはつ》」）の存在である人のあり方（人知・人為）などよりも、「気《ソナワリ》」の根源性・原初性を重視する。昌益の

視点である原初の「自然」と、開闢後の「作為」の視点といってもよい。

④　宇宙万物・自然界を生成する生命的な元素材として、陰陽・五行として活動する。天・地・人（三才）は同じ気で生成され、一気・同体・同根の生成関係（「天人、同根ナル所以《ゆえん》」⑯下三三一）として把握される。昌益思想は転定（天地）・人・穀（米）が一気・同体・同根であるという認識論をもとに成立している。天地万物の生成・凝固・消散の順序（昌益は「序《ついで》」として特に重視する）や形態は異なるが、すべて根源・原初の一気からの生成物、一気・同根・同体・連続体として無理なく認識・把握される。

「気」の思想は、万物一体観・同体観・同根思想を根底にもつ特異な思想である。「気の思想家」安藤昌益の思想の根底には、常に「気」の原理・思想が横たわっている。

⑤　天地には、常に「気《ソナワリ》」（生命体）が流れ、人体は、大気と一体となって呼吸活動をし、常に気血が人体内を循環する。天気↕地気↕人気が常に交流・循環・感応（共鳴）する。気の生命力（「イキル・モトム」）の世界であり、昌益の言葉を借りれば、「自《ヒト》リ然《ス》ル」気の生命的動体の世界である。運気論医・安藤昌益は、「気」の原理・世界からすべてを見、すべてを解釈した濃密な「気」の思想家である。

⑥　気は「陰《ヒカゲ》」と「陽《ヒアタリ》」の一対・二項関係（陰陽・天地・男女）の原理・存在であることをその本質とする。陰陽は常に共存・共時性を特質とし、互いにその根拠になり、互いに措定し、互いに不可欠・不可分な関係である。昌益には互根・互性などの表現がある。

2　画期的な安藤昌益の天地論
——宇宙観のパラダイムシフト——

昌益は「天地ノ論」において、「論天ノ書ハ、太古ハ周髀《しゅうひ》・宣夜《せんや》・渾天《こんてん》ノ三家有リ。（中略）今世用ユル所ノ渾天ノ一説ノミ。『嘗《カツ》テ天ノ有理ヲ考フルニ、陽気ノ積レルナリ。地ハ陰濁ノ凝《こ》レルナリ。而シテ地ハ天ノ中央ニ在リ。天ハ雞卵ノ如ク、地ハ卵中ノ黄ナル処《ロ》ノ如シ。天ハ地ヲ包ミテ外《ハツ》ス所無シ。故ニ地ノ上下左右、皆天ナリ。（中略）地ハ独リ天中ニ浮ブコトハ陽気ノ至明ニシテ、能ク地ヲ載スルナリ』」（⑯下一〇二）と、鶏卵を例に天地観（渾天説）を説明している。地は天が包囲し、上下左右からの気が支え、天中に浮かぶ姿である。昌益は「地外皆天ナリ。地ニ上下無ク、人唯其ノ居処ヲ地上ト思ヘルノミ」（⑯下一二五～一二六）と渾天説をとっている。

　この昌益の天地論で重要なことは、それが『易経』の「天は尊く地は卑くして、乾坤《けんこん》定まる。卑高もって陳《つら》なりて、貴賤位す」（岩波文庫『易経』下二一二頁）や、あるいはそれを継承した朱子学者林羅山の「天ハヲノヅカラ上ニアリ地ハヲノヅカラ下ニアリ、巳《すで》ニ上下位サダマルトキハ上ハタツトク下ハイヤシ、自然ノ理ノ序アルトコロハ此上下ヲ見テシルベシ、人ノ心モ又カクノゴトシ、上下タガハズ貴賤ミダレザルトキハ人倫タダシ、人倫タダシケレバ国家ヲサマル、国家ヲサマルトキハ王道成就ス」（『経天題説』）などという天地上下・天尊地卑・天地貴賤の儒学的天地観ではないことである。これは宇宙観のパラダイムシフトと言っていい。

　こうした当時の一般的な封建的秩序観＝自然的（自然界的）秩序観は、前期昌益の天地論にはない。昌益がこのような『易経』的、儒教的上下観・身分的貴賤観の天地観をもっていないことは重要である。この運気論的天地論は、そのまま中期の産物である『刊自』の「是レ天ハ高ク尊クシテ、土ハ物物ノ居処ニシテ卑ク賤シトシテ、（中略）是レ自然ノ妙理ノ序行ヲ明サズ、妄リニ視ル所ノ似ルヲ以テ天

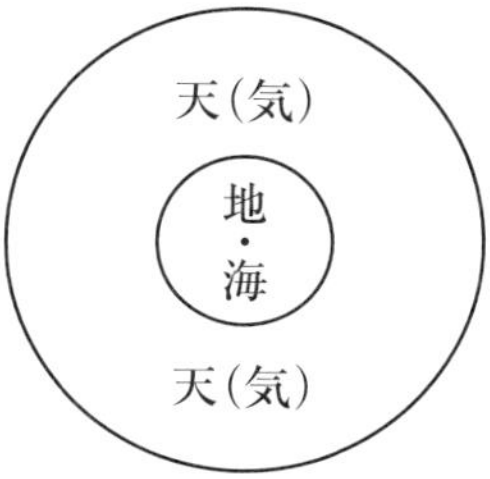

井口常範の渾天説

『天文図解』の「天ハ渾円ニシテ自然ニ陰陽五行ヲ具ス。其ノ気ノ軽キハ動ニ随テ天内ニ充満シ重キハ止テ地ト凝《コ》リ気ニ抱カレテ中央ニ居ス」「外ニアルモノ天ナリ。内ニ凝ルモノ地ナル則ハ地ト海ト円形ニシテ一珠也」をもとに作図。中国伝統の渾天説では「地」を方形とする（「天円地方」説）。

地ト名ヅケタル者ナリ」(⑬一六一～一六二)となる。

同じ中期の『私制字書巻』では、「地上ニ居テ地下ヲ観《ミ》レバ転《テン》ナリ、地上モ転ナリ。地下ニ居ル意ニ観テモ相同ジ。故ニ転定ニハ上下無クシテ一体ナリ。故ニ男女モ上下無ク一人ナリ」(②一〇〇)と、昌益の天地観は、前期・中期と一貫している。このように前期昌益の天地論は、中期の封建身分制批判者として確立した『刊自』『稿自』『統』と同じものである。

ということは、昌益の天地観は、聖人批判・身分制批判の主張の形成と一体となって新たにできたものではなく、それ以前の前期から、すでに確立していたのである。これまでの通説では、昌益の身分制批判と昌益的天地論の確立は、一体・不可分のものと理解されていたが違うのである。

つぎに前期昌益の天地論で指摘しておくべきことは、運気論的天地観から、「天ハ転ナリ。気ヲ転ジテ万物ヲ生生ス」(⑯下三三二)「運転シテ止ム時無シ、天ハ転ナリ」(⑯下一〇二)と捉えられており、それは中期の『刊自』においても、「天ハ転ナリ。(中略)自然ノ転ハ転転運回シテ万物生生、又止ムコト無シ。故ニ転ナリ」(⑬一四九)と一貫している。

昌益の「天」(「転」)論は、運気論的な動的宇宙観の結果なのである。通説は『刊自』における「転定」の字の使用は、中期の聖人批判と一体となった『易経』の天尊地卑の固定性・価値観を批判するために、「天地」の字の使用を避けたと指摘するが、じつは前期昌益の運気論的天地観からすでに導き出されていた「転」論なのである。これらの昌益による宇宙観(コスモロジー)の大転換(パラダイムシフト)の意味・意義は極めて重要である。

3　安藤昌益の運気論

(1)　運気造化論

ここで昌益の運気論思想を見てみよう。先にわれわれは昌益の天地論が渾天説であることを確認した。昌益は、大地が天の空間・中央に浮かび、「天地ノ間ハ只《ダ》気ナリ」（⑯下三〇二）であるという。

前期の段階から昌益は、天地万物を生成する気の「造化」に強い関心を示していた。昌益は、「天地ノ間、万物ノ生生止マズ、其ノ大イナルコトハ言ニモ尽スコト能ハズ、心《ロ》ニモ思ヒ極ムルコト能ハズ。実ニ無量ナリ」（⑯下三六〇）と言い、「天地ノ造化・運転ノアリサマ、誠ニ際限モ有ルベカラズ。凡慮ノ能ク及ブ所ニアラネドモ、人ハ万物ニ異ナツテ霊ナレバ、争《いかで》カ造化ノ功用ヲモ大旨《たいし》斗《ばか》リモ知ラデ果ツベキヤ」（⑯下三六〇）と、「気」（造化論）の重要さを指摘する。

昌益思想は、この気の「造化」思想を基底として構築されている。昌益の気の思想は、中期・後期に至るまで一貫してゆらぐことがない。

つぎに昌益が指摘する「気」の特質について見てみよう。

「気ハ皆体ヲ作《な》サント欲スルノ義ナリ」（⑯下二六六）とか、「気自《ヲ》ヅカラ感ジ動キテ」（⑯下三〇八）と、気は本来的に生命体としての運動性や体（凝集・形体）を形成しようとする本性（「イキル・モトム」）を内在（気《ソナワリ》・具備）している。気は「自《ミ》ラ動キテ天地・万物ト生ル」のである。気（生命体）の世界は、生成性に基づく自然性の世界であり、人間の作為・人為の及ぶ世界ではない。

「気《ソナワリ》」はその具備する生命性・自然性・具有性・自発性・活動性を、本性・属性として本来的に内在しているのである。

中期昌益の言葉を借りれば、気は「自《ヒト》リ然《ス》ル」のである。昌益が、人智（分別知）・人為（作為）の「法《コシラヘ》」「制《コシラヘ》」（文字・書物・教学）を嫌悪する視点、それらを不遜・尊大と見る昌益の視点は、本来的に「気《ソナワリ》」の思想にその淵源があるのである。

気は、「天ノ五行、地ノ五行、交会シテ万物生生無窮ナリ。陰陽互ヒニ離散・違背スル則《トキ》ハ、万物ノ造化有ルコト無シ。是レヲ以テ天地ノ二気・五行ノ相交ハルコト須臾《しゅゆ》モ離絶スルコト無シ。陽中ニ陰有リ、陰中ニ陽在リ、五行、相生《そうしょう》・相剋《そうこく》シテ万物生生ノ妙用、窮マリ有ルコト無シ」（⑯下一九二）と、気は一気で、有機的な連続体であり、けして断絶・離別・二別とはならない。一気の中に陰陽・五気(五行)が自然《おのづから》具備され、一気・一連の流れのなかで、陰陽・五気としておのづと運行して、万物の生成活動を無限に行なうのである。

運気論にとって、固定した「二別」分離論は、存在論・原理論的にありえないのである。昌益が、あらゆる「二別」に対し批判する理由は、この「気《ソナワリ》」の原理・思想からきているのである。

陰陽の気は、二つの断絶した二気ではない。「陽ハ進ミ極マリテ陰ト変ジ、陰ハ退極シテ陽ト変ズ」(⑯下一九二)る「一気」(一体)の世界である。

中期に、詳細に展開される一気の三つの運回方式である「通横逆」論は、すでに前期にも登場している。上から下へ向かう「通気」、横(傾)へ向かうのが「横気」、下から上へ向かうのが「逆気」である。昌益は「人・物ノ三気」にて、「人ハ天地ノ正気ヲ受ケテ、通気ナリ。物ハ天地ノ傾気ヲ受ケテ、禽・獣・虫・魚倶ニ横気ナリ。草木ハ天地ノ反転ノ気ヲ受ケテ逆生ス、逆気ナリ。然シテ通気ハ、横・逆ノ二気ヲ含ミテ天ニ則リ、横気ハ、通・逆ノ二気ヲ兼ネテ上下ニ応ジテ地ニ法ル。逆気ハ二気ノ末《へ》ニシテ、陰陽ノ変ヲ受ケテ生形ノ始メヲ為シテ、人世ノ本タリ」(⑯下九七)と、既に中期につながる「通横逆」三気論の構造(「序」)はできている。

(2) 太元の妙体「一」論

昌益の運気論で、特に重要なのは気一元論である。この一元は、一源に通じるものである。天地万物生成の原初・太元は何か。前期昌益は、天地万物生成以前の一気の原初・太元を執拗に追求していた。昌益は天地万物の原初・根元を説く、『易経』や「太極」論に強い関心をもち、肯定している。

昌益は、「正信(昌益)発明ニ云フ。是レ易ノ太極・両儀・四象・八卦ニテ万物ノ相ノ極マル所ヲ云ヘリ。猶尚《なヲなヲ》弁《わきま》ヘ配スベキナリ」(⑯下二五六)「天ハ本然・至極、事物ノ大源ナルコト、明ラカナリ。此ノ妙霊為《な》ル天地、太極ヨリ開ケテ人・物生ジ来ルナレバ」(⑯下一〇二)と述べる。

この天地万物の生成論は、『易経』「繋辞上伝」に、「易に太極あり。これ両儀を生ず。両儀は四象を生じ、四象は八卦を生す。八卦は吉凶を定め、吉凶は大業を生ず」(岩波文庫『易経』下二四三頁)とある。

この易の生成論をもとに、北宋の思想家(宋学)・周敦頤《しゅうとんい》(号濂渓《れんけい》一〇一七〜一〇七三)は『太極図説』で、「無極にして太極。太極動いて陽を生じ、動くこと極まつて静なり。静にして陰を生じ、静なること極まつて復《ま》た動く。一動一静、互に其の根と為り、陰に分れ陽に分れて両儀立つ。陽変じ陰合して水火木金土を生じ、五気順布し四時行はる。五行は一陰陽也。陰陽は一太極也。太極は本無極也。五行の生ずるや、各々其の性を一にす。無極の真と二五の精と妙合して凝る。乾道は男と成り坤道は女と成り、二気交感して万物を化生す」(岩波文庫『太極図説・通書・西銘・正蒙』二一〜二二頁、一九三八)と、従来の古典的な儒教には見られないスケールの大きな宇宙の起源・生成論を展開していた。

昌益も一元気の原初・太元について、

「天地ニ先ダツテ物有リ、感ジテ気ヲ生ジ、気、二気トナル、即チ天地ト成ル」(⑯下一九一)

「然ラバ其ノ妙体ノ一気ヨリ道・万物ヲ生ズル底ヲ知ルベシトナリ」(⑯下三六二)

「此ノ母、混沌ノ一気ナリ。一気自ヅカラ天地・人・物ヲ生ズ」(⑯下三二七)

と、天地生成以前の「妙体ノ一気」「混沌ノ一気」である太元・原初の世界・原理を常に考究していた。

昌益の最大の関心事は「天地ニ先ダツテ物有リ、感ジテ気ヲ生ジ、気、二気トナル、即チ天地ト成ル」(⑯下一九一)という「天地ニ先ダツ」「物」としての原初の生命体の一体・一気である。天地生成後の自然界《ネーチャー》についてではない。

昌益の「自然」の意味内容を考えるとき、昌益のこの視点を見誤り、認識できないと昌益の思想を正確には理解できない。それと昌益の一気の運気論は、宋学の「太極」から天地万物の生成を重視する

思想と、極めて近いところにあることがわかる。さらに昌益は、

「夫レ只太元ヲ論ズルニ、只之ノ一固ノ一気ナリ。一気ト云フニ妙アリ。妙ニ体アリヤ無シヤ。口伝アリ。爰《ここ》ニ於テ此ノ一気、妙功ノ主トナル。天・地・人・万物・草木・国土・森羅万象、悉ク此ノ一気ヨリ生ル。然レドモ、一気ヨリ短的ニ其ノ生ルニハアラズ。次第ニ分生シテ生ルコトナリ」（⑯下三六二）

と述べる。この「太元」の一気である妙なる本体は、「一気、妙功ノ主トナル」と、天地万物生成の主宰的な存在（妙体「真」）で、その天地万物の生成には、「次第」（「序」）があるという。

この頃の昌益は、私たちがふだん使用する「自然《ネーチャー》」（自然界）を意味する内容は、「造化」とか「天・地・人・万物・草木・国土・森羅万象」と表現している。

次に、では妙なる一気（一妙体）はどのような内実をもつ本体なのであろうか。昌益は、

①一ハ自然ニ自《オ》ヅカラ然《ス》ル者《ノ》ナリ（⑯下三二六〜三二七）。

②所謂《いわゆる》一ヤ、無始無終ノ一《口伝》アナリ（⑯下二九八）。

③万事九迄知リテモ一ヲ知ラザル者ハ成就セズ。一ハ何ゾヤ、根ナリ（⑯下二七一）。

――①は、一気は中期の「自リ然ル」の意味内容とまったく同じである。中期は、「自《ヒト》リ然《ス》ル」と振り仮名がつけられて登場する。②③は、「無始無終」なる太元「一」である。この把握も中期と同じである。また、昌益思想にとってこの太元の「一」は、「一《口伝》」という重要な存在であることがわかる。また、「ア」（万声のはじめ）は、万物生成の「根」としてそれは根元・太元の「一」であろう。

④未発・本然ノ一、自《ヲ》ヅカラ一ヲ具フ（⑯下三〇〇）。

⑤混沌自然ノ一ノ中ニ自《ミ》ラ動キテ天地・万物ト生ルベク（⑯下三〇一）。

――④⑤は、天地開闢以前の「本然・未発」「混沌」の状態を、「一」体の本来的なあり方と見ているこ

とがわかる。これは天地・人知の成立以前の世界である。また、「一」の「自然」状態の内部は、常に「自《ヲ》ヅカラ二ヲ具フ」とか、「一ノ中ニ自《ミ》ラ動キテ」と流動状態で、「二」（陰陽・天地→万物）なるものへの感応・生命力（「自《ヲ》ヅカラ」「自《ミ》ラ」）としての、生成活動が行なわれている。妙体の「一」が、内部に「二」への契機を含み流動するあり方は、後期の「活真ハ無二活・不住一ノ自行」（①六五）に発展していく、「活真《イキテマコト》」の視点・把握であろう。

　さらに昌益は「一」なるものについて次のようにも述べる。

「如何ゾ、学者、霊妙ノ体ヲ知ラザルベキ。此ノ霊妙ハ常住目前ニ有リテ、体、霊霊トシテ絶ヘズ。此ノ妙ノ体ヲ、今我ガ手ニシツカリト握リシメテ、手ヲ開イテ押シ放シ、虚空無寓ニ遊バセ、造化ノ主トナルコトヲ知ラデ死ナンハ、人ト生マレタル甲斐ナシ。口伝」（⑯下三六一〜三六二）

――この生命力の霊妙な一体は、人間の目前にあり、霊的で絶えないという。学者に対し、造化の主である妙体を認識することが、人間にとって一番重要であるという。昌益には学問・教学は二の次なのである。

「其ノ天理ヲ以《ヲモ》ンミル則《トキ》ハ、男女・父母、二ナリト雖モ、交合シテ子ヲ生ズルニ至リテハ一ナリ。（中略）陰陽和合シテ万物生ジ、夫婦交合シテ子ヲ生ジ、（中略）男女反切《はんせつ》シテ子ヲ生ジ、子孫無窮ニシテ人界ノ全《まった》キコトヲ知ル」（⑯下三〇七）

――陰陽・天地・男女（父母）は、一見、「二」のようであるが、「一」（和合）になることで生成がなされる。天理である造化は「二別」ではなく、「一体」として生命・生成活動を無限に行なっているのである。

　前期の妙体・太元である「一」は、中期には昌益の根本思想である「一真」として展開される。

　以上、前期昌益の運気論の内部構造を見てきたが、中期の運気論思想に登場する「直耕論」（「夫レ自然・転定ノ大道ハ、万物生生ノ直耕ト、人之レヲ継グ五穀ノ直耕ト、転人一和ノ直耕、是レ自然真ノ大道ナリ」

〈⑧二四六～二四七〉はまだ形成されていない。

　その理由であるが、前期昌益は、「造化ノ中ニ止マリ、空理ハコウシタモノト悟リ於テ中ニ心ヲ慎メバ右ヘモ左《リ》ヘモ前ヘモ後ロヘトモ上ヘトモ下ヘモ自由ニナルコトナリ」（⑯下三六三）と、造化と一体となった一個人の「悟り」の視点が強く、宇宙と人間の生成としての天人一和の「道」なる世界像の構築まで至っていなかったのであり、中期に顕著な転人同耕論・真論の発展（「真」の直耕・真耕論）・異国教学〈聖人・釈迦の不耕貪食〉批判の開始など、昌益の「自然真営道」全思想の確立にまで至っていなかったからであろう。これらの諸要素が一体となったとき、宇宙と人間のあり方としての「直耕論」が登場するのである。

4　安藤昌益思想の核心――「真」と「自然」

(1)「真」「反切」「自然」

　安永寿延は、「昌益思想の中心概念の一つである『真』の成立が、意外なことにこのような言語的（音韻論）な論理の基盤にも根ざしていることも見逃すわけにはいかない」（平凡社選書『安藤昌益』一一五頁、一九七六）と指摘した。それは、昌益が『確龍先生韻経書』のなかで、「自然」の語句の反切から、「真」の用語を導き出していることを指摘しているのである。

　運気論で見た太元の「一妙体」である「真」は、「自然」という用語の意味内容と深く関わっている。『確龍先生韻経書』は、昌益の音韻論（反切）を展開している書である。「反切」とは、漢字の発音表記法の一つで、二つの漢字を用いて他の一つの漢字の音をあらわす「かえし」（「反切《スレアヒ》」）のことである。例えば、「徳《トク》・紅《コウ》ノ反《かへ》シガ東《トウ》」とは、徳《トク》（tok）のtと、紅《コウ》（hong）のongとを組み合わせて、東《トウ》tongとするように、上の字の声（語頭子音）と、下の字の韻（語尾の響き）を合せて、他の字音を組み立てる方法である。上の字（徳）を切字・音字・父字といい、下の字（紅）を韻字・母字といい、両字を相い摩《す》らして（「反切《スレアヒ》」）得られた子字・帰字の音（東）を帰納音という（⑤四六）。

昌益は、

「『自』『然』ノ切シ『真』○父字ノ『シ』ト、母字ノ『ゼン』ノ『ン』ト感合シテ『真』ト反ル。所謂《いわゆる》自然トハ真ノ言《イヒ》ナリ。真ハ自然ノ体ナリ。此レ一ー三、自然ノ妙ナリ。声音ノ自然ナルコト此ノ如シ」（⑯下三〇二）

と述べる。昌益は、「自然」の用語を反切して「真」という用語・意味内容（「真ハ自然ノ体ナリ」）を、人為ではなく「自然に」生成した（昌益の「自然」の読み方は「シゼン」である。「ジネン」ではない）。「自」→「然」→「真」（「此レ一ー三、自然ノ妙ナリ」）と、「真」は、反切で「自然」に生成され、反切は、「気」の生成活動と同じ「自然に（と）」「自《オ》ヅカラ動キテ」導き出されるものであるというのが昌益の視点である。

「真」と「自然」の二つの用語の意味内容が、この「反切」を通して「真ハ自然ノ体（本体）」であり、「自然」は「真」（本体）に内在する本性的なあり方（「自然トハ真ノ言《イヒ》ナリ」）ということが分かってきた。同時に、「反切」は「人意ノ為ス所ニ非ズ、自然ニ自然ガ為ル所ナリ」（⑯下三〇一）と、「反切」の本性は「自然」であることも分かった。このように昌益は前期の段階から「自然」ということに最も関心を抱いていたことがわかった。次に昌益思想の「自然」と「自《ヲ》ヅカラ」との関係を検討してみよう。

(2)「自然」と「おのづから」

かつて狩野亭吉は、昌益における「自然」という用語について次のように述べている。

「自然と云う文字の連発である。行列をしていると云うべきか、経緯をなしていると云うべきか、到るところに出て来る。凡そ古今東西の書物で自然と云う語をかくも多く用いているのは断じて無いと思われる。此事だけを以て見ても、自然と云う事が安藤にとっては如何に大事のものであったかと云うことは認めざるを得ない」（『安藤昌益』二八頁）。

さて、筆者は、試みに『角川古語大辞典』の「おのづから〔自・自然〕」を検索した。そこには「自然（しぜん）に同じ」とあった。そこで筆者は、八戸資料の、『確龍先生韻経書』『暦大意』『博聞抜粋』から、①「自然」、②「自《ヲ》づから」「自《ミ》づから」の使用頻度数を見てみた。

『確龍先生韻経書』は①が七六箇所、②が五二箇所。『暦大意』は①が一六箇所、②が一七箇所。『博聞抜粋』は①が一一箇所、②が一六箇所であった。

昌益は、①と②を同じ意味内容で捉え、文脈によって①と②を使い分けているが、意識して明確に使い分けているわけではないと推測できた。筆者がこころみに、文中の①の部分に②を入れて読み込んでも意味は同じであった。

前期昌益思想のなかで①と②の頻度数はとても多く、前期昌益の視点・関心は①「自然」、②「自《ヲ》づから」「自《ミ》づから」にあったと筆者は見ている。『確龍先生韻経書』は①と②の使用頻度数が圧倒的に多かった。昌益が生涯にわたって『韻経』に関心をもった理由がこれでわかった。反切の「自然」「自《ヲ》ヅカラ」の意味内容で重要なことは、ここには一切の人為・作為は存在しないことである。

昌益の重視する「自然」の意味内容は、『韻経』の反切で一番確認できるのである。音韻（反切）は、「自然」の宝庫なのである。気一元論思想（太元・妙体の一気）の昌益には、「天地ノ気声ト人ノ音韻ト符ヲ合シタルガ如ク然リ」（⑯下三五〇）と、天地人は同気・同韻であり、天地の気音も「自リ然ル」、人の音韻も「自リ然ル」のである。すべてが原初・太元「一」（妙体）の、「自リ然ル」ことからくるものであり、ここには人知や人為はない。「気《ソナワリ》」のなせる生成（「イキル・モトム」）の世界なのである。

(3)「自然」の用例

次に昌益の「自然」の用例を見て、「自然」の意味内容を検討してみよう。

「正信曰ク、是レ四時ノ運行、寒暑往来ハ気ノ常変ナリ。神ト云フハ、気中ノ自然タルモノニシテ、寒気ニモ暑気ニモ風ニモ波ニモ備ハリテ、気ノ行クニモ止マルニモ、時ニ感ジ、物ニ気触ルレバ各々妙用アルハ神ナリ。然ルヲ、気ヲ則チ神ト見タ〔ル欠か〕ハ違セリ。神・気ヲ見分クルコト肝要ナリ」（⑯下二七五）

――「神ト云フハ、気中ノ自然タルモノニシテ」という。神は一気中に内在する生命性・自然性・主導性で、季節に感じ、物に感じて妙用を行なうのである。ここでの「自然」の意味内容は、気中における「神」の「あるあり方」・本性を「自然タルモノ」と形容している。「気」の和訓「イキル・モトム」の姿である。

「混沌自然ノ一ノ中ニ自《ミ》ラ動キテ天地・万物ト生ルベク」（⑯下三〇一）

――天地万物の生成以前の、原初・太元である生命体「一」なるものは、「混沌自然」状態で、「一」は「自《ミ》ラ動キテ天地・万物ト生ルベク」動いている。この妙体「一真」の、自己能動性・自己生成性の本性が、昌益の「自然」の意味内容なのである。

「一ハ自然ニ自《オ》ヅカラ然《ス》ル者《ノ》ナリ」（⑯下三二六～三二七）

――根源的生命体「一」は、自然に、「自《オ》ヅカラ然ル者《ノ》」という。「一」は人為でなく、自《オ》ら動き、生成する存在である。中期昌益の表現を借りれば「自《ヒト》リ然《ス》ル」である。前期・中期と昌益思想は一貫しているのである。

「此レ天地異（ママ）前ノ混沌・人ノ言語未発異前ノ混沌ニ何ノ二別カ有ラン。人ノ性中、自《ヲ》ヅカラ此ノ理具ハリ、天地ノ異前ニ此ノ理具ハル。其ノ未発ノ自然ノ中ニ其ノ理具ハルコト、雞卵ノ未ダ雞ト生《ナ》ラザル異前ニ其ノ雞ト生ルベキ理自《ヲ》ヅカラ備ハルガ如シ。（中略）混沌自然ノ一ノ中ニ自《ミ》ラ動キテ天地・万物ト生ルベク、胸中自感シテ言語・声音ト発スベキ其ノ妙、此ニ具ハル者《ノ》ナリ」（⑯下三〇一）

――先天・混沌の、自然性なる姿・あり方は、固定的・明確な「二別」ではないこと。自然（おのづから）に人の「性」の中に、この「理」は具わっているという。この混沌未発の「自然」の姿は、雞卵の中（混沌未発の状態）に、「其ノ雞ト生ルベキ理自《ヲ》ヅカラ備ハルガ如シ」という。昌益は天地生成以前の原初・太元である混沌状態は、固定・分離的な「二別」ではなく、流体「一」体であるという。昌益が太元「一」（「気《ソナワリ》」）の原理・構造にこだわり、終生「二別」を否定する理由がここにある。

昌益の「其ノ未発ノ自然ノ中ニ其ノ理具ハルコト」という主張は、宋学の大成者朱子が「未発ノ中、本体、自然」（『朱子大全』巻六十七「已発未発説」原漢文）と捉え、「理」の自然性・先天性を主張したのと近いものがある。

前期昌益は「一」体の自然性、動的生成性に強い関心をもっていたことがわかり、逆に後天である人為・人知による分別知には価値を置いていないのが、昌益の基本的な視点なのである。

「『陰』『陽』ノ切シ『養』。（中略）此ノ故ニ『陰』『陽』ヲ反切スレバ自然ニ万物ヲ『養フ』ト反ル。人意ノ為ス所ニ非ズ、自然ニ自然ガ為ル所ナリ。此ノ三ノ反切ハ自《オ》ヅカラ此ノ如シ。是レ此ノ陰陽已《すで》ニ発シ成リテ、全ク天地ノ体ヲ為ス」（⑯下三〇一）

――陰陽（「気《ソナワリ》」）を反切すれば、自然《おのづ》と万物が生成・養育するという。この反切は人の作為ではなく、「自然ニ自然ガ為ル」のである。引用文の、「自然ガ」の「自然」は、形容詞的ではなく、名詞的な、ある「主体」と筆者は捉えている。それは、陰陽・万物の原初・太元としての「未発・本然ノ一」である妙体「一」（真）のことである。

前期に成立した「自然」（「所謂自然トハ真ノ言《イヒ》ナリ。真ハ自然ノ体ナリ」）を、中期昌益は、自己の思想の中核的な用語（主語）として登場させる。既成教学の「作為」「私法《コシラヘ》」を批判するために、この「自然」（「気《ソナワリ》」）を第一原理としたのである。そして「一」「真」「自然」の三つの用語を、同じ意味内容として、「自由《ラフ》」に使用するため、現代人は幻惑されるのである。

「天ノ五行ハ気ナリ。自然ノ一真気ノ中ヨリ、自ヅカラ五気ヲ分ツ」（⑯下九五）

――この五行（五気）は、天地万物生成の根源的・主宰的存在である「一真気」の中から、「自ヅカラ」（「イキル・モトム」の自然的な生命性）生成されてくる。前述したように、昌益は、「自然」の反切から「真」を導き出した。昌益は、「真体」（一真気）の、「おのづから」生成・活動する生命的なあり方を、天地万物の太元・原初のあり方と見ていた。この前期昌益の、「一ハ自然ニ自《オ》ヅカラ然ル者《ノ》ナリ」は、中期の中核思想である「自リ然ルハ一真ノ体ナリ」（⑪八二）へと受け継がれてた。同じく前期の到達点である「自然ノ一真気」は、中期の「自然ノ一真」（③一五九）「予、自然ノ真一ヲ明カスベシ」（④一〇二）と中期思想の中核に位置づけられた。

次にこの「自然ノ一真気」を吐気《とき》する源（根）を見てみよう。昌益は、「万物万声ノ発スル所《ロ》、天地ノ北辰、自然ノ一気之レヲ吐出スレバ（中略）此ノ気地ニ降リテ地ト反切シテ万物自《ヲ》ヅカラ生ジ、万物ノ精気ヲ自《オ》ヅカラ又北辰ノ気根ヲ次グ」（⑯下三三〇）と、北辰（北極星）が、「自然ノ一気」の源（根）なのである。この「自然ノ一気」から、「万物自《ヲ》ヅカラ生ジ」「自《オ》ヅカラ又北辰ノ気根ヲ次グ」という。この一真気と北辰の関係は、中期の、「北辰ハ転真ノ座、此ヨリ神気発回ス」（⑪一六九）と受け継がれる。

（4）「一」「真」「自然」の関係

ここで前期の「一」「真」「自然」の関係をまとめておこう。

①前期昌益は、「自然」と「おのづから」を、同じ意味内容で使用・重視していた。私たちが「自然《ネーチャー》」をイメージするものについて、昌益は「天地・人・万物・草木・国土・森羅万象」などの表現をもって把握していた。

②前期昌益は、宋学の「太極」のような天地万物生成の太元・原初の「一気」を執拗に考究していた。

③この「一」「一気」の本体は、「一ハ自然ニ自《オ》ヅカラ然ル者《ノ》ナリ」と、自然（自《ヲ》ヅカラ）に動く体で

ある。一気の本体の内部は、「自然ノ道ハ、体ハ不二一般ニシテ自ラ動感シテ用トナリ止ムコト無キハ即チ自然ナリ」（⑯下三一〇）と、本体は「一」（「不二」）であるが、自づから動き、「用」（作用）として、「二」として発現する。この生成的なあり方を「自然」という。

④この「一気」のあり方は、「混沌自然ノ一」「其ノ未発ノ自然ノ中」と、その「自然」性が本性であった。「気中ノ自然タルモノニシテ」である。この「自然タルモノ」というのは、「気」の生命性・自然性・動体性のすべてを含意する。昌益の「自然」は、天地生成以前（先天）の存在（「気《ソナワリ》」）で、天地生成後（後天）の存在である、人為・作為とはまったく相容れない意味内容をもっていた。

⑤この一気の本体は、「唯《ダ》此レ一ノ、動キテ天地ヲ為リ、人・物ヲ造リ、天地・人・物ヲ社トシテ《ヲ》自ヅカラ其ノ中ニ主神ヲ為シ」（⑯下二九八）と神秘的・宗教的・生命的な内実をもっていた。近世人、昌益の思想的深層である。

⑥このような思考を深化しながら、「真ハ自然ノ体ナリ」と、「真」体の本性を「自然」と捉え、天地万物生成の太元・原初である「真」と、「自然」とが合体した。そして「一」なる「真」体は、「一ハ自然ニ自《オ》ヅカラ然ル者《ノ》ナリ」「自然ノ一真気」に到達していた。中期の中核思想である「自然ノ一真」（③一五九）「正ニ是レ自然トハ自《ヒト》リ然《ス》ルヲ謂フナリ」（⑬八三）の登場は目前である。前期から中期へと昌益の驚くべき思想・原理の揺るぎない一貫性である。

⑦昌益の「真」について、先学は「無極ノ真」（『太極図説』）からの影響や示唆を受けていることを指摘している（野口武彦前掲書三九頁）。また、萱沼紀子は民俗としての「北辰」信仰との関係を主張する（『安藤昌益の学問と信仰』第二章「安藤昌益と北辰信仰」勉誠社、一九九六）。

昌益は天地万物の生成を説く「太極」論（『太極図説』）に関心をもち、参考にしてはいるが、「無極ノ真」については一切ふれていない。不思議である。

昌益は「自然ノ一真気」と「一気」を「真」と捉えていた。この一気は、「此ノ母、混沌ノ一気」「混沌自然ノ一ノ中ニ自《ミ》ラ動キテ天地・万物ト生ルベク」と、「真」を、天地万物を生む生命力・母胎（「イキル・モトム」）と捉えていたのである。朱子学（宋学）的な「理」としての、「無極ノ真」の静的な「無」のイメージではない。昌益の宇宙観《コスモロジー》は、母体（身体的宇宙）としての動的な生成性を根底にもっていた。八戸資料の『稿自』「和訓神語論」（⑯上二〇二）において、「真《マコト》」「神《タマシイ》」「霊《タマシイ》」「真《タマシイ》」と読まれている。後期には「活真《イキテマコト》」（①一一三）と訓《よみ》をつけている。昌益は「真」を宇宙的な生命力、生命体、母胎として認識していたのである。

5　前期安藤昌益における医学思想

前期昌益における医学書は現在確認されていない。不思議なことである。他の八戸資料から断片的であるが、昌益の医学思想を探ってみよう。

近世の初期から中期ころの医学は、宋学の世界観の影響を受けた李朱医学（漢方医学の一派、李東垣《りとうえん》・朱震亨《しゅしんこう》らの医学が日本に流入し、李朱医学と呼ばれた）が主流を占めていた。医者は、天人合一原理のもと、陰陽五行説、臓腑経絡説、五運六気説などを駆使して医説を展開し、それにもとづいて医業を行なっていた。

前期昌益は、「自然ノ一真気」の運気論を根底にもち、五運六気説を中心に置いていた。その理論は、五行の五気（木・火・土・金・水）の運行と、六気（木・君火・相火・土・金・水の気）を組み合わせ、医学理論を構築していた。この五運六気説から、木・君火・相火が三陽気、土・金・水の三陰気の、いわゆる三陰三陽説を展開していた。

昌益は、「五行ノ気、天地ノ間ニ運行スルヲ十干・十二支、五運・六気ト曰フ。此ノ故ニ天地・人・物、二・五ノ気（陰陽と五行の気）ニ非ザル無シ」（⑯下一九二）と論じている。そして「然シテ心術ハ、蔵府・二・五・三気ニ《（ママ）》感応ニ因ツテ、情識、無量ナリ。是レ以テ人倫・万物・心術、只《ダ》二・五・三気ノ妙用ニ非ザルコト無シ」（⑯下九七）と、人の心身及び万物は、陰陽二気・五行（五気）・通横逆の三気の感応によって生成・活動すると捉え、すべてが「気」の原理で把握できると認識していた。

また、中期の『刊自』以降、昌益が激しく批判した二火（君相二火）論について昌益は、「五行ノ気、天ニ発スルニ、火気独リ君臣ヲ分チ六気ト成ル」（⑯下九五）と、二火（君臣）論を肯定して、前期には君相二火論の作為性にはまったく関知していない。不思議である。中期昌益の「二火論批判」は、宝暦期前後の医学界の論争と深く関わっているのであろう。

一方、前期の頃から、昌益の運気論医学と音韻論は深く関わっており、「医タル者《ノ》、『韻経』ヲ明ラカニスルヲ以テ最一ト為ス。若《も》シ『韻経』ニ通ゼザル則《トキ》ハ、病根ヲ知ルコト能ハズ。（中略）声ハ天地ヲ感ズルヲ以テ死生・吉凶ヲ考知ス。未ダ病マザルニ其ノ声ヲ聞キテ其ノ死生ヲ弁ズル者、親《マノアタリ》近世ニ在リキ、半《なから》居《い》道三《どうさん》此レナリ」（⑯下三二四〜三二五）と記している。

運気論医学は、病気の表面に表われる症状よりは、その症状の根本原因（病根）をつきとめ、その虚実（虚→元気がなく虚弱状態。実→邪気のため病気の状態）に対応する。運気論医学思想は、必然的に根源主義的傾向をとる。昌益が天地・万物生成以前の原初・太元を執拗に考究していることと一体なのである。人間の発する声音・言葉は内臓から発し、その根源は太元の一気（真体）にある。一気→人間（臓腑）→言語・心術は、気の「自然《おのづから》」の流れ・働きである。運気論医学にとって音韻学は必須なのである。

半居道三は織豊時代（信長・秀吉政権）の名医。明代の中国で金元医学を学び、日本に広めた。富士川游『日本医学史』（形成社、一九七四）には、「金・元四大家（中国金代の劉完素《りゅうかんそ》・張従正《ちょうじゅうせい》、元代の李東垣・朱丹渓）ノ説ヲ本邦ニ伝ヘタルハ、半井道三（和気《わけ》氏、後姓ヲ半井ト改ム）ヲ以テ始祖トス」（一八八頁）とある。昌益は半居道三を聞診《ぶんしん》（漢方の四診の一つ。聴覚〈患者の音声・呼吸音・腹鳴など〉・臭覚〈口臭・体臭・分泌物など〉を通して病態を診察すること）の名医として賞賛している。昌益の京都での医学修業のころ、味岡三伯周辺にはこのような伝承があったのであろう。

6　前期安藤昌益における天道観・社会観・人間観

(1)　天道観

安藤昌益は、生涯をかけて「道」なるものを追求した思想家・医者であった。『自然真営道』『統道真伝』は、書名の通り「道」を説いた書物である。昌益は、「天ハ本然・至極、事物ノ大源ナルコト、明ラカナリ。此ノ妙霊為ル天地、太極ヨリ開ケテ人・物生ジ来ルナレバ」（⑯下一〇二）と、天地を「妙霊」なるものと宗教的・生命的に捉え、その原初としての本源（本然）を太極と見ていた。「太極」から「天地」の生成を説く、宋学（朱子学）的な生成論をもっていた。そして「天地ノ間、万物ノ生生止マズ、其ノ大イナルコトハ言ニモ尽スコト能ハズ、心ロニモ思ヒ極ムルコト能ハズ。実ニ無量ナリ」（⑯下三六〇）と、天道の万物生成（造化）活動の偉大さを讃えている。運気論思想を根底にもつ昌益は、「所謂暦道ハ天地ノ道ナリ。道ハ二・五・三気ノ品行違ヒ有ルコト無シ」（⑯下九三）と、天地の道は、陰陽の二気、五行の五気、通横逆の三気の運行であり、その運行は「暦」（暦道）に現われるという。昌益は「此ノ支干（十干十二支）ヲ信ジテ天地ノ順運ニ契《かな》フ則《トキ》ハ、身家ノ福、必然トシテ至ルベキナリ。（中略）故ニ天地ノ順候ナリ。天地ノ順道ニ叶フナリ。之レニ過ギタル大福ヤ有ランヤ。心得ベキ事ナリ」（⑯下一八三）と、気の運行の「序《ついで》」でもある「暦」を重視する（「暦ハ即チ国政ナリ」⑯下九三）。

（2）社会観

前期昌益の社会観は、「天徳」「天道」を上位価値基準として展開されている。国政は、「天ニ則《ト》ル人君、地ニ則ル人臣、之レヲ祭リテ民ヲ整《ととノ》フ、正道ノ国政ナリ。若シ之レヲ為サザル則《トキ》ハ、天ニ得ル君臣ノ道、自《ミ》ラ之レヲ害スル者《ノ》ナリ。然ル則《トキ》ハ亡ビズシテ何ヲカ候ハン」（⑯下一七八～一七九）と述べる。為政者は、「人臣・人君、天ノ気行ニ従ヒテ政ヲ為スベシ。天ハ万物ヲ生ズ。民ヲ喜満ナラシメント欲ス。此レニ法ル君臣ノ道ナレバ、必ズ民悦ノ政ヲ行フ則ハ、民ノ嬉悦ノ気、天気ニ感ジ、暴風ノ気和シテ温風ト為ル。五穀反ツテ豊饒ナリ。仁君ノ国ハ益々繁栄スベキコト、必然ノ天理ナリ」（⑯下一七七）と、天理（「天ノ気行」）に法った仁政をすることが特に為政者に要請される。

為政者は、「夫レ政ハ私為ル者《ノ》ニ非ズ、天地ノ道ナリ。天地ハ私ヲ為ス者《ノ》ニ非ズ、自然ノ公徳ナリ」（⑯下一七九）という。特に為政者の私欲（「天道ハ凡ソ道ニ背ケルヲ罰スルニ、金気ノ神〔金剛神。守護神〕ヲ以テス。其ノ従フ者ヲ仁《メグ》ムデ、其ノ邪慾ノ者ヲ悪ム」）（⑯下一四七～一四八）は、激しく批判される。

暦の「社日」（春社・秋社の二回、豊年・豊作を祝う日）は、「農家、君ノ仁政ヲ得テ之レヲ祝シ、武家、天理ニ従ヒテ私政ヲ改ムルノ日ナリ」（⑯下一七九）と、私政を自省する日なのである。

ここには為政者に対する昌益の価値意識が強く表われている。天道（天理）に絶対的な価値を置き、為政者は仁政を要請され、為政者の私政（私欲）は絶対に認められないのである。前期昌益の、この天の無私と人間の私欲に対するまなざしは、中期『刊自』以降の聖人などの私欲・私法批判へとつながっていく問題意識である。昌益の問題意識は前期と中期において一貫している。

前期昌益の身分制に対する見解は、「人倫ノ恒ニ在ル則《トキ》ハ、天子・諸侯ハ通気ナリ、諸臣ハ横気ナリ、庶人ハ逆気ナリ。天子・諸侯ハ二倫ノ臣衆ヲ主《まも》リ天ノ通気ニ合ス。諸臣ハ君庶ノ上下二倫ヲ主リテ地ノ横気ニ合《（シ）》ス、万物ヲ載ス。庶人ハ君臣二尊ノ下ニ在リテ農桑ヲ業《つと》ム。天下ノ本ヲ為《ナ》シ、万物ノ天下ノ助ケヲ為スニ応ズ」（⑯下九七）とか、「人ノ位ニ有リテハ、君ト臣ト庶人ノ三ナリ。父ト母ト子（ノ）三ナリ。是レ皆、天・地・人ノ三ヨリ出ヅ。只之ノ一気開ケテ二気トナルト云フニ過ギズ」（⑯下三六一）と、昌益の社会観は、気の原理・構造を基準・視点として身分制を説く。現実社会の具体的な身分制を凝視した、現実からの具体的な社会観ではない。

昌益の関心は、気（「真」「一」「自然」）の理論・構造をもってすべてを説明することにあったのであろう。昌益の未成熟な、現実と遊離した社会観は、後期思想まで続いたと筆者は見ている。

武士に対しても、「武士ハ農・工・商ノ主、是レ天官・人官、異事・同理ノ義、何ゾ疑ハンヤ」（⑯下一五二）と、昌益は利用した司馬遷『史記』「天官書」をイメージしたのであろうか。天人同理の連続的思考である。まだ濃密ではないが、天人同一論「天地自然ノ易数ト、人ノ声音ト妙合ス。此レ天・地・人、同一根ナルコト妙ニ明ラカナリ」（⑯下三一六）と、天人同一根の視点は強い。

庶人（民）については、「民ハ天真ノ舍ナリ」（⑯下一二二）「庶人ハ（中略）天下ノ本ヲ為シ、万物ノ天下ノ助ケヲ為スニ応ズ」（⑯下九七）「民ハ天ノ子ナレバナリ」（⑯下一七七〜一七八）と、庶人・民が社会の基礎を支えている視点はある。倫理観は、「天道ノ五徳〔義・礼・徳・殺・刑〕、人ノ五常・五倫、是レニ依リテ建立ス」（⑯下一一四）と天道を基準に人倫観が導き出される。

以上のように、前期昌益の社会観・身分観などは、現実社会の考察からというより、「気《ソナワリ》」の思想・原理からの類推や演繹的な認識が強い。昌益が、「『尚書大伝』ニ曰ク、七政、謂ユル春・秋・冬・夏・天文・地理・人道ノ政ヲ為ス所以《ゆえん》ナリ。人道正シクシテ万事順成ス」（⑯下一二六）と、『尚書大伝』を引用するが、昌益の社会観・身分観の根底には、天道（天徳）のもと、君・臣・庶の上下和睦の楽観的な世界である『書経』の世界（「政は民を養ふにあり」〈大禹謨《だいうぼ》〉に近いものを感じる。それにしても昌益の運気論に対する執拗な考究に比べ、その社会観の貧弱さを感じずにはいられない。

(3) 人間観

昌益の人間観を見てみよう。昌益は、「天地・陰陽ノ二気、無量ノ気ヲ具ヘタリ。其ノ無量ノ気中、正清・潔精ノ通気ハ、人ト成リテ人ニ具ハル」(⑯下三五九)と、気の正清・潔精の通気が人間を生成し、人間はその通気を「性」とする。ここには、人間の本体は、天地・陰陽の「気」が凝集したものであるという大前提の認識がある。そして人間存在は、「此レ天地・人、同一根ナルコト妙ニ明ラカナリ」「天地ハ大父母ナリ」(⑯下三六二)「人ハ天地ノ子ト生マレタル人ナレバ」(⑯下三六〇)と、天地と深く結びづけられて把握される。

「通気」と「天地」から生まれた人間に賢愚はなぜ生じるのであろうか。昌益は、「天ヨリ性ヲ下シ玉フニハヱコヒイキナク、上一人ヨリ下万民マデ皆一体ニ降シ玉ヘドモ、受クル人ニヲイテハ賢アリ愚アリ。全ク其ノ気質同ジカラズ。惟《こ》レ天性ノ偏ニアラズ。已レガ受クル所ニ偏倚《へんい》〔かたよる〕アル故ナリ。譬ヘバ雨ノ降ルニ小サキ器ニハ僅カノ雨ニテモ一盃ニナル。大ナル器ニハ不足ナリ。是レ降ル雨ニハ偏ナケレドモ器ノ大小ニヨルナリ」(⑯下三六八)という。天より与えられた「性」(「性ハ是レ天理」)は万人同一であるが、人は天理と一体となる生き方(器)を要請される。

昌益の視点には、天理・天地・通気を上位価値・善の体系として位置づけ、被造物としての人間を同体・同一と把握する視点は一貫している。また、陰陽二気から天・地の二体が生まれ、人間の男女二体が存在するが、昌益は、「其ノ天理ヲ以《ヲモ》ンミル則《トキ》ハ、男女・父母、二ナリト雖モ、交合シテ子ヲ生ズルニ至リテハ一ナリ。(中略)陰陽和合シテ万物生ジ、夫婦交合シテ子ヲ生ジ、(中略)男女反切シテ子ヲ生ジ、子孫無窮ニシテ人界ノ全キコトヲ知ル」(⑯下三〇七)という視点である。この昌益の視点は、陰陽・天地・男女の二体が和合(一体化)することによって、人間・万物が生成するという、無窮の生成世界に注がれている。

家族観では、「家ニ在リテハ、主夫《フ》ハ通気ナリ。其ノ妻ハ横気ナリ。其ノ子僕ハ逆気ナリ」（⑯下九七）と、気の通横逆の三気から家族を見ている。前期昌益は、儒教・仏教・神道などに関心をもちつつも、「人ハ万物ニ異ナツテ霊ナレバ、争カ造化ノ功用ヲモ大旨斗リモ知ラデ果ツベキヤ」（⑯下三六〇）「性ハ是レ天理。天理ダニ合ヘバ仁ナリ。仁ニ背ケバ、人、人ニアラズナリ」（⑯下三六六）と、人間存在の根拠である天理・造化を、人間存在の倫理規範（「天理ヲ以テ道ニ違ハヌヤウニ守リ慎シム」⑯下三六二）として捉え、強く関心を寄せていた。

気の思想家昌益は、気の原理・思想から人間・社会のすべてを説明できると考えていたのである。

7　前期安藤昌益における既成教学観

（1）太元「一」と学問・教学

昌益の最大テーマは、「混沌ノ一気ナリ。一気自ヅカラ天地・人・物ヲ生ズ」という生成論で、その原初・太元としての「一気」の内実の探求であった。昌益にとって、天地万物生成後（已発）の諸学問は、「夫レ三ハ一ノ体用ニシテ、天地・人・物、儒・釈・道・神・医、百流・万道ノ根主ナリ。道ノ体用、是レヲ求メテ為スニ非ズ。一ハ自然ニ自《オ》ヅカラ然ル者《ノ》ナリ」（⑯下三二六〜三二七）と、学問・教学は、すべて根主としての「一」に始原をもつものであるという特異な認識である。学問・諸道は、人間が作為（「求メテ為ス」）をもってするものではなく、「根主」である太元「一」の「自然ニ」「自《オ》ヅカラ然ル者《ノ》ナリ」の結果であるという。特異な学問論である。

昌益は、未発・本然の「一」の自然性は、已発後の人為・人知の行為である学問・教学よりもより根源的であると認識している。宋学的な体用論でいうと「一」は根元としての本体、「三」は一→二→三として作用・現象（用）として現れる。この「一」から「諸道、皆此ノ如ク三才、自然ノ徳ナリ」（⑯下三一七）と、諸道は「一」なる根元の本性である「自ヅカラ」なる徳として位置づけられる。

また昌益は既成教学に対し、「儒・仏・神ノ三道、共ニ同一理ナリ。能ク能ク弁フベキコトナリ」（⑯下二七七）「儒ノ五常ト仏ノ五戒トハ一致ニシテ異名ナリ」（⑯下二七六）という。また「韻経道・易道、名ヲ異ニシテ同理ナリ。倶ニ自然一気ノ感動ナリ」（⑯下三二九）と、諸学問は太元「一」から生成されたもので、「一気ノ感動ナリ」として同理・同根・同体なのである。「気《ソナワリ》」の思想のなせる特異な認識なのである。

ここには中期の『学問統括ノ部』（『稿自』第一巻～第十四巻を構成した著作）や『統道真伝』につながる、根主・太元の「真」の原理である「自然真営道」で、諸道・諸学問を批判・統括が可能とする昌益の、壮大な視点・関心がすでに見えている。

(2) 儒教論

儒教から見ていこう。「其ノ天理ノ純、顕ハル所ニシテ仁義専ラ性ニ具ハルニ一点ノ障リアルニ非ズ。上ミ堯・舜ヨリ、下、愚人ニ至ル迄《デ》、人ノ備ヘタル性ハ同善ナレドモ、発スルニ至リテ、或イハ善処ニ向カヘ、悪処ニ向カヘ、路ノ衝《つ》タ（ママ）〔クか〕南北ニアルガ如シ」（⑯下三六五）と、儒教の聖人である堯・舜と愚人とを比較し、本然未発の性（原初）における三人は等しく「同善」であるという。しかし已発（人知・人為の発生）の段階には、個々人の人間としてのあり方で異なるという。ここにも昌益が未発・本然の同一性・自然性・善性に高価値を置き、そこから已発後の個別性・人為（分別心・制《コシラヘ》）を見る視点がわかる。

前期昌益思想には、聖人への批判的言説はない。孔子については、「孔子曰ク、『性ハ唯之レ仁』ト説キ玉ヘリ。有難キコトナリ。仁ハ仁《ひと》ナリ。仁ハ性ヲ本トス。性ハ之レ天理」（⑯下三六六）とか、「孔霊ヲ反切シテ天理生ズ」（⑯下三二六）など、孔子を賛美する。孟子は、「孟子、性ハ全ク善ナリ。妄心・迷ヒハ人欲ナリ。性ハ微塵モ悪無シト説キ玉ヘリ。宜《むべ》ナル哉。妄心ヲ払ヘバ全ク善ナリ。妄心・迷イハ人欲ノ私、性ハ何時モ善ナリ」（⑯下三六六）と、孟子の性善説に賛意を述べ、朱子学的な「天理」対「人欲の私」という命題にもふれている。

前期・気の思想家昌益は、儒教の聖人・孔子・孟子などにそれほど強い関心をもっていなかったようである。それより昌益の問題・関心事は、朱子学的な「天理自然」と、「人欲の私」との関係。もう一つは、天地・万物生成以前の「一」なる原初・太元の生命体「真」「自然」（「気《ソナワリ》」）のあり方を考究していた。朱子学的な「本然の性」（すべての人間が、おのづから・生得的に天から与えられている本来・自然の性）についても、昌益が孔子についてふれた「性ハ之レ天理」（⑯下三六六）、孟子の性善説でふれた「性ハ全ク善ナリ。妄心・迷ヒハ人欲ナリ」（同前）と引用するのも、昌益の関心・視点がそこにあったからである。

儒教の聖人伏義の『易経』については、「易ハ即チ天地ノ心ナリ。天地ノ心ハ易乾《えきけん》・易坤《えきこん》、乾坤ハ天地ノ男女ナリ」（⑯下三〇二）と、ここでも『易経』の万物生成論を肯定し、その根元・原初からの天地万物の生成の考察に強い関心を向けていた。聖人神農の『本草経《ほんぞうけい》』や聖人黄帝の医書『内経《だいけい》』については、「易・本草ヲ反切シテ『内経』生ズ」（⑯下三二六）と、当時の儒医と同じく、聖人の「三墳《さんぷん》ノ書」（三皇五帝の書）を肯定する儒医昌益であった。

（3）仏教論

仏教についての昌益は少し辛口である。仏教徒の姿勢として、「若シ仏道ヲ修スル者、修善ノ功ニ依リテ心ニ種種ノ有所得（こだわる心）ノコトヲ思ハバ、夫レハ少財ヲ以テ大利ヲ得ント思フガ如シ。此ノ如キノ一類（同類）ハ救ヒ難ク、悟リ難シ」（⑯下二五一）と、この利欲を嫌悪する視点は、中期昌益へと一貫する視点である。

また、昌益は、「『草木・国土悉ク皆成仏』ト云フカラハ、仏氏（釈迦・僧侶）ニ於テモ悉ク造化ノ理ヲバ知ルベキコトナリ。然ルニ造化ノ理ヲ説キタル法談ヲ聞イタルコトモナシ」（⑯下三六〇）と、仏説には、人間の根（「人ハ天地ノ子」）である天地造化に対する認識・位置づけが弱いことを指摘している。

昌益とっては、「天地モ我モ無キ上ニテ、何物ガ仏トモ神トモ人トモ論ズベキヤ」（⑯下三六一）と、天地万物の造化に関心があり、その他のことは小さなことと見る視点がここにもある。

(4) 道教論

老子や荘子などの道教については、「荘老ヲ反切シテ虚無ヲ生ズ」とか、「荘・老ノ虚無・無何有《むかう》ノ咄声ヲ聞キテ風ノ寝言ヲ知ル」（以上⑯下三二六）と、虚無とか「無何有」（『荘子』「逍遥遊篇」にある言葉。作為や不自然なものがなにもないこと）など、造化を重視する昌益からは、老荘思想に関心をもつ視点はない。

農民出身で、小さいときから、自ら体を動かし、衣食住を賄う体験をもったと思われる昌益。現実の社会と人間を救済する思想の構築めざす昌益にとって、「虚無」「無為自然」的な姿勢には、なんら関心を抱かなかったと思われる。

(5) 神道論

昌益には、太元の「一」から生み出される諸教学は、「儒・仏・神ノ三道、共ニ同一理ナリ」（前出）という大前提の認識があった。昌益の神道論を見てみよう。

「天神・地神ヲ反切シテ国常立ヲ生ズ、高天原ヲ反切シテ御中主ヲ生ズ、伊弉二神ヲ反切シテ一女三男（天照大御神・月読命・建速須佐之男命）ヲ生ズ、天照ヲ反切シテ三社・三種神器・三徳（知・仁・勇）生ズ、三社ヲ反切シテ森羅・四州・八百万神ヲ生ズ、神武ヲ反切シテ神道ヲ生ズ」（⑯下三二六）と、神道の流れを生成論的に見ている。

この三社（伊勢神宮・岩清水八幡宮・〈春日神社・賀茂神社〉）は、造化・国産み神話と関わるので、昌益は、神道的生成論に関心をもっていることがわかる。また、「『水』『火』ノ切シ『社《ス》〈シヤ〉』（中略）社ハ水火ノ宿リ、水火ハ二気ノ徴兆〔しるし〕・万物ノ源《みなもト》、故ニ社ハ国ノ本ナリ」（⑯下三〇三）と社と国を結びつけている。前期昌益の神道論には中期に成立する「自然真ノ神道」論はまったくない。やはり異国教学批判と「自然真ノ神道」論の成立は一体のものであろう。

8　前期安藤昌益における諸相

昌益は、人間のより良いあり方・生き方などについて、どのような視点をもっていたのであろうか。ここで昌益の〝まなざし〟を提示して解説を付しておきたい。それはこれまでふれてきた前期昌益思想（八戸資料）について、『全集』の編集執筆代表である寺尾五郎の、「思想内容は『昌益思想以前の昌益』のものである。したがってこれら先初期の資料は、『昌益思想とは何か』を示すものではなく、『昌益思想はどこから来たか』を示すに過ぎない。つまり昌益思想以前の昌益が、どんな凡庸・低俗な水準にあったかを示すだけで、そこには封建支配イデオロギーに対する批判はまだ萌してはおらず、儒・仏・神・道・兵・医に関する伝統教学を、無差別・無批判に吸収しようとしている平凡な一好学の徒があるに過ぎない」（「昌益の先初期をどうみるか」⑯下二九〜三〇）とする見解に大きな疑義を提示したいからである。そしてそれは筆者によるこれまでの前期昌益思想の分析で、中期の重要な昌益思想がすでに形成されていたことを読者は確認できたものと思う。

ここで昌益の〝まなざし〟にふれる理由を重ねて述べて置こう。中期の『刊自』『稿自』『統』などは、儒教・聖人、仏教・釈迦などの批判に全精神が注がれていた。そのため昌益は、既成教学批判のために、「自然真営道」原理のみを主張・対置したため、昌益の本来の思想の源である〝まなざし・こだわり〟などは、昌益の強烈な批判的言説にかき消されていた感がある。また、従来の昌益研究は、昌益の身分制批判、人間・男女平等思想、既成教学批判などの言説に集中し、昌益の内奥にある〝まなざし・こだわり〟を丁寧に探ってこなかった。だからこそ前期昌益の〝まなざし〟を探ることは、昌益の視座や生き方、昌益思想の内実をより深く探る意味でも重要なのである。

(1) 人間としての生き方

①天理ヲ以テ道ニ違ハヌヤウニ守リ慎シム。之レヲ誠ノ人トスト云フ（⑯下三六二）

②然ラバ禽獣ヨリ貴キ人ハ如何ゾ。人ノ道ヲ慎マズ禽獣ニ同ジフスベカラズ（⑯下三六三）

③願ハクバタマタマ人ニ生マレタレバ、少シハ慎ミテ口ニ偽リヲ言ハズ、身ニ私ヲ抱ヘズ、心ノ内、直ニ、外、飾リ無ク礼義正シク、作法ヲ猥サズ、貴キニ諂ハズ、賤キヲ悔ラズ。富ミテ奢ラズ、貧シテ貪ラズ、人ヲ譏《そし》ラズ、我ヲ立テズト、司馬温公モ此ノ如クノ玉フ。セメテハ勤メテ死ニタキモノナリ（⑯下三六四）

――①天理としての「道」を守り、通気としての人間存在の意味・価値を強く自覚する。②人道を守り、横気の禽獣との違いを認識する。③私欲をもたず、他の人間に対し、貴賤・貧富によって自分の態度を変えたりしないで、誠実に生きようとした。

司馬温公は中国北宋時代の学者・政治家司馬光のこと、『資治通鑑《しじつがん》』の著者である。

(2) 人間の欲望

①夫レ人ハ無欲ノ性ヲ固有シテ、無欲ノ理ヲ知リナガラ、欲ノミヲ心ロトスルハ禽獣ニモ負レリ。禽獣ハ禽獣ト生レタレバ罪ナシ。人ハ人ト生レテ、人ノ性アッテ禽獣ニ近キハ大ナル恥ナリ（⑯下三五九）

②妄心ヲ払ヘバ全ク善ナリ。妄心・迷イハ人欲ノ私、性ハ何時モ善ナリ（⑯下三六六）

――①人間は生まれながらにして「無欲ノ性」（天

理）を具備しており、「人欲ノ私」を「恥」として捉えている。②昌益は、迷いも人欲からおこると見ている。この昌益の人欲観は、朱子学的道徳観である「天理の自然」と「人欲の私」の把握と同じものである。昌益思想の中心は「人欲」「私欲」に対する激しい嫌悪感・拒否感である。

「気《ソナワリ》」の思想家昌益は、人間の欲望に対する視点には非常に厳しいものがあるが、「気」の和訓は「イキル・モトム」である。欲望の本質はこの「イキル・モトム」ではなかろうか。欲望は「気」（善の体系）を破壊する。昌益は「気」と「欲望」は一体不可分の関係であることを深く認識していたのであろうか。この欲望に対する昌益の強いまなざしは気の思想家・医者昌益の思想的・原理的な内部から生じたものなのか、それとも経験的なものが加味されたものなのか、昌益は語っていないので何とも言えないが、気になることが二つある。

一つは、『石碑銘』に、「茲《ここ》ニ与五作生マレ、悪逆ノ過チヲ起シ、先祖ヲ忘却シ」と、安藤家の出来事が語り継がれている。理由・原因は記されていないが、人間の欲望から出た「悪逆ノ過チヲ起シ」たものであろうか、安藤家一族の離散をまねいた大きな出来事であったことはたしかである。昌益はこの安藤家の伝承を自己の人間観の中心に置いたのかもしれない。

もう一つは、二井田村に近い坊沢《ほうざわ》村での越訴《おっそ》騒動である。享保十（一七二五）年、坊沢村の肝煎長崎兵助（先妻は二井田・安藤孫左衛門家の女、昌益の伯母と推定されている。伯母は元禄十四年〈一七〇一〉に死去。昌益は元禄十六年生まれ）の村経営に対して、一七名の農民が、佐竹久保田藩に越訴し、その内の五人が刑死した事件である。原因は肝煎の村入用費（今日の村税）の過重《かちょう》徴収である（越訴騒動については松橋栄信『坊沢郷土誌』を、昌益の叔母については校倉版『全集』十巻所収の松橋栄信「長崎家系図について」を参照）。昌益二十三歳ころの出来事である。この頃昌益は、「他国へ走」っていたが、縁者として何らかの情報を得ていたのであろうか。昌益が人間の欲望と、その欲望が、人間の争いの原因であることを深く自覚したのでは、との推測は可能だが、昌益は語っていない。昌益は肝煎について、「今世、倭国ノ名主・肝煎ハ、其ノ邑《ムラ》中、其ノ郷中ノ衆人ヨリ給米・給銭〔役職の対価〕ヲ貰ヒ、而《しこう》シテ其ノ邑・郷中ノ頭役人ト為リ、邑中ノ上ニ立チ、其ノ郷中ノ衆人ヲ導キ教ヒ、或イハ呵《シカ》リ詈《ノノシ》リ、罪有レバ之レヲ糺刑シ、耕サズシテ邑中直耕ノ余分ヲ貪リ食フ」（③二二七）と見ている。

(3) 人間の衣食住

①「夫レ人常ニ衣服ニ垢ツキ破レタルヲ補ハズ、器ノ欠ケ損ジタルヲ補ハザルハ、是レヲ恥ル心アレドモ、身ノ徳ノ欠ケタルヲ補ハズ、コレヲ恥ル人ハナシ」（⑯下三六三）

②「食ハ飢ヱヲ除クニアリ。衣服ハ寒ヲ凌グニアリ。美食・美衣ハ何ノ用ゾヤ。皆小佞《しょうねい》〔おもねる・へつらう〕ノ愚人ノ好ム所ニシテ、君子ノ為サザル所ナリ」（⑯下二七七）

③「顔子《がんし》ガ一瓢《いっぴょう》・相如《しょうじょ》ガ四壁《しへき》トハ、貧相ヲ云フナリ。瓢一具ニ家ノ方ニ壁付ケタル計《ばか》リナリ。一箇ノ戸モナシ。然レバ此ノ二人ハ道ヲ味着《みちゃく》シテ貧シカラザル徒ナリ。凡ニアラズ」（⑯下二七三）

——①人間は、目に見える欠けたものに対して恥じるが、目には見えない「徳」が欠けても、恥じることがない人間は多い。②食衣は飢寒のときに気にかけ、それ以上の美食・美衣は愚人の好むことである。③孔子の弟子顔回《がんかい》（顔子）が、「一箪《いったん》の食《し》、一《いっ》瓢《ぴょう》の飲」という質素な生活をおくっていることに対し、孔子は「回や其の楽しみを改めず。賢なるかな回や」（『論語』「雍也篇《ようやへん》」）と述べたという。

顔回は孔門第一の高弟、謙虚な求道者の象徴とされた人物。漢の司馬相如の伝記に、「家居徒《ただ》四壁立ツノミ」（『史記』「司馬相如列伝」）とある。司馬相如は中国前漢ころの文人。昌益はこの二人の生き方（「安貧楽道」）に対し、「凡ニアラズ」と評価する。

（4）学問観

「学文ノ極ハ常《じょう》彜《い》倫《りん》〔人として常に守るべき道〕ノ道ナリ。然ルニ高慢シテ人ヲ謗《そし》リ、他人、人ヲ誉ムレバ其ノ人ノ余ノ非ヲ顕ハシ、下位ノ者ニハ無言シ、己レガ気ニ遇フタル者ニハ大イニ慢言ヲ吐散シ、其ノ外他ニ人ナシ。天下ニ学者、我独リト思ヘナセル、将《はタ》大愚ノ小人ナリ」（⑯下二七七）

――学問・修学の最終の目的は、自他の高下・優劣を明らかにするものではないし、自慢したり、人の欠点をあげつらうことでもない。農民出身の昌益には、修学の過程でこのようなことが無数にあったのではなかったか。『刊自』の昌益「自序」にある、「嘆、養ヒ難キ者ハ小人ノ学者ナリ」（⑬九七）につながる視点である。昌益は学問することがその人の欲望と深く結びつきやすいことを鋭く見抜く。

（5）おのづからなるもの

①「天真ノ一ノ卵〈シルシナリ〉。鴨ノ卵ヲ雞雌《めす》ニ抱《イダ》カシムル時ハ生マルナリ。生マレテ後、我ガ子ニアラザルコトヲ知リテ愛サズ。杏《あんず》木ニ梅木ヲ接《ツ》ゲバ生育ス。此ノ如キノ類、皆、天理ノ真ナリ。考フベキコトナリ」（⑯下二七六）

②「〔鴈《がん》〕長幼ノ序デアリ。乱レズ飛ハ〈理気ヲ具ヘルニ似〉タリ。（中略）故ニ自然ト礼ヲ乱サズ飛ビ行ク。コレ即チ天理、自然ト感ズル所ナリ。礼ヲ知リテナスニハアラズ。故ニ其ノ外ノコトハ皆鳥ノワザナリ。鳥ニスラ礼アリ。人ハ礼ヲ知リテ居ナガラ無礼ナラバ鳥ダモ如《し》カズ。サレバ古人モ、『人トシテ無礼ナラバ何ゾ早ク死ナザル』ト云ヘリ」（⑯下三五九）

③「霖雨《りんう》〔長雨〕、物ヲ殕《かび》ス。常ノ温水等ニテ之レヲ洗ヘバ、其ノ殕、更ニ去ラズ。唯梅葉ヲ煎ジテ之レヲ洗ヘバ元ノ如シ。是レヲ以テ梅ノ其ノ自然ヲ現ハスコト、誰カ之レ疑ハンヤ」（⑯下一七五）

――①は、天真・混沌の「一」体でもあるような象〔「シルシ」〕の「卵」の内部は、混沌・未発状態で、鴨・鶏かは分別できない「一」の世界である。生まれて〔已発〕後、親鳥は、「おのづと」〔自然〕そのことがわかる。杏木と梅木は、「おのづと」相性がよい。人間の作為でなく、その木のもつ「おのづから」の「本性」が、おのづと、昌益の言葉を借りれば、「自リ然ル」のである。②は、鴈の飛ぶ姿は、天理自然のおのづからなるものである。それに対して人間は、礼の大切さを学び教えられてきた。もし無礼ならば禽獣にも及ばない人である。③は、梅木の本来・自然に具わった性質（酸性）が、おのづと黴《かび》を消去する。このことを昌益は「自然ヲ現ハス」と言う。昌益の「気《ソナワリ》」の思想の根底には、後天的な人為（「制」）の学問知・分別知・「ワザ」よりも、先天的な「おのづからなるもの」「天理自然」のもつ永遠の価値・生命力・確かさを重視する視点がはっきりと読みとれる。昌益は人知の危うさを強く認識していた思想家である。

(6) 独創思想の構想

昌益の内部に、他者にはない独自の思想を、世に問いかけたいという強い衝動を、前期からもっていたことを感じる。例えば、『確龍先生韻経書』には、西域の僧・神珙の『韻鏡』に対し次のように述べている。「若シ世人、『韻鏡』ノ反切・仮名切《かえ》シ等ニ達スト雖《いえド》モ、天理・人声ノ妙合ヲ知ラザル則《トキ》ハ、世愚ノ伝言ヲ預リテ亦先《まタさキ》ノ愚ニ告グルガ如シ。何ゾ童盲ノ習語《モノナライ》ニ異ナランヤ。素《モト》ヨリ（昌益は文を改行して、聖人に敬意を示す）聖人、天文・地理ニ合シテ字声文音ヲ制シ玉フ。何《ン》ゾ独リ神珙ヲ以テ韻書ノ最ト為スニ足ランヤ。尤モ聖教明ラカナリ。予、聖教ニ順ヒテ、未ダ神珙並ビニ暦《（ママ）》代ノ学者ノ謂ハザル天声・人音ノ合一ノ妙ヲ顕ハス」（⑯下二九八）とある。

中期の著書『自然真営道』に見られる、独自・独創的な運気論、造語・造字など、他に類例がない。また、医者昌益の処方数について、かつて八重樫新治は、「昌益は『真斎謾筆』において、百五十を越える生薬で七百七十以上もの処方を組み立てています。これがすべて昌益自身の治療経験にもとづくものとは言えないでしょうが、多くの治療経験と理論的な演繹で現実のさまざまな疾病の場面を想定し処方を提示できているということは、おどろくべき才能です」（『安藤昌益の医学思想―真営道医学がめざしたもの―』六〇頁、調べる会、二〇〇七）と指摘した。

この指摘のうち、筆者は「理論的な演繹」という指摘に納得する。さきに「川村真斎」の項で指摘したが、昌益の処方「安肝湯」が浅田宗伯の医書『方函』に紹介されていた。昌益の七七〇以上の処方のうちの「安肝湯」一つである。また、川村真斎の大部な処方集『真斎聚方』に採取された昌益の処方（「真営堂方」）は、九点（三膏薬《こうやく》は含まず）である。

筆者は医者としての昌益の力量云々を問題にしているのではない。昌益の医学思想の基本は予防医学（「療治ヲ欲センヨリ、疾病ヲ作ラザレ」①二四一）である。薬は出来るだけ使用しないのが昌益医学の原則であると筆者のような素人は思う。昌益自身も「薬制スル者ハ薬種屋ノ手代ハ医者ナリ。療治ヲ主ルト云フ者ハ売薬業ナリ。汝《ヂ》儒医、何者トカ為ルヤ」（⑬四〇一）と儒医に医者のあり方を問う場面がある。でも昌益は七七〇以上の薬を生み出す。

中期昌益は聖人・既成教学の「作為」を批判するが、自身は「自然」と銘打って「作為」を次々に行なう。人は誰でも独自の性向をもつ。昌益の性向の特徴として、一つの原理・原則からあらゆる部門に渡って、それを飽くことなく適用していくことである。昌益は自己の構築した思想に驚くほど確信・執着する。それは「暦代（ママ）ノ学者ノ謂ハザル」思想・着想であるからなのであろうか。

昌益が嫌う学者の姿勢は、「自己発明ノ見識無シ」（⑬三九五）ということである。前人未到の「学問統括」をめざし、既成教学すべてを、自己の「自然真営道」理論で否定する昌益。多くの人がわかりやすい啓蒙書ならば、難解な漢文様、難解な用語は必要ないであろう。しかし昌益はあえて啓蒙書でない難解な書を刊行し、造字・造語を創作した。そこには、「暦代ノ学者ノ謂ハザル」「自己発明ノ見識」の世界を、構築したいとする昌益の強い願望や自負、内なる衝動があると筆者は見る。

大館二井田安藤家の先祖はこの地で「農業発明」(『石碑銘』)したという。

(7)『詩文聞書記』の世界

この『詩文聞書記』は、天聖寺における八戸の知識人と、昌益との交流をしめす貴重な資料である。このなかに、つぎのような昌益の和歌がある(『新編市史』近世資料編Ⅲ三九七頁)。

人のあか　おどす吾か身の耻〔恥〕つかしや　風呂敷の　火たき見るに　付けても

季冬中旬　確竜堂柳枝軒　正信草稿

哲生衆合　机下

この和歌の「風呂敷」を、「風呂屋」と解読するのは『昌益全集』(⑯下四三)、安永寿延『安藤昌益』(四一頁)である。三宅正彦は、「松橋栄信によってはじめて誤読・誤解が正された」と述べ、「風呂敷」と判読している(校倉版『全集』十巻四九八頁)。筆者も文書の筆体を「敷」と読む。筆者は平成二十四(二〇一二)年二月、八戸市内を散策したが、年配の方々が、手ぬぐいや敷物風の布で、頭をおおう防寒具(東北地方に広く見られる「ふろしきぼっち」)姿を見ることができた。この「風呂敷」については、『詩文聞書記』の文中(「和鮫浦《さめうら》歌」)に、「之寒巾頭履〔この寒さ、巾《ぬの》で頭を履《おお》い〕」とある。

次に昌益研究者によるこの和歌の解釈を比較して各人の昌益像を見てみよう。以下、安永寿延(『安藤昌益』四二頁)、寺尾五郎(⑯下四三)、三宅正彦(校倉版『全集』十巻四九八～四九九頁)、若尾政希(『安藤昌益からみえる日本近世』二八一頁)、筆者の順で示す。

〈安永寿延〉

風呂屋の火たきなら人の垢を落とすのに役立っているが、それにひきかえ自分は人の垢を落すどころか、自分自身が垢そのものであって、大変恥ずかしい。

〈寺尾五郎〉

この歌意をどう読みとるかについては色々とあるであろうが、そのできばえはどう見ても道歌風の稚拙な歌である。

〈三宅正彦〉

わたしが他人に教えを説いたりするのは、だまって働いている人々にくらべて、じつに恥ずかしいことだ。風呂に入るのにたとえると、人のあか落としをやっているようなものだ。風呂敷ぼっちをかぶって黙々と火をたいている人がいるから、風呂はわくのに。

〈若尾政希〉

自己の学問的営為を恥ずかしいことと詠んでおり、慢心を戒める昌益の姿勢をここからも読みとることができる。

〈筆者〉

いかにして人の垢（煩悩・私欲）を落とすかを心がけている自分だが、風呂敷をかぶった火たきを見るにつけ、ただただ自省するばかりである。

『博聞抜粋』「釈氏篇」には、「無垢《むく》ハ、煩脳《ママ》ノ垢《カ》無シト云フ義ナリ」（⑯下二四五）とある。同書の別の箇所には、「此ノ四偈《げ》（黄檗宗の偈頌《げじゅ》。仏徳をたたえる四つの詩）、受戒ノ時ニ受クル文ナリ。是レヲ四句ノ偈ト云フ」に続いて、「正信之レヲ和シテ、去リテ後、如何ナルモノト人問ハバ、嵐ヤ松ノ音ニ応《コタ》ヘン」（⑯下二四三）とある。

筆者はこれを、煩悩（欲）から離れることができて初めて、私欲の対極にある嵐や松風などの「自づからなるもの」（自然）と感応することができる、と解釈する。「気」の共鳴である「感応」の字解（②三〇九、三一一）は、それぞれ「感」（フルル・ウゴク・ツウズル）、「応」（コタヒ・アフジテ・ワタクシナシ）とある。「気」の本性である「感応」は、「私《ワタ》欲《クシ》」のない世界なのである。延享期昌益の問題意識の眼目は、「真体」の「自然」（「自然ニ自《オ》ヅカラ然ル者《ノ》ナリ」）と、「私欲」（「私欲ヲ反切シテ地獄ヲ生ズ」⑯下三二六）の二つである。昌益は、この二つの命題をいかに「道」（人として如何に生きるか、世界は如何なる原理であるのか）に「統道」できるのか、昌益はこの思索を深く回らしていたと筆者は考えている。

次に昌益の講演を聴講した天聖寺住職・延誉上人の感想を提示する（『新編市史』近世資料編Ⅲ三九九

頁。漢文を書き下す）。

『謙徳に酬《むく》い奉《たてまつ》る』

「数日講莚《こうえん》の師、大医元公昌益、道の広きことは天外にも猶お聞こえん、徳の深きことを顧みれば地徳も尚お浅し。道・徳無為にして衆人に勧め、実道に入らしむること、古聖にも秀でたらん者なり」

――数日講演した昌益は、八戸の知識人たちに大歓迎されたことがわかる。昌益の説く道・徳の広大無辺さ、とくに昌益思想の「道」「徳」が、「無為」をその本質としていることを読みとっている。この「無為」は、老荘的な「無為自然」ではなく、仏教的な「私妄ノ念我ヲ去リテ本性・無為ノ明ヲ観ル」（⑯下一七三）であろう。そして、多くの人に対して積極的に道・徳を説き、勧め、実践にまで導く昌益の姿が描かれ、延誉上人はそれを古聖人よりも秀でていると評している。私たちは、ここに昌益の熱烈なる求道者・伝道者の姿を見ることができる。感化力の凄さ、道に対する執心、この姿勢が、後日の既成教学への徹底した批判と、「自然真営道」思想の確立をもたらしたのであろうと推察できる。

心理郭然〔心の広いさま〕として釈門に通ず
修し得たり衆人　喜複《きふく》の輝《ひかり》
即今単的〔すぐあきらかに〕自然の意
東西にも移さず無為の　緹《アヤトナルコトヲ》

――延誉上人は仏者の視点から、昌益の「道徳無為」が「私欲」の対極にあり、一方に偏執しない織り合わさった緹《あや》ような人間のあり方の主張であることを、昌益思想に見てとったのである。延誉上人は昌益の講演に対し、昌益の思想の根幹に「釈門に通ず」と指摘して、「自然の意」を理解したと記している。この『詩文聞書記』のなかに、昌益を「濡儒安先生」と表記している。従来この表記は、昌益を「儒医」と見ていたことであろうと解釈されてきた。しかし、「濡」の意味は「うるおう・つや」などであり、筆者はこの「濡儒」の表記を、延誉上人が昌益思想を儒教の枠に収まらないと見たところに由来するものと考える。

『詩文聞書記』に記された昌益の号「柳枝軒」の

ことだが、京都の著名な書肆（書店・出版業）小川多左衛門（号柳枝軒）との関係が指摘されている。『刊自』の版元小川源兵衛との関係から、小川屋一族の書肆である柳枝軒小川多左衛門と結びつけ、昌益の妻を柳枝軒の娘と推測し、このことから昌益が、柳枝軒の号を使用したとする説である（石渡博明『安藤昌益の世界』草思社、二〇〇七）。しかし筆者は、柳枝軒小川多左衛門が、昌益の愛読した西川如見の著作の版元であり、京都での医学修行経験をもつ昌益にとって、八戸知識人との初めての出会いに相応しい彩りとして、柳枝軒の号を一回用いたものと推測している。

また、昌益の妻の出身地が江戸であるという推測も可能である。それについて、いくつか指摘しておこう。昌益没後の宝暦十三（一七六三）年二月二十九日、八戸の周伯と母親は上方への通り証文を願い出、三月一日には八戸藩の許可が下りている。

当時、仙確は宝暦十二年四月から江戸詰めであり、翌十三年五月に八戸に帰国しているから、この間、周伯と母親は江戸で仙確と合流できたであろう。その後、十三年十二月に、周伯は江戸で古方医山脇東門への入門手続きを行なっている。これらの状況から、周伯と母親の長期に渡る江戸在住が推測でき、母親と江戸との密接な関係が推測できる。

さらに、江戸における山脇東門への入門手続きは特例との指摘もある（前出「川村寿庵の京都修行」）。こうした事例からも江戸との関係の密接さが推測できよう。その後、安永二（一七七三）年、二代目安藤昌益（周伯）が江戸の町医者として存在していたことも判明している。

以上のような昌益の妻と江戸との関わりから、昌益の妻の江戸出身を推測するわけである（あるいは昌益も江戸と関わりがあるのかも知れない）。

9　十八世紀後半の医学界と安藤昌益の変貌

(1) 後世方医学と安藤昌益

一九九九（平成十一）年、鈴木宏によって紹介された『儒道統之図』に、安藤昌益が京都の医者味岡三伯の医統（系譜）を継承していることが記述されていた。道統図（次頁参照）には、「阿字岡三泊―安藤良中」とあり、その右脇に「二世羽州秋田」、左脇に「真儒伝之一巻有師家《ニ》也」とある。

鈴木は医史学者富士川游の『日本医学史』を引用し、「明暦・寛文ノ間、饗庭東庵《あえばとうあん》・林市之進アリ、二人共ニ京都ニアリテ素問・霊枢・難経等ヲ講究シ、殊ニ金ノ劉完素《りゅうかんそ》ノ説ヲ奉ジテ、五運六気ノ説、臓府経絡配当ノ論ヲ唱導シタリ。（中略）東庵ノ門人ニ味岡三伯アリ、師説ヲ敷衍シテソノ学愈盛ニ行ハル、三伯ノ門ニ井原道閲《いはらどうえつ》・小川朔庵《おがわさくあん》・岡本一《おかもといっ》抱《ぽう》等諸家アリ」と味岡三伯の医統を紹介し、味岡三伯家は医業のほか、医書の講義・解説をする「医書講説」「医学講説人」としても知られるという。

鈴木は、「素霊派《それいは》として饗庭東庵の弟子に味岡三伯がおり、三代にわたり三伯という医師名を継いでいる」という。昌益の師は、昌益が二十歳のとき、三十七歳であった三代目の味岡三伯（貞享三〈一六八六〉年～元文三〈一七三八〉年）と推定した。また、昌益の師味岡三伯は、医統として「後世家《こうせいけ》」派に属するという。この後世家（派）のことを理解するために、少し日本近世医学史の流れを見ておこう。

近世前期の医学は、一般に李朱《りしゅ》医学と言われている。この李朱医学を日本に普及させたのは京都の曲《ま》直瀬道三《なせどうさん》で、近世中期ころまで道三流医学として広く普及・発展した。この一派は、中国医書の『内経』（『素問《そもん》』と『霊枢《れいすう》』との合本）や『難経《なんぎょう》』などを重視していた。

一方、近世中期頃から、親試実験を重視する古方派と呼ばれる医学が形成・発展した。後漢時代の中国に成立した臨床事例の豊富な張仲景《ちょうちゅうけい》の医書『傷寒論《しょうかんろん》』を重視する医派である。古方派から見て道三流医学（李朱医学）を「後世方派」（後世家）と呼び、逆に後世方派は「古方派」（古方家）と呼んだ。

なお「後世方」の読み方であるが、通例の読み方は「ごせいほう」が一般的である。しかし、以前、八重樫新治氏から、加藤謙斎の『医療手引草』で

「こうせい」と読み方を示しているとのご教示を受け、筆者も『医療手引草』上編（宝暦十三年「序」、明和九年刊）の「凡例」に、「此書ニ挙ル処ノ薬方ハ古方後世方《コウセイ》」とあることを確認した。『医療手引草』の「序文」執筆や版行の頃は古方と後世方とが併存・対抗した時代であり、「コウセイ」の読み方の記載は、当時の呼称を示す貴重な史料である。本書ではそれにしたがった。

　これから味岡三伯と安藤昌益の医統関係について探っていくが、はじめに味岡三伯の医統に関する新資料があるのでそれを紹介する。

　服部敏良は味岡三伯の医統について、「曲直瀬道三―玄朔《げんさく》―饗庭東庵―味岡三伯」（日本史小百科『医学』二八〇頁、近藤出版社、一九八五）とする通説的な理解を示している。

　曲直瀬道三の学統に、玄朔・正純《しょうじゅん》・正琳《しょうりん》がいるが、この正琳と味岡三伯の関係を示唆する新資料がある。岡山藩医横井養元（天正六〈一五七八〉年～寛文七〈一六六七〉年）の墓誌銘（寛文七年）である（若尾政希『「太平記読み」の時代』一八一～一九三頁、平凡社、一九九九）。この銘文は、年代から推定して初代味岡三伯（寛永六〈一六二九〉年～元禄十一〈一六九八〉年、号龍雲軒）の手になるものである。

　そこには横井養元が京都において曲直瀬正琳（永

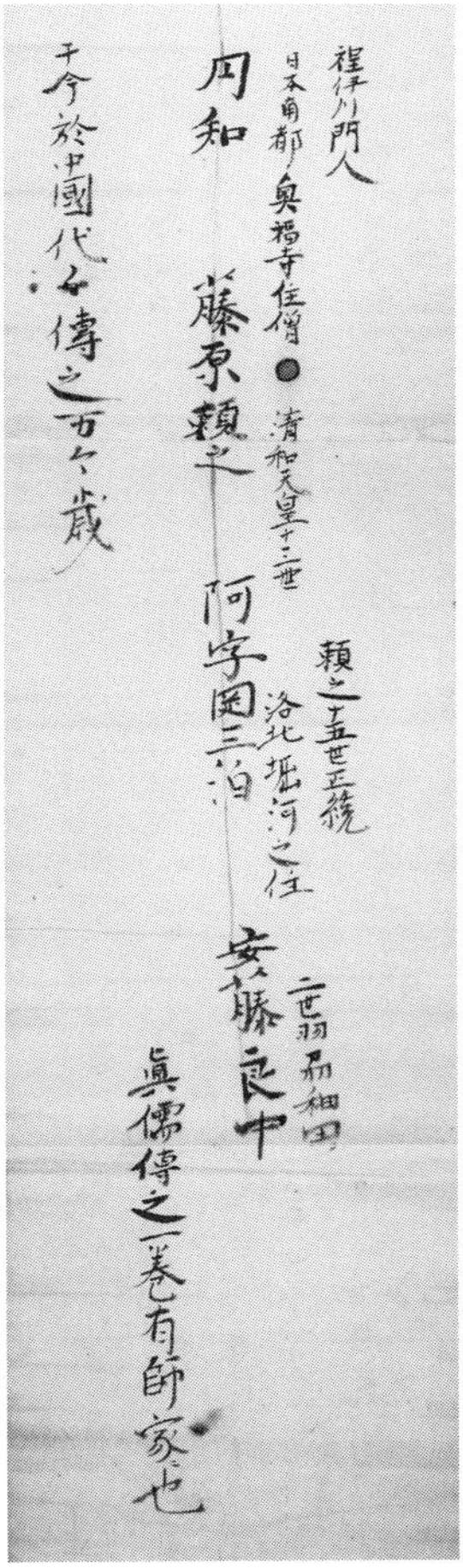

「儒道統之図」（部分）
「儒道統之図」のうち、円知以降の日本における道統を示す部分。全体像は本書35頁に翻刻とともに掲げた（戸村茂樹氏所蔵、写真提供：岩手県立博物館）。

禄八〈一五六五〉年〜慶長十六〈一六一一〉年、号養安院）に師事したとあり、また、味岡三伯が「僚朋《りょうほう》の好《よし》み」で養元の墓誌銘文を引き受けたという。筆者はこの「僚朋の好み」を同僚・学友と理解する。初代味岡三伯の医統に、新たに曲直瀬正琳の存在があったことを推測させる資料であり、通説の「饗庭東庵—味岡三伯」の医統とは別の「曲直瀬正琳—味岡三伯」の医統の存在を推測させるものである。

墓誌銘文には、養元が京都において「儒老禅」をたしなんだとある。味岡家や昌益も医者の修学の一つとして禅学の教養を身につけたとも考えられる。さらに、横井養元家の資料（「覚」）の中には、「医道正統」の系統図が記されている。

昌益の『儒道統之図』には、「阿字岡三泊」の名前の脇に「頼之十五世正統」と付記されている。「安藤良中」の名前の右脇には「二世」とあり、左脇には「真儒伝之一巻有師家《ニ》也」とある。養元は「医道正統」を強く意識した系統図を記述している。曲直瀬道三家に学んだ養元、その僚朋味岡三伯家には、儒道統および医学道統における「正統」意識が強くあったと推測され、曲直瀬道三—玄朔—正純—正琳—味岡三伯家の儒医としての道統・医統の強い意識の存在が確認できる。養元の「医道正統」を示すこの系統図は、昌益の『儒道統之図』の資料的価値、資料の信憑性を高め、昌益の京都での医学修学（道三流医統）のリアリティーを感じさせる。

さらに味岡三伯と昌益との医統関係について、触れておきたいことが一つある。それは『儒道統之図』にある「阿字岡三泊—安藤良中」の右脇にある「二世羽州秋田」の「二世」の意味である。昌益の師三代目味岡三伯を「一世」として、その医統を受け継ぐ「安藤良中」は「二世」であると、昌益自身が位置づけることはありうるであろう。

ここで少し気になるのは、昌益が学んだと推測される三代目味岡三伯の子息二人は夭折（宝暦五年、同六年）し、味岡家は世継ぎがなく、断絶することになったという（近藤鋭矢《えいし》「味岡三伯とその周辺のことども」『啓迪』五号、一九八七）。昌益の「二世」の記述が、このような味岡家の断絶を背景にしているとすれば、さらに『儒道統之図』のリアリティーが増す。今回の新資料によって、昌益の師家味岡三伯家は、李朱医学を基本とした道三流医学（後の後世方派）を学んでいたことも確認できた。

筆者はかつて、味岡三伯関係の医書を閲覧する機会を得、昌益医学との関係を探索し、その際、短い一文に目を留めたことがある。それは「妙ナルカナ一元、其ノ由来スル所ヲ知ラズ、常ニ精中ニ根ザス、以テ資始ノ原ト為ス」「精ナル者ハ一元ノ舎、神ナル者ハ吾生ノ主」（『黄扁性理真詰《こうへんせいりしんこう》』〈「天造論」〉京都大学医学図書館『富士川文庫』所蔵）とあり、そこに天地生成以前の「太元」（「一ハ太元ノ一気」）・「造化」の妙体である「真」を考究する前期昌益を想起させる視点を強く感じたことがあった。

さらに筆者は、昌益の医学思想が李朱医学（道三流医学）を基本としつつも、まったく独自・独創的なものであり、伝統的な医統の枠内におさまりきれないものであることをつねづね感じてきた。しかし、今回、横井養元の「医道正統」意識の存在を示す系統図の資料と、昌益の『儒道統之図』の存在から、昌益と味岡家との医統・道統の関係の存在もいちがいに無視できないものを感じ、さらに前述した味岡三伯の「天造論」における「妙ナルカナ一元」の認識と、前期昌益における「太元ノ一気」追求の姿勢とが、ここで大きく重なったのである。

また、若き確龍堂安氏正信が、わが国における李朱医学導入の始祖（正統）半井道三を賞賛し、中期に確龍堂安藤良中が、味岡三伯家の二世として自己の医統継承を誇張するとき、昌益と味岡三伯家との医統関係に無視できないものを感ずる。そこに筆者は、初代味岡三伯の号「龍雲軒」の「龍」の一字名を安氏正信が「確龍堂」とし、それが味岡三伯家の医統・道統を確乎として継承する強い自覚・自負の表われであると推測するのである。

さらに昌益が京都の味岡三伯家と関係をもった時期は、昌益が八戸に登場する延享期以前と思われる。そして宝暦期『刊自』において、昌益がその医学思想を確立したとき、『儒道統之図』が作られ、「安藤良中」が味岡三伯家の医統・道統継承者の「二世」として自己を位置づけたと推測できる。

この「二世」とは、一世を初代味岡三伯（龍雲軒）とするのか、昌益の師であり、味岡家最後の三代目味岡三伯を一世とする「二世」なのかは定かではない。それと筆者は八戸の医者安藤昌益が一時、八戸から離れていたと推測する。『刊自』の内容・問題意識から見て、昌益が宝暦期前後の医学界の「『内経』偽作問題」「運気二火論争」の渦中いたものと推測し、この医学界の一大動向を肌で感ずるには、昌益が京都や江戸を中心とした先進地域に居住していたのではないかと考えたのである。

このことと関わって気になるのは、八戸における昌益の動向が、延享四（一七四七）年以降、資料的には不明なことである。宝暦三（一七五三）年に出版された『刊自』に、「宝暦二壬申十月　奥北八戸県静良軒確仙　序」と、高弟仙確の居住地は確認できるが、昌益の居住地はこの段階でも不明である。不思議である。筆者は「自然真営道」の医学論や思想が誕生・出版されるのは、前述した宝暦期前後の医学界の動向―昌益にとって危機的な運気論医学の終焉期―と密接に関わっており、遠隔地八戸から一時的に離れ、江戸・京都で論陣を張ったのではないかと推測している。

次に、昌益と後世方医学との関係を示すものとして、村上寿秋「古医書紹介―刊本『自然真営道』とともに発見された古医書―」（『季刊昌益研究』二六号、安藤昌益研究会、一九八一）を紹介する。この報告によれば、一九七二（昭和四十七）年、生家（青森県三戸郡南郷村島守、現八戸市南郷区大字島守）の土蔵から、五〇冊程の古医書が発見されたという。そして、これらの古医書は「神山仙庵（もしかしたら安藤昌益自身）がかつて所蔵・愛読？したものであることの可能性が極めて強い」としている。

紹介された古医書のうち、曲直瀬道三『切紙《きりかみ》』二冊、曲直瀬玄朔『医方明鏡』四冊、土佐道寿編録『医方口訣集《いほうくけつしゅう》』三冊が筆者の目にとまった。土佐

（長澤）道寿は玄朔門下の逸材である。このように「神山仙庵（もしかしたら安藤昌益自身）がかつて所蔵・愛読？した」ものと推測される古医書リストから古方派の医書は見出せなかった（徂徠の『素問評』はある）。これらを総合すると、八戸の仙確周辺の医学は道三流・後世方医学と見てよいであろう。

一方、秋田久保田藩領における医学的動向を見れば、近世初期から中期にかけては、やはり道三流医学（李朱医学）が主流であり、多くは京都の曲直瀬道三家や味岡三伯家に学んでいたようである（吉成直太郎『佐竹藩医薬史の研究』秋田県医師会、一九五二）。筆者が閲覧した佐竹侯の側医三宅道的の『闕《けつ》疑提要《ぎていよう》』（秋田県公文書館所蔵）は李朱医学系統であった。昌益の医学修学の系統は秋田藩内の医者たちの動向と同じである。

（2）『内経』医学体系の崩壊と『内経』偽作問題

昌益の著書を読んでまず感じることは、「自然」の強調と、「自然」と対をなす既成教学全体を「作為されたもの」とする昌益の執拗な視点である。そして痛烈な儒教批判、聖人の作為（私法《コシラヘ》）に対する強烈な批判である。原理的な批判としては、「二別」の制度・原理への執拗かつ徹底的な批判である。これらは八戸時代の濡儒安先生には、まったくなかった視座である。宝暦期の『刊自』に突如としてこれらの主張が登場するのである。

『刊自』は、基本的には医学書であり、当時の医学思想・医書への批判の書である。具体的には、『易経』の宇宙観（天地論）、『内経』運気論批判を中心とした医書である。宝暦期、なぜ昌益は『刊自』を出版したのであろうか。筆者は昌益のこの思想的大変貌は、「十八世紀後半の医学界」が契機となっていると見ている。ここでは、この宝暦期前後を中心とした医学界の「『内経』医学体系の崩壊と『内経』偽作問題」「運気・二火論争」「医学界の自然と作為」の問題について見ていくことにする（拙稿「十八世紀後半の医学界と安藤昌益」『史学雑誌』第九三編第一号、史学会、一九八四）。

江戸時代初期から中期ころまで広く普及した医学は、一般に李朱医学と言われる医学理論と、それを発展させた明代の医学理論・医書である。李朱医学は、中国宋代に確立した宋学・朱子学の自然哲学を基礎にして、陰陽五行説・臓腑経絡説・五運六気説などによって、自然界・社会・人間（心身）を同一の原理（理）で包括した医学体系をもつ壮大な医学理論である。

　流入した李朱医学および明代（十四世紀以降～）の医学を学んだ医者たちは、自ら「儒医」と称し、「儒家ノ修身大儒ハ拡充シテ、以テ天下ヲ平ニシ、大医ハ拡充シテ、以テ万民ヲ済フ。故ニ儒・医業ヲ異ニスト雖モ、其ノ実ハ道ヲ同スルコトヲ得タリ」（宇治田友春『医学弁害』天和元〈一六八一〉年）と、医者は儒者とともに、聖人の「道」である経世済民に参与するという、社会的な関心・視野のなかで、自己の医学の意味・医者の役割を位置づけていた。

　また、儒医は、「万物ノ理ヲ知ラザルトキハ、以テ医道ヲ言フニ足ラズ」（外山竹隠『医教指南』元禄四〈一六九一〉年）「医ノ道ヲ為《な》スルヤ、天地ヲ範囲シ、陰陽ヲ包括ス」（門間嘉寛編『内経素問諺解《げんかい》』延享元〈一七四四〉年）と、天地自然の理・陰陽原理への窮理を、医道＝大道と強く認識していた。

　このように当時の儒医は、医学を天地自然の理＝経世済民＝大道＝聖人と一体的に捉え、思弁的であるが、病気・病因・治療を自然環境・社会環境全体のなかで考える傾向が強い医学思想をもっていた。儒医たちは、「内経ハ医ノ本書、読ムアタハズトキ、医道、明ラカナラズ」（『医学弁害』）「伏羲・神農・黄帝ノ書、コレヲ三墳トイフ。墳ハ大ナリ。イフココロハ大道ナリ」（香月牛山『習医先入』享保十八〈一七三三〉年）と伏羲の『易経』、神農の『本草経』、黄帝の『内経』を聖典として尊崇していた。

　昌益の医学思想は「是レ医道ハ諸道第一ノ論」（⑬三八九）「医ハ理ナリ、天地・人・物ノ道理ヲ明カサズシテ人ヲ医スルハ、医道ト謂フベカラズ」（⑬一〇六～一〇七）という考え方を基本とする。昌益の医学思想は、のちに後世方派と言われる道三医学（李朱医学）とその医学思想を基礎としていた。そして昌益が、『刊自』で批判した儒医は、このような医学思想を中心にしていた医者である。

李朱医学思想の基礎にある陰陽五行説・五運六気説・十干十二支説などを縦横に展開する思弁的原理は、江戸中期に勃興した親試実験主義の古方派医学によって批判にさらされた。この李朱医学の大前提が崩れていく大きなきっかけとなったのは、医者・思想家であった江戸中期（享保期ころ）の荻生徂徠の、次のような指摘である。

徂徠は、「足下（目の前）ノ過ハ、医ヲ以テ大道トナスニアリ」（『徂徠集』二十六「復芳幼仙」）と儒医批判を開始した。

聖人黄帝の『内経』に対し、彼の方法論である「古文辞学」によって、「内経は黄帝ノ医書ニアラズ」（『徂徠先生医言』「読内経論」）ということを明らかにし、「素霊（「素問」と「霊枢」の二編で『内経』を構成）ハ医書ナルノミ。陰陽・暦術及ビ天地造化ヲ説クノ書ニアラズ」（前掲「復芳幼仙」）と、あの『内経』から、自然哲学的内容を剥奪して、単なる医書と限定した。さらに徂徠は、「医ノ如キハ、実技ナリ。道ニアラザルナリ。本治平天下ノ術ニアラズ」（同上）と、儒医の大前提であった医の意味、医者の役割を根底から問い直し、否定したのである。

この徂徠の指摘は、当時の親試実験主義の時代精神と一体となって、『内経』医学体系への再検討・批判を加速させた。この徂徠学・実証主義精神は、古方医学の形成・確立（名古屋玄医・後藤艮山《こんざん》・香川修徳・山脇東洋）となり、古方派の医者吉益東洞《よしますとうどう》は、「夫レ儒、医ト其ノ事、自ラ別」（『東洞先生遺稿』「復木龍介書」）「医者ハタダ病苦ヲ救フノミ」（『医事或問』）「見証ヲ以テ治本ト為ス」（『医断』）と、医学は自然環境・社会環境、経世済民と切り離され、医者は「病因」の究明よりは患者の「症状」の治療に専念する、専門的な臨床技術を重視する医者像が確立されてきた。

安藤昌益とはまったく異なる医者像・医学思想が、近世医学史の大きな潮流となってきたのである。

さて、享保期に入り、古方派の香川修徳は、「霊素ノ説ク所（中略）治事ニ益ナシ」（『一本堂行余医言』）と批判し、徂徠は古文辞学によって「内経・本草、皆、後世ノ纂述ニシテ」（前掲「復芳幼仙」）と、聖人の作『内経』などは、後世の作であることを明らかにした。こうして『内経』の作者、その医学論への疑念は、医者たちの長い検討をへて、宝暦期前後―李朱医学の解体期―に、「近来、医ニ古方者流・後世流ト云テ二道アリ。古方家ハ仲景（張仲景、医書『傷寒論』の著者）ヲ太神官トシテ、後世家ヲ嘲《あざけ》リ、後世家ハ東垣・丹渓ヲ本尊トシテ古方ヲ訕《そし》ル、（中略）其ノ中間ニ古方・後世ノ合方流（折衷派）ト云モノアリ」（池田晋『閑窻医談』）「今ノ世（中略）専ラ古方ヲ取リ、後世方ヲ捨ル者多シ」（加藤謙斎『方的』明和七〈一七七〇〉年）という状況下、この『内経』の作者及び医学理論の偽作問題は一挙に噴出した。

宝暦期の直前、寛延期に医書『困鳥妄言』を著わした儒医源自直は、「予、三十年来、常ニ疑フ、医籍ノ説、迂怪・妄誕・抛《たよ》リ信ス可ラズ」（「素難有空言之弁」）と、長期にわたり、『内経』『難経』などに対して疑いを抱き、それらの医論などを再検討していた。安藤昌益も、「本《ト》自然ノ気行ニ違ヘルコトヲ糺サズシテ放妄ノ医論ヲ為ス。故ニ自然ノ真営道ノ治方ニ非ズ、迷世・害人ノ妄失タリ。師、之レヲ嘆キ、之レヲ患ヒ、（中略）以テ自然ノ真営道ヲ見ハス」（『刊自』仙確「序」宝暦二年、⑬八七）「予、深ク之レヲ嘆クコト数十歳ナリ。故ニ自然ノ道ヲ見ハシ『真営道』ノ書ヲ篇シ」（『統』⑧一八一）と、長い検討・思索の実情を述懐している。

多くの儒医は、享保期以降、伝統の中国医学書・医学思想の再検討に入り、その成果を宝暦期前後の医学界に問うたのである。医学界は「内経ヲ見レバサシアタリ治療ノタメニナラヌ書ノヤウニ思ヒ、偽書ナリトシテ、一向ニ捨ルヤウニモ近来ハナリタリ」（加藤謙斎『医療手引草』宝暦十三〈一七六三〉年）という状況が現出した。さらに、かつて「三墳の書」と尊崇されていた聖典の『易経』『本草経』『内経』は、近世中期以降の親試実験主義精神の発展―中国文化からの離脱、日本文化の自覚・自立―のなかで、その価値・権威は急速に低下していった。

『易経』について香川修徳は、「易。本、陰陽家ノ筮占《ぜいせん》（占い）ノ書、固リ聖人之ヲ取ザル所」（『一本堂行余医言』）とし、小原澤通三は、「周易（中略）天理ニ非ズ」（『太素正論』明和元〈一七六四〉年）と批判した。『本草経』は、本草学者によって、「其ノ信ス可キヲ取リ、其ノ疑フ可キヲ刪《けず》リ」（林貞亮編『本草弁明』宝暦十〈一七六〇〉年）と再検証された。『内経』は、「凡ソ医書ハ、素霊・本草ヨリ、下、後世ノ医書ニ至ルマデ、其ノ言多クハ虚誕・不経・奇怪・妖妄ニシテ、信テ取ル可カラズ者、往々之レ有リ」（『困鳥妄言』寛延期）と、昌益に近い視点で批判する。

昌益は、まず『内経』の作者について、「『霊枢』『素問』ノ書ハ、后世ノ戦国ノ時ノ浮才ノ学者ノ徒、黄帝・岐伯五臣ノ作名ヲ設ケ、之レヲ篇ム者ナリ。故ニ其ノ書文、悉ク私ノ妄作ニシテ、更ニ自然ノ道論ニ非ズ」（③七一）と、後世の「私ノ妄作」（作為）と批判する。続けて、「『易』ハ自然ノ運気ニ非ズ、『本草』ハ自然ノ気行ニ非ズ、『霊枢』・『素問』ノ運気論、皆失リナリ。何ヲ以テカ、自然ノ道ヲ明カシ、真正ノ気行ヲ弁ヘテ失リ無ク療道センヤ。予、深ク之レヲ嘆クコト数十歳ナリ。故ニ自然ノ道ヲ見ハシ『真営道』ノ書ヲ篇シ、且ツ『統道ノ真伝』ヲ見ハシ、后世ノ為トス」（⑧一八一）と、宝暦期の医学界に対し危機感をもって主張した。

昌益は、「自然」運気論を根拠にして聖作「運気論」を批判していることに留意したい。昌益の視点「自然」は、聖典としての伏義『易経』、神農『本草経』、黄帝『内経』が、「偽書」「偽作」であると批判して、聖人の「作為」に対置した昌益の「自然」の主張である。

八戸時代の前期昌益は、人為でない「おのづからなるもの」、「自リ然ル」宇宙的な生命世界（「真」）の、太元・原初のあり方（「自然」）を模索・考究していた。その問題意識が、この宝暦期前後の医学界における聖人の作為による「偽作」「偽書」などの論争に、昌益は誰よりも鋭敏に反応したのである。

　さて、このような当時の医学界における懐疑・不信・批判にあふれる時代精神のもと、作為者としての聖人への批判の声もおこっていた。八十島尚絅は、医書『難経』に対し、「嗚呼、難ヒヤナ。聖人ト雖モ、亦、能ク知ルコトナシ」（『医学自為』寛延二〈一七四九〉年）と言い、折衷派の望月三英は、ある医者の「素問ノ書ハ黄帝・岐伯ニ成リ、運気ノ宗ハ素問ニ起ル。然ラバ古ノ聖人ノ妄ナルカ」（『勧医抄』）という問いに直面する。望月三英は当時の医学界における「古聖賢ヲ疑ヒ、理窟ニテ人身ヲ論ゼントシテ、色々妄誕・附言ノ言」に対し、「皆、古聖賢ノ定メ置カレタル後ヲ確乎ト守リテ疑ナク真実ヲ守リテ」と、医学界の動揺に対して折衷派の決意を示した。国学者であり、医者の本居宣長は、「陰陽乾坤五行の説のたぐひ、実は無《ナ》き事なるを、その理ありげにいへる是也、何《ン》ぞ聖人空理をいへることなしといふことをえん」（『くず花』「本居宣長全集」第八巻一七三頁、筑摩書房、一九七二）と述べる。国学的民族主義思想をもつ医者の五行説批判は、中国・聖人批判に直結する時代になってきていた。昌益の『刊自』は、このような近世医学界の問題状況と深く関わって出版されていることに留意する必要があろう。

（3）運気・二火論争

　ここで宝暦期前後の医学界の動向を概観してみよう。儒医秋山玄瑞は、「後世各々、己ノ見ヲ逞シテ、衆説、蜂ノ如クニ起リ、遂ニ帰一ノ論無シ、（中略）或ハ云フ、運気六経（中国唐代の道教の道士王《おう》氷《ひょう》が『内経』に編入した「運気七篇」のことか）、無用ノ贅言」（『脚気弁惑論』宝暦十一〈一七六一〉年）と、医論の混乱状況、『内経』運気論への疑問などを指摘する。

　望月三英は「運気ノ事ハ治術ニ預カラヌ故、先ズハ無益ナリ」（『勧医抄』「運気」）と述べ、山県大弐は

「タダ夫レ運気論ノ如キハ、則チ医事ニ関係有ルナシ。一切之ヲ廃ス可キナリ」(『医事撥乱』明和二〈一七六五〉年)とする。山口実斎は、「王冰ニ至リテ内経ヲ注ス。(中略)七篇ヲ偽作シ、五運六気ノ妄説ヲナシ」(『医学温古弁』寛保三〈一七四三〉年)と、『内経』の「運気七篇」「五運六気説」などの運気論医学の「偽作」「妄作」を批判する。

この宝暦期前後の医学界における運気論医学に対する否定的機運は、昌益のような濃密な運気論医学思想家にとって実に危機的な状況である。

古方派は「素霊ノ論ズル所、皆、陰陽家ノ理ノミ、疾病医ノ事ニ非ズ。之ヲ捨ル可キ也」(『東洞先生遺稿』)と、診療事例の豊富な古典医書『傷寒論』に復古していった。望月三英は「運気七篇(中略)古素問ニ全ク無キ所、皆臆度《おくど》ニ出、妄作・贋偽《がんぎ》」(『医官玄稿』宝暦二〈一七五二〉年)と、『内経』運気論を批判して、運気論挿入以前の、古『内経』の死守に全力をあげた。小原澤通三や安藤昌益のように、『内経』運気論の五運六気説(二火論・三陰三陽論)を批判して、運気論の再生をめざす医者にとって、一番の焦点は運気・二火論争であった。

ここで読者の理解のために「二火」について説明したい。『内経』の運気理論として、「五運六気」説がある。五行説(木・火・土・金・水)と六気説(寒・暑・燥・湿・風・火)を組み合わせて作った理論である。地における五行の気運である五運を、天の六気と組み合わせるために、五行の「火」だけを「君火」と「相火《そうか》」の二つ(二火)に分け、そして三陰(土・金・水)三陽(君火・相火・木)論をつくったのである。

この二火論は、「君火・相火ノコト、是レ亦運気家ノ説ニテ」(望月三英『勧医抄』)「君相二火ノコトハ……運気家ノ主意ニテ」(稲葉良仙『医学管見』宝暦十一〈一七六一〉年)と指摘されるように、運気論医学の理論と密接に関わっている。

運気論は「天地ノ真情トハ何ゾ、天地ノ道ハ生化ノミ」(『運気略説』)と天地の造化論を根底に置く理論である。運気二火論は「天ノ二火ハ、乃チ造化ノ原、生物ノ父」（『弁医断』「君相二火弁」）「二火ノ火ハ天造ニ係ル」（桐井玄淑『医範聖意無尽蔵』）と二火論と運気造化論は深く関わっている。また、『内経』医学理論の「君火」（君主）と「相火」（宰相・大臣）の二火論は、政治的な君臣関係として多様に捉えられている。

例えば「君、臣ニ位スレバ、順ナリ。臣、君ニ位スレバ逆フ。逆ナレバ其ノ病近ク、其ノ害速ナリ。順ナレバ其ノ病遠ク、其ノ害微《かすか》ナリ。所謂二火ナリ」（『内経』）と、二火論は自然界や人体（臓腑・病気）の気運・秩序・関係・機能などの説明に使用される。また、儒医は、「経ニ所謂《いわゆる》相火ハ位ヲ以テスト是ナリ。猶ヲ丞相《じょうしょう》（宰相）、君ニ承《うけ》テ令ヲ将《おこな》フノ位ニ居テ、万民ヲ安保スルガゴトシ」（足立正詮『医学窺原論』元文二〈一七三七〉年）「之ノ君相ハ、正ニ二火ノ化ヲ以テ、国家政令ニ似ル」（堀道元『弁医断』明和三〈一七六六〉年）と把握されていた。

このように君相二火論は、自然界の造化原理であるとともに、「万民ヲ安保スル」「国家政令ニ似ル」政治・社会支配関係としても把握されていた。当然、君相二火論は『易経』の天地・上下・貴賤観と一体となって認識されていた。儒医は「内経、二火有リ。曰ク、君火。曰ク、相火ナリ。（中略）経ニ曰ク、相火ハ位ヲ以テ、易ニ曰ク、卑高以テ陳《つらなり》、貴賤位スト、是レナリ」（甲賀祐賢『医門丘垤集』宝暦四〈一七五四〉年）のように、儒医は二火論と『易経』原理を一体として把握していたのである。

儒医は「火ニ二ツ有ルノ義、君ハ上ナリ。相ハ下ナリ。陽、上ニ在ルハ即チ君火ナリ。陽、下ニ在ルハ即チ相火ナリ」（三屋元仲『運気纂要附録』「君火相火」）「官ニ貴賤有リ。君主ヲ最モ貴シト為シ、常ニ上ニ位シ（中略）、其ノ位、心ニ近ヒテ君火ノ命ヲ承ク〔心包をさす。心包は「臣使の官」と呼ばれ、相火とされ、「君主の官」〈君火〉である心臓を補佐するものとされた〕、是レ尊卑乱レズシテ、君相ノ分有ルコトヲ見ス所以ナリ」（『医学弁害』「心為君主論」）と、君相二火論を上下・尊卑・貴賤の社会的・身分的関係としても把握していた。

儒医源自直は、「二火ヲ加テ、六気トスルガ如キハ固《もと》ヨリ術家ノ邪説」「火ニ君相ヲ分ツ如キ、何ゾ火ノ一行ノミ君相有ンヤ」（『困鳥妄言』）と、『内経』の作為（「附会・冥行・妄作」）を批判した。儒医小原澤通三は、「君相二火立ツル、故ニ諸家悉ク皆之ニ惑、期《とき》（時期）、天下後世ノ失路、学者思ハズ可カラズ」と述べ、「正論ヲ演《の》べ、童蒙ヲ啓《みちび》キ、来世ニ正道ヲ致シ、以テ生民ヲ全《まっとう》スル、期、予ノ望ナリ」と述べる。そして「二火」論に対し、「学者、能ク之レヲ慮《おもんぱか》レ、君相二火、妄ナリ」「君相ヲ分ツトキ、金・木・水・風・土皆然ナリ。豈ニ、火、独リ此ノ如キヤ、亦、君主・宰相、政ヲナシ、以テ火令ヲ宣行ノ説、必ズ天理ニ非ズ。此レ皆、人事ノ私論ナリ」「天地ヲ以テ人ヲ言フハ可ナリ。人ヲ以テ天地ヲ言フハ可カラズナリ」（『太素正論』）「古来君相二火妄説論」、明和元〈一七六四〉年）と説く。彼の二火論批判の問題提起の論理と結論は、安藤昌益のそれと驚くほど酷似している。医学界における医者たちの『内経』偽作問題、運気二火論争に関する医書を紹介したが、そのほとんどが宝暦期前後の時代に集中していることに驚く。『刊自』は宝暦三年刊行である。

次に昌益の運気・二火論批判の主張を検討するが、宝暦期前後の医学界において、運気論医学は「空理臆見」「妄作贋偽」（作為）と全面的に否定されていた。こうした思潮は運気論医学思想（医者）から見ると、どのような反応が想起されるのであろうか、ここで運気論医学思想の特質にふれておくことは、運気論医昌益を理解するうえで重要であろう。

朱子学思想の影響を強くもつ運気論医学の窮理（事物の道理を極め知ること）の姿勢は、「自然ノ理ナリ。理ハ正ナリ」（『運気論口義』）「理ハ二致ナシ」（三屋元仲『運気論纂要附録』）と、理の自然《おのづから》性、完全性・無謬《むびゅう》性の視点である。理の自然性とは、「自然トハ、人ノ作為ニ非ズ」（三屋元仲『素問入式運気論奥纂要全解』）「理ハ人ノ造作ニ非ズ。天道自然ノ則」（同上）と「作為」ではない「自然」に絶対的な価値を置く視点である。

さらに「天真トハ、天道詐《いつわ》ラズ。之ヲ天真ト謂フ」（同上）「天運、萬古偽ラズ、之ヲ天真ト謂フ」（同上）と、「天真」に対立する詐・偽を激しく批判する視点である。近世医学史のなかで運気論の原理主義を最も濃厚にもつ昌益は、これらの特長をすべて堅持する。では『刊自』から昌益の君相二火論批判を見てみよう。

「私スルコト能ハザル自リ然ル五行ヲ以テ、火ノミヲ揚ゲテ一列同感ノ四行ヲ無ス。利己ノ才知ヲ以テ火ノミニ君相ヲ附ケ、万万人ニシテ自リ然ル一般ニ無上・無下・無二ノ世人ヲ以テ、君臣・父子・夫婦・兄弟・朋友ノ五倫ヲ分カチ立テ、士・農・工・商ノ四民ヲ立テ、是レ何事ゾト言フニ、君相ヲ以テ己レ衆人ノ上ニ立チ、不耕ニシテ安食・安衣シ衆ニ敬ハレンガ為《メ》ニ、日火ヲ以テ君火ト為シ、定《チ》ノ物火ヲ以テ相火ト為シ、陽儀ヲ以テ天・高ク貴シト為シ、陰儀ヲ以テ地・卑ク賤シト為シ、上下ヲ決メ之レヲ法トシテ、君相ヲ以テ上ニ立ツ。是レ『伏羲始メテ天下ニ易タリ』ト云フ、自然ヲ失ル始メナリ」（⑬二〇三）

――人為でない、太元の「自リ然ル」（「自然」）五行。五行の各行は同等なのに、利己の才知で、君相の二火に分けた。万々人（一体・一真体）は二別のない「自リ然ル」「一」（「無二」）の原理・世界で、上下などの二別はない。それなのに五倫・四民と分ける（「制《コシラヘ》」）。一体どういうことか。聖人は君相二火（君主と宰相）をつくり、自分が上に立ち、「不耕ニシテ安食・安衣シ衆ニ敬ハレンガ為《メ》」である。さらに『易経』でも天・陽・高・貴、地・陰・卑・賤と上下を決めた。この君相二火を「法《コシラヘ》」て上に立つ者は聖人・伏羲で、二別でない「自リ然ル」（自然）原理・世界が失われたと批判する。昌益は「是レ自然・転定ト同徳ノ人世ヲ教制ノ世ト為ル、失リノ始メナリ」（⑬二〇四）と見た。

「僅カ一生ノ己レヲ利センガ為《メ》ニ、全ク自リ然《ス》ル無二ノ五行ノ火ヲ以テ二ツニ分カチ」（⑬二〇一）

――たかが一生の私欲のために二別のない「自リ然

ル」五行の一火を、二火・二別に分けたと批判。二火論の作為を聖人の私欲と見る視点である。

以上のように、昌益は医学界の運気・君相二火論争の過程で、聖人の二別の作為性を鋭く見抜いた。この医学界の運気・二火論争の渦中は、昌益にとって運気論の再生・再構築を目指す渦中でもあった。運気論が批判され、否定される医学界において、昌益が「一真」を中核とした運気論「無二一真論」の再構築をめざすとき、現前にあるのは、「二別」の原理で構築された『内経』「君相二火」の運気論であった。

昌益はこの「君相二火論」における「二別」の作為性を鋭く見抜いた。この二別の作為は、聖人が自己の欲望を実現・肯定させるために作ったものと見たのである。さらにこの二別の作為・原理は、聖人・伏羲の『易経』にも同じように展開されていた。昌益は、聖人は利己の私欲を実現するため、君相二火・五倫・四民の二別の原理を作って上に立ったとし、昌益がすべての二別の思考・原理・存在を徹底的に批判したその契機は、この「運気・二火」医学論争の渦中から獲得したゆるぎない視座であった。

それは現実の身分制社会へのまなざしから獲得された視座ではない。昌益は、聖人は「上ニ立タンガ為ニ火ノミ二ニ分カチ、君相ノ二火ヲ立テ、乃チ五倫ノ上ニ立タンガ為ノ謀作ナル、時ニ知レタリ」（⑧一〇七）と捉えていた。これが昌益の独自な視点である。他の儒医たちにはこの視点はない。他の儒医たちは、君相二火論に対して、鳥海広通は「火ニ君相ヲ分ツハ全ク人為ニ出ル也」（『二火一得』寛保三〈一七五〇〉年）と指摘する。小原澤通三は「君主・宰相、政ヲナシ、以テ火令ヲ宣行ノ説、必ズ天理ニ非ズ。此レ皆、人事ノ私論ナリ」（前出『太素正論』）と、共に「作為」（「人為」「人事ノ私論」）と捉える。この指摘は医学論争の枠内である。昌益は違う。昌益は「君相ノ二火ヲ以テ上ニ立タント欲スル謀作ナリ」（⑧一〇七）と、君相二火論を儒教聖人の「私欲」から出た「謀作」と捉えるのである。この昌益の独自な〝まなざし〟は重要である。昌益の認識は、君相二火論は敵対者聖人が利己という意図を込めた「謀作」であるとするイデオロギー性の濃い認識をしているのである。この昌益の視座はもはや医学論争ではない。

それは仙確が『刊自』「序」において「中華ノ高智、竺土ノ異術師、起ス所ノ教説、自然ノ道ニ違ハザルカ」(⑬八八)と述べている視点に連なるものである。この『刊自』は、一種の医学書であるが、昌益たちには、すでに外国の教学である儒教・聖人批判、仏教・釈迦批判の視座が成立していたことがわかる。昌益の異国運気論医学批判の作業は、異国の儒教・聖人批判、仏教・釈迦批判作業という昌益のナショナリズムを基底にもつイデオロギー性の強い批判的思想とが一体となって展開され、もちろん自己の運気論『自然真営道』(「無二一真論」)の構築の作業も、同時に行なわれていたのである。昌益思想のこの複雑な時代的・社会的な立ち位置・役割こそ昌益思想の歴史的な本質なのである。

八戸の昌益・仙確たちには、すでに外来思想の根底にある、私欲を肯定するための「二一別」の「制《コシラヘ》」「法《コシラヘ》」に対する不信感・嫌悪感が形成されていたのであろう。『刊自』は、既成医学理論批判の書と限定されるものではなく、その基底には外来思想批判を含意した書でもあったのである。この視点こそ他の儒医にはない昌益独自のものなのである。

(4) 医学界における「自然」と「作為」

この二火論争は、臓腑論争と一体的に展開されていた。近世医学界には、人間の内臓器官について「五臓六腑」説と「六臓六腑」説が存在した。「六臓六腑」説は、六臓として肝臓・心臓・脾臓・肺臓・腎臓・「心包《しんぽう》」を、六腑として胆・小腸・胃・大腸・膀胱・「三焦《さんしょう》」を想定する。臓としての心包(心主)は、心臓を包む膜または袋と解釈されているが、実体の確認できない臓器と言われている。五臓の中心である心臓は、「君主ノ官」と位置づけられ、心包は心臓の働きを補佐する宰相（「臣使ノ官」）の地位・役割があるという。六腑の三焦は、実体の確認できない腑であるが、食物を消化して、気の通路、体内の水路とされ、体温を保つために絶えず熱を発生している器官とされている。これらの臓腑の存在・機能・役割は、運気論の五運六気説と関わって展開されたものである。

ここで宝暦期前後の臓腑論争を見てみよう。源自直は『内経』の二火論と臓腑説に対し、「天ノ五行ニ応スルトキ、マサニ五蔵五府有ルナリ。何ゾ六蔵六府有ラン。然ルニ素問、五蔵五府ノ外ニ更ニ心包・三焦ノ一蔵一府ヲ設テ之ヲ合セ、以テ六蔵六府ヲ作ルナリ。其ノ意、以テ之ノ六気ニ合セント為スナリ。仮合・付会・冥行・妄作ト謂フ可キ」と、その作為性を批判した。そして『内経』医論を、「人作ノ安排ニ渉テ、自然ニ非ズ」（『困鳥妄言』）と、「作為」に対し「自然」を対置した。

佐野安貞は、「形ヲ以テ論スルモノハ素・難ニ悖《もと》ツテ、天人ノ理、一致トナリ、無形ニ従フモノハ鑿《さつ》空《くう》ニシテ、束スル所ナシ多ト雖モ、又、何ヲ以テセンヤ」「後世説者、皆、難経ヲ非トシ、有形ヲ議ス。実ニ天人ノ理ヲ知ラズノ故ナリ。何者ヲカ君火トシ、何者ヲカ相火ト為シ、君相ノ義、明ニシテ形質・有無ノ理ヲ自ラ暁《さと》ルヘシ」と、「天人ノ理」（自然）を根拠に批判する。そして「此、六蔵六府ノ尊号、聖人作為シテ之レ有ルニ非ズ、理ノ有スル所、自然ニ此ノ如クノミ」（佐野安貞『上池水』宝暦十〈一七六〇〉年）と、聖人が「作為」したことによって「自然ノ理」が存するのではなく、「自然」こそ、「自然」に則った聖人の「作為」（「自然」を根拠とした聖人の「作為」）を強調する。ある儒医は、「五臓ノ説ナレドモ古聖人ノ遺書カ、後人ノ作為カハ知レネドモ、何レ古聖人ノ意中ヨリ出タル者ト見テ甚能シ」（和田東郭『蕉窓雑話』）と述べる。

昌益は、五行論の五蔵五府論の立場から、「聖人、心ニ心包ヲ立テテ君・相ヲ名ヅケ、腎ニ一府ヲ附ケテ三焦ト名ヅケ、五象（昌益医学の五府）ニ添ヘテ六府ト為スハ、自然ニ非ザル失リナリ」⑩二六三）と、聖人の「作為」に対して「自然」を対置した。

以上が宝暦期前後の医学界における「自然」と「作為」の時代精神に対峙する昌益の「自然」の主張である。宝暦期昌益は二つの「自然」を背負っていた。一つは、前期八戸時代からの運気理論の中核である「真体」の「自リ然ル」（「自然」）原理、もう一つは、この宝暦期医学界における「自然」と「作為」の問題に色濃く刻印された「自然」である。さらに先に述べた二火論争において、昌益が「二別」原理の作為性に対して先鋭に反応したことには、昌益の「一」の原理で貫徹する「一真」の自然運気論構築の意思が大きく影響しているといえよう。

昌益が前期から「一」（自然）の原理の運気論構築を追及していなければ、「二別」原理の運気・二火論争にこれほど激しく反応しなかったであろう。この「二別」の原理は、異国の医学論に止まらず、儒教・聖人の『易経』の人間・社会・世界観のすべてに貫徹していることを見た。さらに昌益はこの五倫・四民・天地の構造論―上下・貴賤の「二別」の原理は、聖人が「僅カ一生ノ己レヲ利センガ為《メ》」に「作為」したものと鋭く見抜いた。こうして昌益は「自然」と「作為」の問題に鋭く反応することとなり、『刊自』をもって宝暦期医学界に「偽作」でない「自然」の運気論医学を訴えたのである。昌益があれほど「自然」を主張したのは、以上のような背景からである。

昌益は、中国思想の「太極」には「真」を、「陰陽」には「進退」を、「天地」には「転定」を、「互根」には「互性」（「性ヲ互ニス」）を対置して、運気論の再生をめざした。昌益のじつに強靭な精神力、知的創造力を強く感じさせる。しかし、いまだ昌益の運気論の根底には、天人合一原理・五行説を骨格とした思弁的な李朱医学体系における、その最も濃密な運気論医学が横たわっていた。昌益の医学思想は従前の儒医のように、医学・医者＝大道＝経世済民＝自然真営道であった。

『刊自』刊行当時の医学界は、「運気ノ事ハ治術ニ預カラヌ故、先《ま》ズハ無益ナリ」（『勧医抄』）という大前提のもと、「近来、古方、（中略）陰陽五行ノ説ヲ破シ、遂ニ病因ヲ取ラズ」（加藤謙斎『医療手引草』）とされ、「彼党ノ序文（山脇東洋の『蔵志』）ニ、所謂ル術ハ先ナリ。道理ハ後ナリ」（佐野安貞『非蔵志』宝暦十〈一七六〇〉年）「医道ハモト方技ニシテ、道ニ非ズ」「タダ人ノ疾苦ヲ愈《ゆ》スヲ勤メトス」（『医学温古弁』「医学修業之弁」）という古方派興隆の時代であった。

『刊自』刊行の翌年、宝暦四（一七五四）年、山脇東洋らは人体解剖（「腑分け」）を行ない、同九（一七五九）年『蔵志』を刊行。こうして、おのづからなる自然界の陰陽五行原理を廃棄し、経世済民を為政者にゆだね、自らの役割を治療に専念する専門的技術者として限定する医者像が確立されてきた。

こうした古方派医学による技術主義化・専門化は、高い医療技術をもたらす一方、医者としての社会的な役割・意味を希薄化させ、医療的には全人的な医療（心身医療）の視点を弱めていったのではなかったか。昌益と同時代の儒医で、老荘思想と李朱医学思想をもつ奥村登寿子（隆白）は、「今世、古方家ト称スル者、内経・難経ヲ捨テ」「術ヲ執《とり》シテ、道ヲ捨ルナリ。哀ヒカナ」と指摘する。彼は「我、黄岐ノ教」である「自然ノ真道ヲ俗人童蒙マデシラシメント」する『医原』（外題『登寿医原』）安永六〈一七七七〉年「序」）を世に問うた。その「自然真道篇」で、「自然真道篇ト云ハ、アリノママナル真実ノミチヲノベシルストナリ。アリノママナルミチト云ハ人ワザニコシラヘタルニモアラズ、マタカミホトケノナセルニモアラズ、天地ヒラケザルサキヨリアルノミチナリ」と述べている。

これは当時の医学界の主流となっていく「術」（作為）に集中する医学に対する、「自然」（おのづからなるもの＝「自リ然ル」生命力＝自然治癒力）からの声ではないかとも思う。筆者にはこの主張が、昌益の人為・人智を「制《コシラヘ》」「法《コシラヘ》」と視る視点と重なって見えてくる。

近世医学史上における安藤昌益の歴史的位置づけ

の検討を終えるにあたり、最近の近世医学史研究の進展についてふれておきたい。石田秀美は、「饗庭らの仕事が、劉完素・張従政を承けるという富士川游の説は、単なる誤解であり、劉医方、後世別派などという学派分けも誤りである」（『中国医学思想史』三〇八頁、東大出版会、一九九二）と指摘する。また、石田は、「医学史の通説となっている古方・後世といった分類は、医学自体の上では、それほど意味がない。また、すでに言われていることだが、古方が実証的で後世が守旧的だといった通説は、吉益流のプロパガンダに惑わされた勘違いにすぎない。公平に見れば、当時、より「実証的」（ただし西欧近代的なそれではないが）だったのは、むしろ後世とさげすまされた一派の方であっただろう」（「劉医方という誤解—江戸前期医学史をとらえるための一視点—」山田慶児・栗山茂久共編『歴史の中の病と医学』一四四頁、思文閣出版、一九九七）と、実証的な検討をふまえて富士川游以来の通説に対して疑義を提起している。

三　中・後期安藤昌益における思想的展開——自然から社会への視座の拡大

1　『自然真営道』の出版

(1)「良中」号の成立

前期八戸時代の昌益の名前や号は、「御町医安藤昌益」（八戸藩『御日記』）「柳枝軒確龍堂安氏正信」（『暦大意』）「確龍堂柳枝軒正信」（『詩文聞書記』）などであった。中期における「良中」号の資料を検討して、この「良中」号の成立が昌益思想の確立と深く関わっていることを指摘したい。

①『刊自』の各丁（表裏二頁）の折り目の部分（版心）に「良中」と印刷されている。多くの版本はその箇所に本の丁数を示すが、「良中」と刻字され、その結果、全丁に「良中」と印刷されている（㉑五四六。復刻版のこの丁の「良中」が一番鮮明）。自分の号を全丁に示す体裁の書は、筆者にとって初めての見聞であった。「良中」号の顕示である。また、『刊自』の「自然真営道序」の下部には、「確葉門⿰龠石仙」と、異体字「⿰龠石《かく》」を使用している。普段の表記は「仙確」である。良中及び確葉門「⿰龠石仙」の、『刊自』にかける並々ならぬ意志を感ずる。

その理由は、昌益の号である「確龍堂」の通説的理解との落差を感じるからである。渡辺大濤は、「安藤昌益の雅号、確龍堂の出所につきては、狩野博士の父君、故狩野良知氏の説に、確乎不可抜者其潜龍乎（確乎トシテ抜クベカラザル者ハ其潜龍乎）という易の辞から取つたものであろうと」（前出二三頁）記す。

この『易経』の辞とは、乾卦の文言伝に、「初九に曰く、潜竜用うるなかれとは、何の謂いぞや。子曰く、竜徳ありて隠れたる者なり。世に易《か》えず、名を成さず、世を遯《のが》れて悶《うれ》うることなく、是とせられずして悶うることなし。楽しめばこれを行ない、憂うればこれを違《さ》る。確乎としてそれ抜くべからざるは、潜竜なり」（岩波文庫『易経』上巻八七頁）とある。

この狩野良知の解読は現在ほぼ定説となっていると思われるが、筆者は、これは狩野亨吉の昌益像が影響した結果ではないか、と思う。昌益の号「確龍堂」の由来については、残存資料には出てこないので、狩野良知以上の解読は筆者には無理である。ただ『刊自』の全丁にわざわざ「良中」と印刷した「良中」、この良中の実像は「隠れたる者なり。世に易えず、名を成さず」ではない、もっと別の人物像ではないだろうか。

②右の図表「地上から各天までの距離」（別九九）は、地球から各天までの距離を示したものである。昌益の宇宙構造論は、天空は九層を成していて、一番外側の第九天を「宗動天」と言い、宇宙の外殻

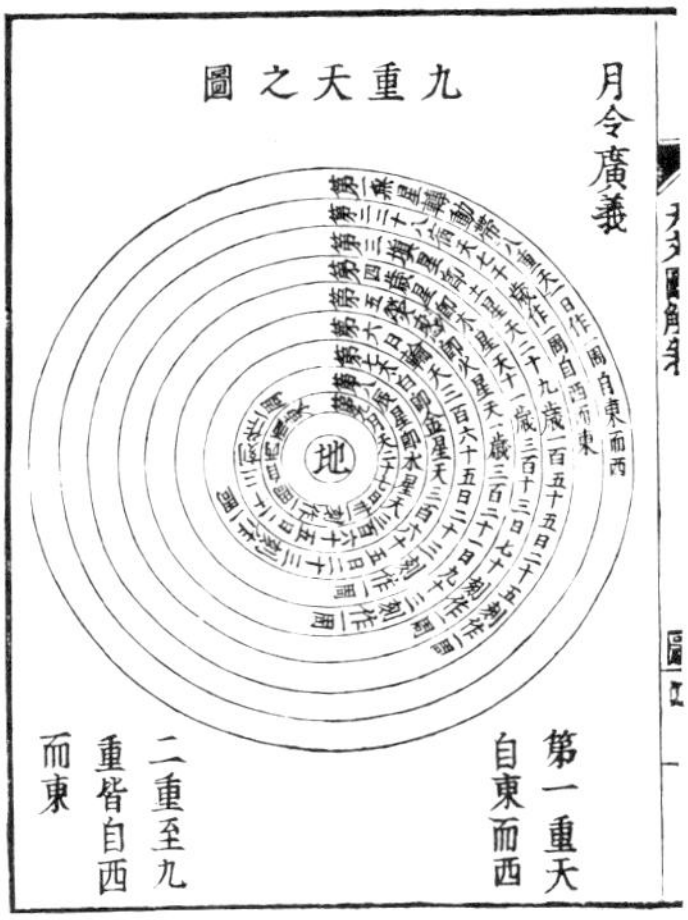

九層天図
井口常範『天文図解』巻一冒頭「古今天体図七箇」の「九重天之図」。

（有限宇宙論）で、ここには星はない。前期昌益の『暦大意』は、当時広く活用された天文学書である井口常範の『天文図解』（元禄二〈一六八九〉年刊）を利用し、その宇宙構造論や九層天の数値を借用している（図版「九重天之図」参照）。

ところが、『刊自』になると、昌益独自の名称や数値が作成される。変更内容は、従前の「宗動天」を「宗統転」とする。「天地」の用語は、「転定」へ変化する。図表の『刊自』の数値構成を見ると、宗統転：歳星転（木星）：月転＝一〇〇：一〇：一という整数比に仕組まれ、列宿星転と日輪転、鎮星転と太白星転、営惑星転と辰星転との比が、それぞれ一〇：一と仕組まれているなど、宗統転の数値を参考にして、各天体の数値を導き出していることが推測できる。一〇〇：一〇：一の比は、「真」である「一」に還元できるなど、中期昌益が「一」に強くこだわって、数値を「作為」していることがわかる（次頁表参照）。

また、前期の『暦大意』の天体数値には数字の「五」が使用されていたが、『刊自』ではすべての天体数値に意図的に「五」を使用していない。昌益にとって「五」は特別な数である。「所謂五ハ数五ノ五ニ非ズ、常ニ五ニシテ」（⑬一〇二）の記述箇所の行間に、〈真五ニシテ〉と書き込みがある。この〈真五〉とは、宇宙の生命的主宰である真体（「自然」）と五行（「自然ト言フハ五行ノ尊号ナリ」〈⑬八五〉）のことである。『刊自』ではこのように特別な意味をもつ「五」の使用を意識的に避けたものと推測できる。これらの変更は、『刊自』において自己の

	井口常範『天文図解』		昌益『暦之大意』		昌益 刊本『自然真営道』	
9	宗動天	647,338,690	宗動天	647,338,690	宗統転	647,328,190
8	恒星天	322,769,845	列星天	322,769,845	列宿星転	473,281,960
7	鎮星天	205,770,564	土星天	205,770,564	鎮星転	281,364,790
6	歳星天	126,769,584	木星天	126,769,584	営惑星転	81,924,736
5	熒惑星天	27,412,100	火星天	27,412,100	歳星転	64,732,819
4	太陽天	16,055,690	日輪天	16,055,690	日輪転	47,328,190
3	太白星天	2,400,681	金星天	2,400,681	太白星転	28,136,470
2	辰星天	918,750	水星天	918,750	辰星転	8,192,470
1	太陰天	482,522	月　天	482,522	月　転	6,473,281
地	地　球	——	地　球	——	地　球	——

（単位は里）

『天文図解』と『暦之大意』・刊本『自然真営道』に見る地上から各天までの距離

初期に属する『暦之大意』では、当時広く流布していた『天文図解』の数値を踏襲していたが、中期の刊本『自然真営道』では、宗統転：歳星転：月転の割合を100：10：1とするなど、独自の改変を行ない独自性を示している。

（安藤昌益全集別巻『安藤昌益事典』（農文協）99頁所載の数値を一部修正）

「道」（自然真営道）を確立した、自己（「良中」）の数論の確立を意味している推定される。

多くの人は、昌益による中国の聖人に対する「作為」批判に、その激しさ、すごさを感じるが、「良中」がその数論で、天体数値を臆面もなく自在《ラフ》に「作為」するすごさにも留意されたい。昌益は自己の原理ですべてを貫徹させずにはいられない強い性向をもった原理主義思想家であった。

③『儒道統之図』（図は本書三五頁参照）の存在である。この資料には年号などの記載はないが、「安藤良中」と、「良中」号が使用されているので、筆者は、中期以降の資料と判断している。この資料は、題名の通り、儒教の聖賢による「道」の伝授の道統図のなかに、「安藤良中」を位置づけたものである。

図中の中国側の道統は、伝説上の三皇五帝にはじまり、朱熹《しゆき》（朱子）で終っている。日本側の道統は、中国の程伊川門人である円知━藤原頼之━阿字岡三泊（「頼之十五世正統　洛北堀河之住」）━安藤良中までの道統図（本書一二九頁参照）である。

図中の『安藤良中』の右脇には「二世羽州秋田」とあり、後期の『真道哲論巻』の「秋田ノ住也」を補強する記述である。筆者はこの図について次のように考えている。

まず、『儒道統之図』の「正統」を受け継ぐ、京都の名門の医家味岡三伯の「真儒」の道統を、「良中」が受け継いだこと。そして「二世」として「秋田」出身の「安藤良中」が、中国・日本の「道」の最終道統者であることを、自己と門人たちとで確認したものが、この『儒道統之図』であると捉えている。

昌益にとって「儒道統」というよりは、「道」としての「正統」「道統」を強く意識したもので、「真道」としての、「自然真営道」の完成者としての昌益の強い自負を感じる。また、図中の「秋田」の記載は、「良中」が中国・日本をへた「道統」を「秋田から世界へ」送るという力強い民族主義的なメッセージ性を感じてならない。この図は昌益の講義の場に掲示されたものと推測できるが、昌益の履歴のすごさが誰にでもわかるものである。次に昌益の道統観を検討してみよう。

「伏羲ヨリ此ニ至リ二万有百年、聖人ノ私失見ハレズシテ、反ツテ貴ビ来ルニ、曾子ニ至リテ聖失ノ見ハルルコト、誠ニ天ノ示シナリ。曾子、之レヲ言イ見ハスト雖モ、此ノ後、曾子ニ継ギテ言ヒ続クル者無ク、曾子ノ真天言、又埋レテ、聖失ヲ糺ス者無ク、反ツテ又聖失ヲ貴用シ来ルコト、二千有百年ニシテ、『学問統括』（昌益の独立した著作の名称で、後に『稿自』の第一「字書巻」から第十四「本草書巻」に編入された）ニ至リテ、漸《ようや》ク又、曾子ノ天言ヲ見ハシテ、以テ此ニ之レヲ論ズ。天、中古ニハ曾子ヲ以テ示見シ、末世ニハ『統括』ヲ以テ又之レヲ示見ス。（中略）曾子ハ孔門ニ学ンデ天道ヲ明カスコト、梯《ハシゴ》ニ因リテ高広ヲ視ルガ如ク、其ノ蹈《ふ》ム所ハ卑《ひく》フシテ、其ノ視ル所ハ高キ者ナリ。故ニ孔子、『吾ニ勝レル者ナリ』ト言ヒテ、宗ヲ曾子ニ譲ル。孔子ノ儒学ハ心術・行条倶ニ制法ナリ。曾子ノ真学ハ、孔門ノ法学ヨリ出デテ天道学ナリ。（中略）曾子ハ天道ヲ知リテ耕道ヲ行フ。衆人ハ天道ヲ知ラザレドモ、耕道ニ於テハ天道ヲ行フナリ。只、天道ヲ知リテ天道ニ背カズ直耕スル所ハ、曾子ノ天下ニ勝ルル所ナリ。惜シイカナ曾子、天代ノ人ト為《シ》テ、直耕ハ天ノ真道ナルコトヲ一巻ノ書ニ見ハシ後紀ニ為サザルコト」（④一四一～一四三）

　昌益は、曾子を「天代ノ真人」と高く評価しているが、筆者は、この昌益の文章の狙いは孔子の格下げ、自分〈良中〉の格上げを意図し、曾子はそのための一素材と見る。「真道」の書（学）を残さなかった曾子に代わって、自分（良中）が「真道」の書『学問統括』を著わして、「末世」の道統者として自己（良中）を位置づけたものであろう。それと『儒道統之図』の、「朱熹」の名前の左脇下に、「于今於中国代々伝之万々歳」と記されている。この文面をどのように捉えたらよいのであろうか。

　筆者は『儒道統之図』を見て、まず自己の『自然真営道』を確立した安藤良中の自信というか、喜びの声を感じた。昌益や確門が掲げたこの『儒道統之図』に記された、「于今於中国代々伝之万々歳」を次のように読み、考える。「今に於いて中国に代々之れを伝え万々歳」つまり、道統発祥の地、中国から伝えられた「道統」を、日本（秋田）の安藤「良中」が、批判的に継承（「皆私ノ制法ヲ以テ道ヲ失ル故ナリ。此ノ故ニ諸法ハ道ニ非ズ、私作ナリ」〈⑧一五三〉）し、良中が道統の最終道統者であることを、代々中国に伝えて喜びたいという。良中の優越感・民族的な自尊のまなざしを感じる。この資料には「良中」号の顕示はあるが、あの隠者「潜龍」（「確龍」）の意味はないと思うが、いかがであろうか。

(2)『刊自』出版の意図

昌益・仙確は、どのような意図をもち、社会に対し何を訴えようとしたのであろうか。『刊自』から見てみる。「序」文は、確葉門䂖仙（仙確）が担っている。仙確は、

「此レガ自然ノ正証ト謂ヘル書及ビ人、之レヲ見

聞スルコト無シ。吾嘗《かつ》テ以為《おもえ》ラク、『嘆、自然ナルカナ』。吾ガ師、自然ト自然ト自明・自発スルニ至リテ、師ガ身神ニ具ハル所ノ自然ガ自然ト言ヒテ曰ク、『正ニ是レ自然トハ自《ヒト》リ然《ス》ルヲ謂フナリ』。（中略）本《ト》自然ノ気行ニ違ヘルコトヲ紀サズシテ放妄ノ医論ヲ為ス。故ニ自然ノ真営道ノ治方ニ非ズ、迷世・害人ノ妄失タリ。師、之レヲ嘆キ、之レヲ患ヒ、寝食ヲ忘レテ自然・所得ノ亡命ヲ省ミズ、転定ノ恩ヲ謝センガ為《メ》、身ヲ忘レテ転下・妄失ノ病苦・非命ニシテ死セル者ノ為《メ》ニ神ヲ投ジテ、以テ自然ノ真営道ヲ見ハス。乃イ号シテ書ノ題名トス。（中略）中華ノ高智、竺土ノ異術師、起ス所ノ教説、自然ノ道ニ違ハザルカ」（⑬八三～八八）

と述べる。この序文の内容は、一般の庶民を読者対象とはしていない。一定の知識人・学者、本文中に登場する「儒医」などを対象にして刊行したのであろう。

(1) 仙確の序文から次のことが指摘できる。

①「自然」（「自リ然ル」）の原理を根本におくことを主張している。

②既成医論が「自然ノ気行」ではなく、「放妄ノ医論」であると批判する。

③「転下・妄失ノ病苦・非命ニシテ死セル者ノ為《メ》ニ神ヲ投ジテ、以テ自然ノ真営道ヲ見ハス」と出版の動機を述べる。

④「中華ノ高智、竺土ノ異術師、起ス所ノ教説、自然ノ道ニ違ハザルカ」と外国思想の「高智」（儒教）「異術」（仏教）の「作為」に対し「自然」を対置するなど、外国教学への批判の視点が窺える。

(2) 次に昌益の「自序」を見てみる。

「嘆、養ヒ難キ者ハ小人ノ学者ナリ。是レ即チ自然ニ生ジテ自然ヲ具フ。故ニ自然ニ至ラシメンコトヲ欲シテ謙退シテ以テ卑ク導教ヲ為セバ、是レ世並ノ学人ナリト為シテ、敢ヘテ勝ルコト無シト言ヒテ自然ニ背ク。速ヤカニ上達ニ至ラシメント欲シテ高ク発達ノ潔言ヲ以テ説示ヲ為セバ、是レ自慢ノ人ナリト為シテ亦自然ニ遠ノク。己惑・自亡ヲ弁ヒズ。如何《いかん》トモ為ルコト能ハズ。故ニ之レヲ患ヘテ此ノ書ヲ綴ル。世ニ伝ヘテ以テ自然通ノ達人ヲ候フ。是レ此ノ書ヲ制スル所以《ゆえン》ナリ。医業ニ限ラズ、天下ノ人、皆、此ノ書ヲ視ルベシ。所謂此ノ書ハ自然ヲ明カス。人ハ自然ノ全体ナリ。故ニ自然ヲ知ラザル則ハ吾身神ノ生死ヲ知ラズ。生死ヲ知ラザル則ハ自然ノ人ニ非ズ。人ニ非ズシテ生《イ》キテ何カ為《せ》ン」（⑬九七）

右の昌益の「自序」から次のことがわかる。

①『刊自』の対象者は妄惑する「小人ノ学者」だけでなく、「天下ノ人、皆、此ノ書ヲ視ルベシ」と多くの読者を対象としている。

②昌益は「世ニ伝ヘテ以テ自然通ノ達人ヲ候フ。是レ此ノ書ヲ制スル所以《ゆえン》ナリ」とか、「此ノ書ハ自然ヲ明カス」などと記し、自己の根本思想である「自然」の意味内容の理解を強く訴えている。

③昌益思想の「自然」の意味内容は、客観的存在としての自然《ネーチャー》ではないであろう。昌益が小人の学者に対して「自然ニ至ラシメン」とすると、学者の対応は「自然ニ背ク」「自然ニ遠」のき、学者は自ら「己惑」「自亡」すると昌益は指摘する。昌益の「自然」は、人間としての生き方、ものの見方と深く関わった意味内容であろう。昌益はこの「自然」を、「天下ノ人、皆、此ノ書ヲ視ルベシ」と訴えたのであろう。

(3)つぎに『統道真伝』から昌益の著作の意図と意味を探ってみたい。昌益は「自然ノ道ヲ見ハシ『真営道』ヲ篇シ、且ツ『統道ノ真伝』ヲ見ハシ、后世ノ為トス」（⑧一八一）と述べるように、『自然真営道』は刊行を意図していたことが明確であるが、『統道真伝』については刊行の意図は見られない。両書から著作の意図を探ってみることも必要であろう。

「漢土・天竺ヨリ日本ヲ迷ハシ、暗晦《あんかい》〔暗いさま〕ノ畜国ト為ス故ニ、十気《とき》至リテ今、此ノ『自然真営道』ヲ見ス者有リ、日本ニ出ヅ。聖釈利己ノ私法ノ妄失ヲ糺シ、自然、転ノ日真道ノ本ヲ見ハス。是レヲ漢土・天竺ニ送リ、聖釈自然ノ真道ヲ盗ミテ転下暗闇ト為ス其ノ妄失ヲ知ラシメント欲ス。漢・竺・万国、無欲・無乱・安平ノ自然ノ世ニ至ラシメント願フ」（⑧三三八〜三三九）

「運気ハ、人・物ノ父母、人・物ハ悉ク運気ニ生ズル故ニ、運気ヲ失ル則ハ言品・行事皆妄違シテ、人ヲ殺シ世ヲ迷ハシ、大害ナリ。『易』ハ自然ノ運気ニ非ズ、『本草』ハ自然ノ気行ニ非ズ、『霊枢』『素問』ノ運気論、皆失リナリ。何ヲ以テカ、自然ノ道ヲ明カシ、真正ノ気行ヲ弁ヘテ失リ無ク療道センヤ。予、深ク之レヲ嘆クコト数十歳ナリ。故ニ自然ノ道ヲ見ハシ『真営道』ノ書ヲ篇シ、且ツ『統道ノ真伝』ヲ見ハシ、后世ノ為トス」（⑧一八一）

右の『統道真伝』の記述から、次のことが指摘できる。

①「日本ヲ迷ハシ」た漢土の聖人、天竺の釈迦の、「利己ノ私法ノ妄失ヲ糺」ために、『自然真営道』を著わしたこと。昌益の批判のポイントは、日本を「暗晦ノ畜国ト為」した外来の「利己ノ私法」批判である。己の欲望を遂げるための作為（「私《コシラヘ》」「制《コシラヘ》」）に対する嫌悪である。そして「日本ヲ迷ハシ」た漢土・天竺への激しい怒りである。

これは『刊自』における仙確の「中華ノ高智、竺土ノ異術師」の表現に通じるものである。外来教学への抗議する姿勢が共通して存在している。同じ中期の『稿自』第一巻（「私制字書巻」）には、「怪シキ倫《ともがら》カナ。漢土ニ字画始マリ、治乱ノ事起ル。竺土ニ仏衆・惑悟ノ私法甫《はじ》マル。日域ニ神法ノ偶生《ぐうしょう》始マル。二万三千有百年来、治乱・惑悟・偶生交々争フテ妄迷ノ世ト為ル。慮《はか》ラザリキ。和邦ノ偏郡ニ確良出デテ、以テ治乱・迷悟・偶生未ダ甫マラザル異前ノ自然ノ世ヲ庶幾《こいねが》ヒ、而シテ此ノ書ヲ見ハス」と「序」（②三七〜三八）に述べる。

儒教の説く治と乱、仏教の説く迷と悟、日本の神道（記紀神話）に説くイザナキ・イザナミの二神（偶イ生ル神）など、既成教学の二別（聖法・思考・生成）の論理は、「交々争フテ妄迷ノ世ト為ル」ことを指摘して、対立を惹起しない、二別でない「自リ然ル」＝「自然ノ世」を求める救世の書でもあった。

『刊自』巻頭、『稿自』第一巻〜三巻の「私制字書巻」は、中国の文字・書物・学問に対する批判であり、中国文化・思想批判の書であることを重視すべきと考える。私たちは昌益思想を身分制批判、平等論の主張に視点を向けるが、昌益思想の本質は、自国を「暗晦ノ畜国ト為」した外国文化・思想への批判にあることを見失ってはならない。

②運気論（運気論医学）批判である。昌益はこの問題で、「予、深ク之レヲ嘆クコト数十歳ナリ」と述べる。『刊自』の仙確の、「本《ト》自然ノ気行ニ違ヘルコトヲ糺サズシテ放妄ノ医論ヲ為ス。故ニ自然ノ真営道ノ治方ニ非ズ、迷世・害人ノ妄失タリ。師、之レヲ嘆キ、之レヲ患ヒ」（「序」）との指摘に重なる。昌益の著作の刊行の背景には、この運気論医学の問題―宝暦期を中心とした医学界の問題状況―が大きな背景となっていることがわかる。

2　中期安藤昌益の〈転定論〉

(1) 転定構造論

かつて依岡浩は昌益の宇宙観について、「われわれが生まれてこの方絶えず仕込まれてきた『近代科学』の精神から、一旦は解放された上で、直接昌益の語り口に没入しながら、そこにある小さな水脈を確かめてゆく仕事も、彼の思想を構造的に解明するためには必要なことであろう」（「『統道真伝』にみる昌益の宇宙観について」八戸市立図書館編『安藤昌益』二〇一頁）という重要な指摘を行なっている。

はじめに昌益の転定構造論から見てみよう。前期・八戸時代の昌益の宇宙論は、伝統的な渾天説であった。中期の著作である『刊自』で、「『渾天紀』ノ説ハ、私ノ制言ニシテ自然ニ非ザル失リナリ」（⑬一九三）と批判するが、昌益の転定論は一貫して渾天説である。

「転ハ大ナル故ニ回リテ軽シ、定ハ小ナル故ニ定マリテ重シ。定ハ軽キ故ニ能ク転ノ気中ニ浮ク、転ハ重キ故ニ定ヲ気中ニ載セテ落サズ」（⑫二六五）

「地上ニ居テ地下ヲ観《ミ》レバ転《テン》ナリ、地上モ転ナリ。地下ニ居ル意ニ観テモ相同ジ。故ニ転定ニハ上下無クシテ一体ナリ。故ニ男女モ上下無ク一人ナ

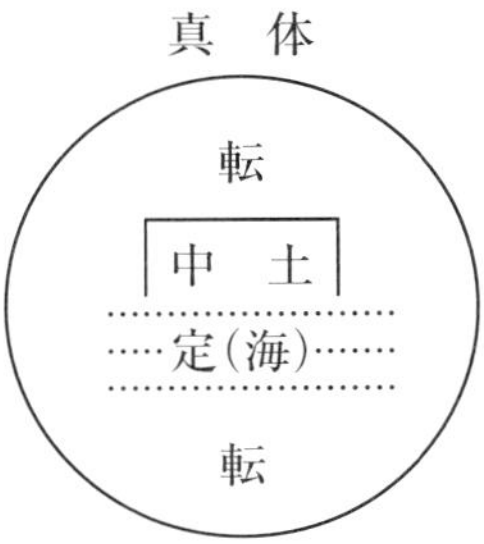

真体が生成する昌益の転定論（渾天説）
安藤昌益は「土ハ転定《テンチ》ノ中央ナリ」（② 558）「定《チ》、方ニ居《スワ》ツテ」（⑬ 150）と、中土・定（海）は大気に支えられ、転中に浮かぶ姿でイメージし、井口常範が地・海とで「一珠」と捉えたような表現を見出すことはできない。

リ」（②一〇〇）
――中期昌益の転定構造論は渾天説である。昌益は伝統的な『易経』、儒教の天地・上下・尊卑の「二別」的な見方・価値観から自由になり、男女上下論ではない男女一人論を導き出すことができた。前期天地論にはないこの転定一体・男女一人論が中期転定論の特徴である。

昌益思想の無二一真論―すべてを真体の「一」で把握する思想―が中期に確立したことがこの転定構造論からもわかる。昌益は現実の封建社会に対する批判的な視点から、転定一体・男女一人論の主張を導き出しているのではないことが確認できる。

次に昌益の転定・央土論を見てみよう。江戸時代の天地論には見られない、昌益独自な内容である。

「転ハ定ヲ内ニシテ転回シ、定ハ転中ニ在リテ定静ス。故ニ一息ノ間断無ク運回スル転ナリ。転中ノ定ハ海ナリ。転ト海トノ中央ニ在ル者ハ土ナリ」（④二五六）
――当時の天地論に対して、転・中土・定（海）と、独自の名称と構造を打ち出した。宇宙の中央に浮かぶ央土・定（海）を、転中を運回する気が、それを載せ支えている動的な姿である。

(2) 身体的宇宙観

「一歳〔一年〕ハ即チ五行自リ然ル転定ノ直耕ニシテ真営ノ道ナリ。故ニ転定ハ真ノ家ナリ。四時〔四季が循環する四方〈東西南北〉〕ハ真ノ体ナリ。四隅〔北東・南東・南西・北西〕ハ真ノ手足ナリ。日月ハ真ノ両眼ナリ。星辰〔天空の星〕ハ真ノ骨肉ナリ。八節〔四季を進と退に区分して八節〕ハ真ノ直耕ナリ。二十四気〔立春から大寒までの二十四節気〕真ノ芸《クサギ》

〔除草作業〕ルナリ。七十二候〔二十四節気をさらに約五日ずつ三つに分け、例えば立春の初候は〈東風解凍〉と季節の変化を示したもの〕ハ真ノ万種改ムナリ。山沢ハ真ノ農耕ノ用種ナリ。河川ハ真耕シノ用水ナリ。温・熱・涼・寒ハ真ノ直耕・八節ノ精力ナリ。風雨ハ真ノ息液、転定・気水ノ通用ナリ。奇ナルカナ、妙ナルカナ」（⑬一六三〜一六四）

「北斗七星ハ転ノ嚢茎《のうけい》〔生殖器〕ナリ。昼夜有レドモ昼見《あら》ハレズ夜ノミ見ハレ、気ヲ定ニ通ジテ中土ニ人・物ヲ生ズ」（⑩一〇五）

――宇宙における「真」体は、人間と同じような身体をもち、呼吸し体液を流している。そして四季折々働き（直耕）、米穀を生み出す。この真の営む宇宙の生命的姿が転・中土・定の姿である。北極の北斗七星は、宇宙の生殖器として気を吐出（吐気）して、転定を通じて中土に人・物を生ずる。昌益没後の八戸の門人たちも、「正見ヲ欲センカ、真ノ胴体ハ天地・日月・穀ニシテ」（『転真敬会祭文』⑯下三八四）と、「真」の身体的宇宙論を認識していた。

昌益の身体的宇宙観・転定論は、まぎれもない〝近世人のまなざし〟である。

(3) 転人同型・逆立・表裏観

ア、転人同型観

前期八戸時代の天と人との関係については、「天地ハ地外皆《ナ》天ナリ。人ハ身内、胸中・腹、皆天ナリ」（⑯下三一一）「此レ天地・人、同一根ナルコト妙ニ明ラカナリ」（⑯下三一六）と述べていた。天と人との関係で、人体内部を天と把握したり、「同一根」と捉えたり、天と人とを一体（同体）と捉える視点はすでに形成されていた。中期になると天と人との関係は、先にみたように「宇宙の身体化」とか、「人体の宇宙化」と表現できるように、前期八戸時代と比べ、その内容は次のように大飛躍する。

「人身、又転定ニ同一ナリ。神・気・血、形体ノ間ニ此ノ妙用ヲ行フ故ニ、転定ト大小ノ人身ト与ニ同ジ進退ナリ」（⑬二四八）

「万事、転定ヲ観ント欲サバ、吾ガ身ヲ以テ之レ

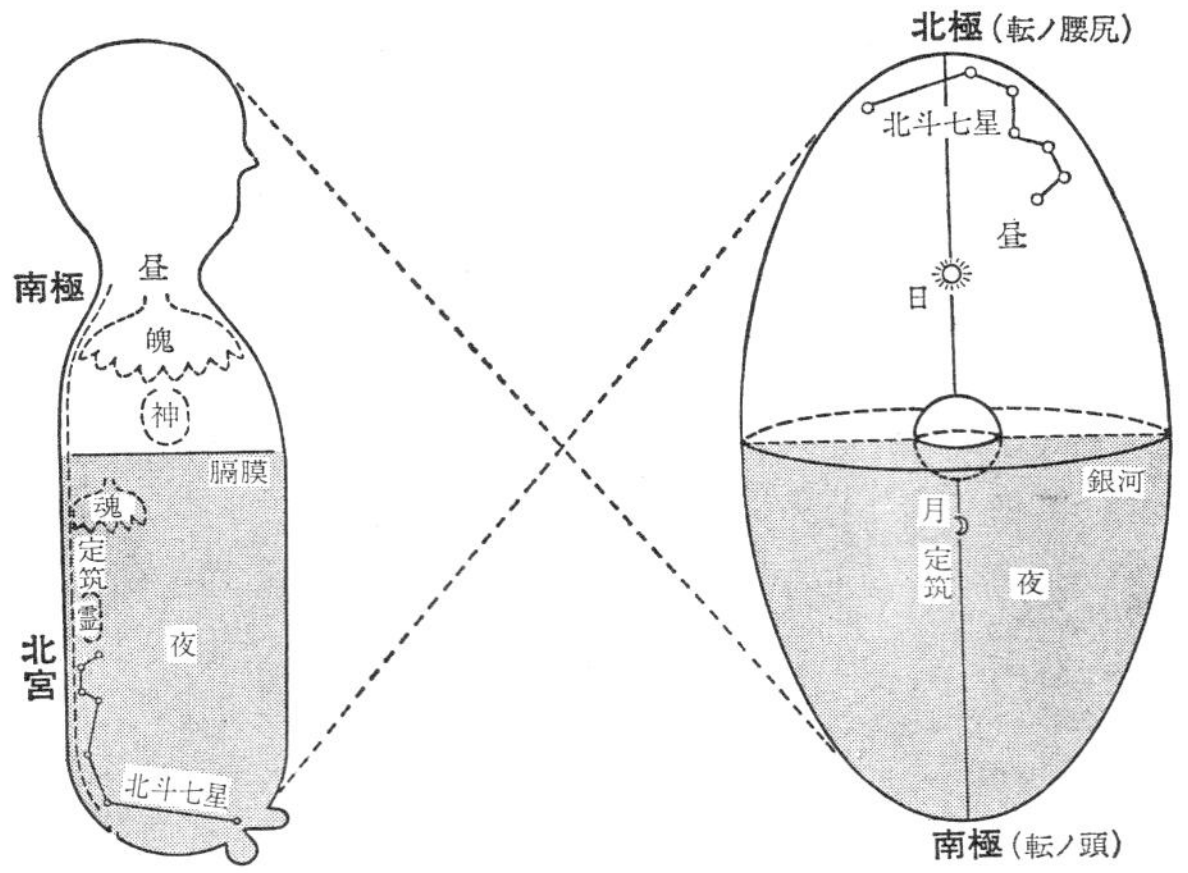

昌益の転人逆立・表裏観

小転定である人は、転定とは逆立・表裏の関係にあり、内臓に宿る神霊魂魄は転の日月星宿に相当し、顔面の諸機関を介して相互に作用し合うとされる（安藤昌益全集別巻『安藤昌益事典』110頁の図を転載）。

ヲ察ヨ。吾ガ身ハ直ニ転定ナレバ、違フコト無キ明証ナリ」（⑬二二九～二三〇）

――天地と人との関係を、大天地・小天地関係で見る天人合一観の視点は、江戸時代の人々に多く見られるが、運気論思想家昌益は、天地も人も同じ「気」からできていると捉えるから、同一・同型・同根認識は他の思想家とは比較にならない濃密な把握となる。「気」の昌益思想・原理では「吾ガ身ハ直ニ転定ナレバ」なのである。この認識は現代人には理解しにくい。

イ、転人逆立・表裏観

「転定ハ（中略）運回シテ妙用ヲ尽ス。是レガ人ト為《ナ》ルニ、逆立ノ五穀ニ至リテ穀ヨリ通気ノ人ト為《ナ》ル故ニ、転定ト人ト表裏ヲ以テ相立ツ。故ニ転ト人ノ腹中ト同ジク、定ト人ノ身形ト同ジク、中土ト人ノ肉ト同ジ。転定ハ逆立スレバ人ハ順立ス。故ニ表裏ニシテ、転ハ即チ人ノ腹中ノ象舎（府蔵を指す昌益の呼称）ナリ」（⑩一〇三）

「転ハ、南極ハ頭面ニシテ常ニ倒伏シテ見ハレズ、人ハ生マルル則ハ倒ニ生マル。是レ転ノ容ヲ以テ生マレテ、順立シテ育ツ。人常ニ順立スレバ、転ハ常ニ倒伏シテ人ノ為ニ敬伏ス」（⑫二七五〜二七六）――昌益の特異な「転定・人体」構造観である。昌益が、机上でこのような幾何学的図形を描き出したものではなかろうか。「真」論（一真）の「一」をもって、天地人の生成・構造・活動を貫徹させることを中期に完成させた。大転定と小転定の同一・相似形で「一」。順立と逆立、表と裏で「一」である。素描イメージとしては――稚拙な比喩であるが――、コインの表裏の同じ図柄を順逆にした表裏一体、紙を半折して順逆重ねた姿で、上は転、下は人である。「是レ転定・人身ハ同一ニシテ自然ノ進退ナリ」（⑩一七四）「転定ト人身ト自然・進退・退進ノ表裏ナル一気ノ妙行」（⑬三八九）と、「進退」「表裏」を「一気」「一体」として把握する。ここでの「自然」は、真体の「自リ然ル」姿である。昌益がいかに「一」（一真体・一気）に執着・固執したかがわかる。昌益は、天地万物生成の太元「一」（真）で、全てを把握・説明することに徹底した近世人の思想家である。

（4）安藤昌益の転定有無論

『統道真伝』に「転定ノ外、亦有リ無シノ論　自然ノ妙論」（⑪八四）がある。ある人物が昌益に次のように尋ねた。

「此ノ転定ノ外ニ別ノ転定有リテ、人倫・万物有リテ、此ノ転定ニ異ナラザルカ。亦別ノ転定ニシテ別物有ルカ。亦此ノ転定ノ外ハ如何ナル有様ナルヤ。亦此ノ転定ノ外ハ必至ト無キカ。亦此ノ転定ト為ル五行・自然ニハ何物ガ成リタルヤ。自然ヲ論ジテ之レヲ知ラズ。汝《なんぢ》之レヲ知ルヤ。答ヘテ曰ク、『吾之レヲ知ル。吾ハ即チ是レナリ。故ニ吾ヲ以テ自リ知ル。吾ガ外ニ有リテ人有リト為《ス》レバ吾ナリ。人無シト為《ス》レバ吾ナリ。吾ガ外ノ人モ人ナリ。吾モ人ナリ。人ハ転定ナレバ、此ノ転定ノ外ニ有リト為テモ又転定ナリ。無シト為《シ》テモ転定ナリ。故ニ有リト為ルモ、無シト為ルモ吾ガ儘ニシテ自由ナリ。故ニ有リト為《ス》ルモ、無シト為《ス》ルモ自由《ワレニヨル》。故ニ自由ナリ。故ニ此ノ転定ノ外ノ有様モ、又此ノ転定ナリ。故ニ此ノ外、無シト為《ス》レバ此ノ転定ノミ。故ニ『ア・ナ』ハ同音、『リ・シ』モ同音ニシテ、有《アリ》・無《ナシ》ニシテ一ツナリ。『ア・ナ』ハ開音ニシテ進気、『リ・シ』ハ閉音ニシテ退気ナリ。故ニ有《アリ》・無《ナシ》ニシテ進退・一気ナリ。此レ有《リ》・無《シ》ニシテ一ツナレバ、転定ノ外・吾ガ外、有リテモ転定ト人ナリ。無シトシテモ此ノ転定ト人ナレバ、有無ニシテ一ツナルヲ、有リヤ無シヤト論ズルハ吾レヲ知ラザル迷ヒナリ。自然・五行ニハ何ガ成リタルト云ヘルコト、即チ自リ然テ成リタルナリ。自然トハ吾《レ》自リ然ルナリ。故ニ吾ガ然《ス》ル事ニハ自然《ワレトスル》。故ニ何ガ成ルト云ヘバ自《ワレ》ガ成ルナリ。此レ自《ヒト》リ然《シ》テ自《ヒト》リ成《ナ》ルナリ。自《ワレ》ト然《ス》ルニハ自《ワレ》ト然《シ》テ成ルナリ。故ニ自然ハ始メ無ク終リ無キ自然《ツネ》、此五行ナリ。故ニ五行進ンデ終リ無ク、退イテ始メ無ク、惟自リ然《シ》テ自リ然《ス》ル自然ナリ。故ニ自《ワ》ガ然《ス》ル事ハ一切統テ自《ワ》ガ然《ス》ルコトニ帰スルナリ。故ニ自リ然ル五行ニハ自然ガ成ル。故ニ五行ハ自然ナリ。故ニ進退シテ転定・人・物ノ妙用ヲ尽シテ、上下・始終、統テ二別無シ。故ニ自リ然ルナリ」（⑪八四～八六）

——現代人がこの問答を何の前提なしに読むと、この天地（転定）の外部に別の天地《有る・無い》の、自然科学的な問答として読んでしまう。そして迷宮に入ってしまう。この問答が記述されている箇所は、昌益が「自然」（「真」「一」）を他者に説明するために設定した「自然ノ妙論」である。昌益の気の思想を前提にして、この問答を読まないと誤読をしてしまう。逆に、この問答は、昌益の気（「自然」）の思想を知るための一つの手懸りになるものである。気の思想（「一」体）では、すべてが同じ素材（気）、同じ源（一気）から成り立っているので、吾れ（気）と天地（気）は、同じで区別はない。外部に別の天地（気）・人（気）の存在の有無の判断は、吾（気）で決まる。人と天地は同じ気（「人ハ転定ナレバ」）であり、有無の判断は自由《ワレニヨル》となる。「アリ」「ナシ」は同音（同気）で、進退の一気の関係である（「有無ニシテ一ツ」）。有無を考えることは、吾（一気・一体）というものを知らない迷いとされる。一気（「真」「一」）は、ただ「自リ然ル」存在で、一気の世界は「上下・始終、統テ二別無シ」で、有無（分離・区別・分別）を問うこと自体が成立しない気の世界なのである。昌益思想の転定と人間の関係は、「一身ハ転定ナリ」（⑦九五）「人ニ具ハル天地」（③三五一）という認識が大前提としてあるのである。先に紹介した依岡浩の、「われわれが生まれてこの方絶えず仕込まれてきた『近代科学』の精神から、一旦は解放された上で」という指摘を再度想起したい。昌益はとても特異な「気」の思想家なのである。

(5) 安藤昌益の未熟な地球体観

「中土ノ国・嶋ハ定中ニ在リテ、（中略）定水ハ四方・上下ノ中土ノ間間ヲ流回ス」（⑪二五六）

「人、頭ヲ転ニ持《モタレ》テ坂ヲ下ルニ逆倒セズ。船ニ乗リテ定下ニ行クニ逆落セズ、常ニ順立」（⑩一二四）

「円満ニシテ外無キ転ノ体ナリ。故ニ円相ヲ象ル。定ハ退退トシテ止静シテ居《スワ》リテ転ゼズ。故ニ方居ノ四角ヲ象ル。然レドモ定《チ》ハ角ナル者ニ非ズ、只居リテ転ゼザル象リヲ取ルノミナリ」（⑫二八七〜二八八）

「日本ハ又、阿蘭陀ノ直下、夏至ノ日路ヨリ十六度北ニ有リ、故ニ日本ト阿蘭陀トハ、上下対合シテ」（⑫一三六）

「阿蘭陀人、江府（江戸）ニ下ルトキ尾州名古屋ヲ通ル則、『吾等ノ国ハ此ノ下ニ当ル』ト云ヘリ。果シテ違ハズ」（⑫一六〇）

「天竺ト日本ト上下ニ対スレバナリ。是レ、自然進退ノ為ス所ナリ」（⑯上二二一）

――前期昌益が利用した井口常範『天文図解』の「地儀ノ図」は円形で描かれ、「九重天之図」も地球体で描かれている。この書を参考にした『暦大意』の天地図は、中土（地）は円形に描かれている（⑯下一二四）。『統』（「禽獣巻」）の「転定ノ十気《トキ》ノ図解」（⑪二六三）の転定図は、天（転）は円空間、中土

（定）は四方に凹凸があり、大きな島のような表現に見える。

昌益研究者の多くは、昌益＝地球体論者であるが、筆者は疑問である。列挙した資料からは、昌益＝地球体論者とは即断できない。資料からは、日本と天竺・阿蘭陀との位置関係を、上下関係で捉えていることはわかるが、球体と把握しているとは即断できない。そもそも運気論思想（渾天説）を基礎とする昌益にとって、地（中土・海）が球体であることに、それほど関心・意味をもっていなかったと推測している。

天（転）の気が、全方位から空中に浮かぶ中土・定を支えている渾天説では、中土・定は「只居リテ転ゼザル象リヲ取ルノミナリ」で十分であった。昌益にとって「転ハ進ム故ニ定ハ退キ、転ハ定中ニ進ム故ニ定ハ転中ニ退ク。故ニ転中ニ定、定中ニ転」（⑫二六五～二六六）と、転定の関係を、気の進退論で把握できればそれだけで十分で、昌益は地球体説には関心・意味をもたなかったと推測する。気の思想家・三浦梅園は、「地は円なる物にして、手まりの様なり」（『玄語手ひき草』「方円」、田口正治『三浦梅園の研究』四三八頁、創文社、一九七八）と明解である。

3　安藤昌益の運気論——気の循環的世界像

（1）運気論医学の再生

「運気ハ、人・物ノ父母、人・物ハ悉ク運気ニ生ズル故ニ、運気ヲ失ル則ハ言品・行事皆妄違シテ、人ヲ殺シ世ヲ迷ハシ、大害ナリ。『易』ハ自然ノ運気ニ非ズ、『本草』ハ自然ノ気行ニ非ズ、『霊枢』『素問』（二冊で『内経』）ノ運気論、皆失リナリ。何ヲ以テカ、自然ノ道ヲ明カシ、真正ノ気行ヲ弁ヘテ失リ無ク療道センヤ。予、深ク之レヲ嘆クコト数十歳ナリ。故ニ自然ノ道ヲ見ハシ『真営道』ノ書ヲ篇シ、且ツ『統道ノ真伝』ヲ見ハシ、后世ノ為トス」（⑧一八一）

「『内経』ハ拙知・妄作ナル故、運気論失レリ。故ニ十二官ノ蔵府・経絡論・摂生論・諸病論・諸脈

論、凡テ悉ク妄失ニシテ、自然ニ合フハ一句モ無シ」（⑧一八二）

先に「十八世紀後半の医学界と安藤昌益の変貌」で見たように、近世医学史の脈絡のなかで昌益の医学理論を見ると、運気論医学の衰退期と重なる。運気論医書である『刊自』を、医学史のなかに位置づけると、渡来の既成運気論の諸原理である五運六気説・三陰三陽説などを批判し、その原理にもとづいて展開された伏義の『易経』、黄帝の『内経』、神農の『本草経』など、聖人の作為としての中国産運気論の批判にあった。

昌益において、その批判過程は自己の『自然真営道』運気論医学の再生・再構築をめざす過程と一体であった。昌益の運気論用語である真・自然（「自リ然ル」）・転定・直耕・進退・互性などの用語と原理は、中国伝来の既成運気論にはない、昌益独自の運気論の創造をめざしたものであった。昌益には「万国ニ於テ、其ノ国国ニ行ハレ来ル自然ノ気行、皆違フ」（⑬三七一）という認識はあったが、昌益運気論の本質は、従来の天人合一原理を根底にもつ、思弁的な旧態の運気論にほかならないものであった。

（２）運気論の再生

ア、五行・五気説

伝統的な五行説は、自然界を構成する五元素（木・火・土・金・水）で、自然界・人間の心身の現象・原理などを説明する学術方法の一つである。五行説における五行の交替・循環を説明する説として二つの説がある。一つは相生《そうせい》説で、木は火を生じ、火は土を生じ、土は金を生じ、金は水を生じ、水は木を生じ、五行・五気は循環・運行する。相克《そうこく》（剋）説は、水は火に克《か》ち、火は金に克ち、金は木に克ち、木は土に克ち、土は水に克つと五行・五気の循環・運行を説く。

この相生説・相克説に対して昌益は、「古説ノ相生・相克、偏失論」（⑤一六二）で批判を展開した。昌益の五行論は、宇宙を生命体（母胎）として捉えるため、生生を重視する五行「父母」論、五行の各行の具有する妙用を一体として融合する五行「和順」論を構築する。日本的な五行論で、外来五行説―宋学・朱子学的な―相生・相克説につきまとう「理」的な把握を批判した。

昌益は、後世方派の医学論を基礎としていたために、五行説のもつ思弁的な、配当的な思考・方法論は、転定論・運気医学論・音韻論などに使用された。それに昌益自身の執拗な「序《ツイデ》」（「事物ノ次第」）を重視する思考・原理主義的性向が重なり、その思弁性には多くの人が困惑させられる。

昌益の五行論で、留意しておくべきは次の主張である。

「五行ハ無始無終ナル自然全正ノ真体ナレバ」（②一二二）

「此ノ五行、転定ト為リ、日月ト為リ、星宿辰（天空の星）ト為リ、穀ト為リ、人ト為リ、炉中ニ用イ見レテ、人ヲ活シテ常中ナリ」（⑪八八）

――五行と「真」（宇宙の生命体で、気の主宰的本体）とが、一体的に認識されている。文中の「五行」を、「真」に置き換えても意味内容は同じである。昌益はいつも、「真」「自然」「五行」「転定」の用語を、自由《ラフ》に配置転換できる「気」の同気・同体・同一思考をしている。

「自然・無二ノ五行ヲ以テ、火ノミ二ニ分カチ、土ヲ陰ニ偏セテ三陰三陽ニ作リ、道ヲ失ル根元此ニ始マル」（⑧一七六）

――この「一真体」「一気」の五行に対し、聖人の『内経』医論では、「火」のみ「二火」（君相二火論）とし、人倫界に君臣・上下の封建的身分制社会を作ったとして昌益は聖人を批判した。昌益の二別批判の根拠は、この「一真体」からの視点なのである。

イ、通横逆論・ヒトの発生

「通横逆」の論は、「通気」「横気」「逆気」の三気で、一気の運動の三つの運行方式である。昌益は八戸時代に、すでに人間・動物・植物の三種の生物の発生と、生態の違いを特徴づける気の理論として、この「通横逆」理論を形成していた。

江戸時代の知識人たちも、気で生成する人・鳥・獣・虫・魚・草木の発生・生存を、気の理論で説明するために色々の説を生み出した。朱子学者林羅山は、『三徳抄』にて「正・横・逆」の論を述べ、貝原益軒は『大和本草』にて「順・横・倒」論を述べている。昌益とほぼ同時代の三浦梅園は、『玄語』にて「立・横・竪」の論を述べている（別二四九）。

前期から一貫する昌益の「通横逆」論をヒトの発生論との関係で見てみよう。

「真、妙ナルカナ自然（『全集』は「真妙ナルカナ自然」と読解するが、筆者は否である。「真」が主語で、その本性である「自然」を強調する表現である）、転定ヲ為スト雖モ、人ヲ生ゼザル則ハ転定ノ妙用ヲ行フ者無シ。故ニ転定ノ妙用ヲ行ハンガ為《メ》ニ、転定ノ精神、五穀ト生《ナ》リ、人ノ食物ヲ先ニ出シテ然フシテ五穀ニ具ハル所ノ転定ノ精神、逆気ヨリ米粒中ニ極マリ、進通気ヲ以テ凝リ見ハル、是レ人ナリ」（⑩九八）

――「真」体の妙なる「自リ然ル」（自然）気の循環が通横逆の運回である。ヒトを生成論的に図式化すると、真→転定→穀→ヒトとなる。このような生成の図式が、昌益が重視する「序《ツイデ》」という視点である。転定と穀とヒトは、真体と全体《まつたきたい》であり、真体「一」を源として分生するから、転定・穀・ヒト（男女）は、融合した全体として一体・一気であり、また、個別としても「一体」（真体）である。昌益は「転定・人・物、一統・一括シテ、唯一固ニシテ是レ真ハ、自然ノ真ナリ」（④二〇一）という気の思想による認識なのである。

ウ、「進退論」考

生命的宇宙を営む真体（一気）は、常に流れ、無始無終に循環して万物を生成する。昌益は、気の生成力・生命力・活動力を重視した運気論を構築するために、既成の「陰陽」という用語を使用しなかった。その理由は、陰陽から受ける中国臭さ、儒教の聖典『易経』などに見られる、陰陽の固定的・価値的・二別的な把握にあったからである。昌益は、これらを否定して、宇宙の生命的な真（一気）の生成活動に対応する、動的な用語を生み出した。それが「進退」（進退《ハタラキ》）である。『昌益事典』には、「進退（進退退進）」の解説（別二一八）がある。そこには次のようなことが述べられている。

「活真」とその一気が、進行または退行する運動のこと。（中略）「進」と「退」とは方向性を異にするだけの等価の運動概念である。そして「進」は常に内に「退」をはらみ、「退」は常に内に「進」をはらむという「互性」の関係で「進退・退進」の矛盾運動をする。

筆者が注目するのは、「『進退・退進』の矛盾運動をする」という把握である。『全集』では、「進退」を「矛盾」であるという。その資料・解説を提示する。

「『進退ハ互性ナリ』であって、『其ノ進中ニ自リ退キ、其ノ退中ニ自リ進ミ、進退・退進……是レ即チ自《ひと》リ然《す》ル真ノ営ム所』『進退ハ乃チ退進ニシテ、自リ然ル五行ノ進退・退進ナリ』である。したがって、『進ノ性ハ退ニ在リ、退ノ性ハ進ニ在リ、故ニ只進退・互性ノ妙行』という依存と対立の矛盾関係になる。つまり、『進退ナル者ハ、進ト退ト二別ニ非ズ。進中ニ退アリ、退中ニ進アリテ、行フ所ハ互性ナリ』」（別二二〇）

この解説には、どこが矛盾なのか、どのような点で矛盾なのか、の説明はなく、読者が自分で、資料から読みとれ的な解説である。「解説」（者）は、「進」と「退」とを、「方向性を異にするだけ」と述べていたが、「進」と「退」の字から、二つの方向が同時に動き衝突するイメージを描いているのでは、と心配してしまう。「進退」の用例を提示して、――以降に筆者の解説を述べる。

「進気ト退気ハ和合シテ気ヲ生ズ、進気ト進気トハ互立シテ争ヒ和セズ、退気ト退気トハ互⿰忄退《ごたい》シテ背キテ合和セズ。是ガ自然ノ気行ニシテ、進退・和合ハ生ノ道ナリ」（③二五一）

――気は進気と退気が和合して生じる。生成は和合によっておこる。進進・退退では対立して気は生じない。

「転定ハ自然ノ進退・退進ナリ。其ノ進ム方ハ、進気表ヲ主リテ退気裏ニ伏ス」（⑬一六九）――宇宙の生命体・真の「自リ然ル」活動が「進退」であり、その「進退」が転定となって生成する。気の進退は、自り然る「一体の流れ」で、進退する気の姿は表裏の関係で捉えられている。進気が主宰（顕在）のときは、退気は伏在して、一気・一体（表裏・顕伏）の関係・状態で運行している。この資料は、転と定の進退関係の把握であるが、昌益は「転定ト人身ト、自然ノ進退・退進、表裏ニシテ」（⑬三二四）と、転定と人身関係を進退・退進・表裏の「一体」と捉え、矛盾関係はない。

「一気ノ進退ナリ。其ノ進中ニ自リ退キ、其ノ退中ニ自リ進ミ、進退・退進（中略）是レ即チ自リ然ル真ノ営ム所」（⑬一〇三）――この資料は、『全集』解説が「矛盾」の事例として引用したものである。筆者は次のように解説する。進退の一気は、進気が主宰（主導）的状態・局面（表・顕）のときは、退気は、おのずと・自然に退く（裏・伏）。退気が主宰局面で、次の進気に移行する局面には、退気の中から進気が、おのずと・「自リ然テ」進み、進気の主宰局面へと移行する。この気の移行は流れ・波長の円循環のイメージである。ここには「矛盾」はない。昌益は気の進退の構造を、「進気中ニ進退具ハルガ自然ナリ」「退気中ニ進退具ハリ」（④三三八・三三九）と、顕伏の表裏的・重層的にも捉えている。

これ以上資料の引用はしない。昌益の進退論には、「矛盾」なる状態は見出せない。漢方医学に疎い筆者であるが、気の流通と調和で人と病を見る漢方医学に、「矛盾」なる考え方・捉え方はあるのであろうか。自然界（四季）も人体も、一気の流体（進退）のなかにあり、人体内の気血はつねに流れ循環している。自然界・人体に流れる気が、滞る・滞留すると何らかの病気が始まる。「気、留滞スレバ万病之レヨリ起ル也」（⑮三六四）と昌益は主張する。

4　安藤昌益の直耕論

(1) 直耕とはなにか

前期昌益は、天地の万物生生の造化論に強い関心をもっていた。この造化論が、中期に「直耕」論として誕生した。それにともない昌益は、「感《ハタラ》ク」「感《カセ》ギ」「進退《ハタラキ》」「耕《タガヤ》シ」「自《ヒト》リ然《ス》ル」など、自己の運気論に関わる用語に、活動的・生産的な振り仮名をつけた。では昌益の「直耕」論の資料を提示してみよう。

「転定運回シ時行ハレテ、万物生生シ竭《つ》クルコト無キハ、無始無終ナル自然ノ真感、進退スル直耕ナリ。転定ノ神行ハ進退スル家穡《かしょく》〔農業生産〕ナリ。転定ノ家穡ハ人倫ノ父母ナリ。故ニ人ハ転定ノ正体ニシテ、稼穀ノ子孫ナリ。故ニ転下・万国ノ人倫、男ハ耕シ女ハ織ルハ常ノ営ミ、自リ感ク自然ノ所行ナリ」（②三七）

――転定に気が運回して、万物が生生している。それは「自リ然ル」真が感《ハタラ》く（進退《ハタラキ》）直耕で、真の運回（神行）は、稼穡である。それは人倫の父母であり、人は転定の正しい体を受け、米穀の子孫ともいえる。男が耕し、女が織る営みは、「自リ然ル」真の行ないである。昌益はこれを「自然真自《ミツカ》ラノ直耕ニシテ」（⑯上七五）と表現する。「自然ノ所行ナリ」の「自然」は自然《ネーチャー》ではなく「真」のことである。

「夫レ自然・転定ノ大道ハ、万物生生ノ直耕ト、人之レヲ継グ五穀ノ直耕ト、転人一和ノ直耕、是レ自然真ノ大道ナリ」（⑧二四六～二四七）

――自り然る転定の大いなる道は万物生生の直耕と、それを受け継ぐ人の五穀の直耕。転と人との一和になる直耕である。これが自り然る真体の大いなる生生の道である。人の直耕は「生生スルハ転定ノ直耕ナリ。人ハ転定ニ継ギテ、人ハ五穀ヲ直耕シテ」（⑨二〇二～二〇三）と、「人ハ小転定ナル故、全ク転定ノ直耕ニ継ギ」という、転定の直耕を受け継ぐ関係である。「直耕」の用語には振り仮名はない。造字・造語の名手・昌益にしては不思議である。昌益は「直」の文字に、「直《ジキ》ニ」「直《ジカ》ニ」「直《テヅカ》ラ」「直《チョク》」と仮名をふる。『私制字書巻』の「直」（②一六二）の字義に「慎徳・無私ノ象リ字」とある。和訓は「スナヲ・ナヲシ・スグ・マコト・マスグ」とある。気の思想家昌益は、「直」の字義に「気《ソナワリ》」（「ワタクシナシ」）と同じ意味内容が具備《そなわ》っていることを十分に認識しており、昌益には気（「真」）の造化論である「直耕」（「自然真ノ天神、何クニカ利欲ヲ有《タモ》テルヤ。運回常行シテ万物生生ノ直耕シテ、与ヒテ取奪ノ利欲ヲ知ラザル者ハ天神ナリ」〈②四四〉）の用語に、敢えて振り仮名を施す必要性を感じなかったということも考えられる。しかし、筆者は、「直」の字義に込められた多様な、かつ重要な意味内容（「スナヲ・ナヲシ・スグ・マコト・マスグ」）に対して、反儒学・神道的思想を抱く昌益は、振り仮名を施すことによって「直」の意味内容を限定してしまうことを畏れ、避けたのではないかと考えている。そして、筆者は昌益が何故「真耕」としなかったかの意味をも深く考える。

（2）昌益の直耕論と尊徳の耕作論

農民出身の運気論医昌益（元禄十六〈一七〇三〉年～宝暦十二〈一七六二〉年）の直耕論は、農民の主体的な直耕に重点が置かれているのであろうか。時代はずれるが、同じ農民出身の二宮尊徳（天明七〈一七八七〉年～安政三〈一八五六〉年）の耕作論と比較して、昌益の直耕論の内実を確認してみよう。

二宮尊徳は、幕末・農民出身の農政家である。勤勉に働き、節約して没落した家を再興した。後に幕府・諸藩に迎えられ農村復興に努め、その事業は報徳仕法として知られる。尊徳は昌益より一世代あとの人で、尊徳は軽く「地球」と表現する時代の人物である。この二人を比較するのは、昌益の直耕論の意味内容とその特長を明らかにするためである（尊徳の資料は、「二宮翁夜話」〈日本思想大系52『二宮尊徳　大原幽学』岩波書店、一九七三〉。読みやすくするために、送り仮名を施した箇所がある）。

はじめに昌益の直耕論を①、尊徳の耕作論を②として提示する。

①今直ニ見ル、人ノ自リ進ミ自リ退キ業ヲ働クハ、是レ人ニ具ハル耕農ナリ。之レヲ知ラズシテ之レヲ行フナリ。故ニ農耕ノ道ハ、人身ノ知分ニ具ハリテ自リ知ルコト、是レ農耕ヲ為ス所ノ土地モ、耕農ヲ為ス人倫モ、生ズル所ノ穀種モ、自然ノ為ル所ナレバ、自然ニ人ニ具ハリテ自然ニ耕シ自然ニ織リ、自リ耕シテ食ヒ自リ織リテ着ルコトハ、他ノ教ヘヲ待ツ所ニ非ズ（⑬二三七）。

――昌益の直耕論は、「自然真自《ミヅカ》ラノ直耕ニシテ」と、「真」の「進退《ハタラキ》」が直耕で、文中の「自然ノ為ル所ナレバ」の「自然」は、「真」の「自リ然ル」ことである。自然《ネーチャー》ではない。

大転定の万物生成である直耕と、小転定である人の直耕は、気の運行・交流のなかで連続的・一体的関係にある。その構造のなかで、人は農耕の「理」を、自ら主体的・経験的に獲得するというよりは、真体の万物生生過程の一部分として、親元である真・転定の直耕を受け継ぐ、与えられているという視点が強い。気《ソナワリ》という生命体に、直耕のことが生得的に具わっているので、「民ノ農業ヲ怠ラズ直耕スルハ、其ノ天備ナリ。（中略）人知ノ致ス所ニ非ズ」（③二二五）「他ノ教ヘヲ待ツ所ニ非ズ」で、直耕は「おのづから」与えられている、具わり・天与・天賦という自然性の意味合いが強い。「気《ソナワリ》」で構成されているすべての男女には、自然《おのづ》と直耕・直織が具備されているのである。普通の知識人には構想できない農民出身の「気《ソナワリ》」の思想家安藤昌益の独創であるが、「気」の直耕論には人間労働の自主性・主体性の視点は弱い。

②翁曰、夫れ人道は人造なり、されば自然に行《オコナ》はるゝ処の天理とは格別なり、天理とは、春《ハル》は生じ秋《アキ》は枯《カ》れ、火は燥《カワ》けるに付《ツキ》、水は卑《ヒキ》に流《ナガ》る、昼夜《チウヤ》運動《ウンドウ》して万古易《カハ》らざる是《コレ》なり、人道は日々夜々人力を尽《ツク》し、保護《ホウゴ》して成《ナ》る、故に天道の自然に任《マカ》すれば、忽に廃《スタ》れて行《オコナ》はれず、故に人道は、情欲《ジヤウヨク》ノ儘《マヽ》にする時は、立ざるなり（「二宮翁夜話」巻之一、一二

三～一二四頁）。

翁曰、夫れ人の賤《イヤシ》む処《トコロ》の畜《チク》道は天理自然の道なり、尊《タフト》む処の人道は天理に順《シタガ》ふといへども、又作《サク》為《ヰ》の道にして自然にあらず（同前一二四頁）。

――尊徳は実践的な農政家であり、昌益の思弁的な「気」の直耕論とは異なる。尊徳は、「四時共に米を喰ふが如《ゴト》き、是れ作為の道にあらずして何ぞ、自然の道あらざる明らか也、夫れ自然の道は、万古廃《スタ》れず、作為の道は怠れば廃《スタ》る、然《しか》るに其の人作の道を誤《アヤマツ》て、天理自然の道と思《オモ》ふが故に、願《ネガ》ふ事成らず思ふ事叶《かな》はず、終《ツヒ》に我世は憂世《ウキヨ》なりなど丶いふに至る」（同前）という。

昌益の直耕論の本質は運気論であるが、このことから直ちに昌益には尊徳的な作為論がないと即断はできない。大館の門弟一関重兵衛の、「己が行《ギヤウ》事耕作に意《ココロ》を用ひて、凶年を免るる工夫をなさばしかるべかりしを、（中略）天災とのミ覚ゆるハ大イなる誤《アヤマリ（ママ）》り也」（⑭六七）と述べる認識は昌益も共有していたであろう。そうでなければ宝暦期、連年の凶作のなかで安藤家再興はできなかったであろう。

（3）直耕と不耕貪食

昌益は農家の出身で、生涯を医者・知識人として生活した（大館二井田における昌益の農民像は資料的には不明）。八戸の門人は、藩医・藩士・神官・商人等で、大館二井田の門弟には有力な農民たちがいた。昌益は聖人、孔子（孔丘）・釈迦などを、不耕貪食と激しく批判した。昌益も直耕という生生造化論をもっている。これらに関する資料を提示して、「直耕」論を別の視点で見てみよう。

「直耕ノ養ヒヲ受ケテ身命在ル者ハ人ナリ。此ノ人ト為《シ》テ、此ノ天地・直耕ノ真道ニ背ク者ハ、甚ダ無礼ノ至リナリ。故ニ、不耕貪食シテ渡世スル者ハ、天地ニ対シテ無礼ナルコト、之レヨリ大イナルハ無シ。孔丘モ其ノ人ナリ」（④六七）

「釈迦モ凡テノ人モ生活《イキ》テ言行《モノイイヲコナヒ》ヲ為ス。故ニ釈迦出家スレドモ穀ニ離ルルコト能ハズ。故ニ袋ヲ首ニ掛ケテ人家ノ門ニ穀ヲ乞《モラ》フテ之レヲ食イテ生《イ》キ

テ居テ、猶《なヲ》衆人ノ直耕・辛苦ノ穀ヲ貪リテ之レヲ食フ」（⑨五六）

「耕サザル者ハ人ニ養ハルルニ非ズ、人ヲ貪ルナリ。直耕ノ人ハ人ヲ治メルニ非ズ、人ヲ養フナリ。故ニ耕サザル者ハ道ヲ盗ンデ貪リ食フ罪人ナリ」（⑧二三九）

「貧家タリト雖モ、農家ハ天下ノ太本ナレバ、賢者ハ当ニ好ンデ耕スベキ業ニシテ、不耕貪食ヲバ単《ツマ》指《ハジキ》スベキコトナリ」（③四一二）

「師、一生ノ直耕ハ一代ノ真道ナリ。直耕ニ代ヒテ真営道ヲ書ニ綴リ后世ニ貽《のこ》スハ、永永・無限ノ真道・直耕ナリ」（①一一〇〜一一二）

――昌益及び八戸の確門の門人たちは、農業労働としての直耕は実践していない。少なくとも資料的には確認できない。だが昌益・門人たちは、「直耕」を最も重視した。現代に生きる筆者には、言行不一致ではないかとも思う。そのへんの葛藤・ジレンマは近世人・当事者にはなかったのであろうか。それとも、「直耕ニ代ヒテ自然・活真営・妙道ヲ」行なうのであれば、直耕の実践と同じ行為と弟子たちは相互に認識していたのかもしれない。高弟・仙確は『自然真営道』の書が、師・昌益の「真道・直耕」だという。農業労働としての直耕をしていない孔子・釈迦だが、「道」としての彼らの著作は、本人たちにとって、昌益と同じ意味での「直耕」ではないのであろうか、と現代人の筆者は考える。

　昌益の直耕論を検討するなかで留意したいことがある。それは、異国教学の始祖たちを、不耕貪食者と批判を開始する時期に、直耕論が誕生した事実である。この時期の一致は偶然であろか。『電子版安藤昌益全集・章句検索篇』（編集・制作は東均。農文協、二〇〇四）で、「不耕貪食」の用語の出度数は確認できる。多いのは『統』「糺聖失」巻、『稿自』「私法儒書巻」、次いで『統』「糺仏失」巻である。筆者は、「不耕貪食」の用語に、異国教学、特に儒教の聖人及び孔子、仏教の釈迦批判の有効な武器として誕生させた昌益の意図・含意を読む。

　相手の思想の内部に私欲を嗅ぎつけることにたけ

た鋭い昌益。孔子・釈迦たち知識人は、「不耕貪食」論に、一番引け目を感じてしまう。中期昌益は、『自然真営道』を確立して、異国教学批判を開始する。この「不耕貪食」批判には、誰も太刀打ち出来ない。筆者は、造化論である「直耕」論の斬新な着想には脱帽するが、今回は、角度を少し変えて、「直耕」論と「不耕貪食」論の昌益的な視点（敵対者にダメージを与えるイデオロギー的な視点）を以上のように探ってみた。

この昌益的視点としてもう一つふれたい。昌益の『自然真営道後篇』『孔子一世弁紀（記）』の刊行計画（実物は未発見）は知られている。孔子批判ならば、『稿自』や『自然真営道後篇』内で十分と現代人は考え勝ちである。しかし、昌益は執拗に、別本で孔子批判の書の刊行を意図した。このことを重視すべきだと思う。

現代人は、昌益の封建制批判論、人間・男女平等を高く評価して、そこに視点を集中する。近世人の昌益は、別のことを考えていたのではないか。『儒道統之図』の存在に見られる自信にあふれた正統・道統系図上の自画像。最後まで孔子批判をめざした昌益の意図は何か。世界的に著名な外来思想家の頂点に位置する孔子。東北から、日本から自在に「自然真営道」思想を樹立・発信して、外来思想に対抗する昌益の姿勢を筆者は強く感じる。その最大の敵対者が孔子ではなかったか。それは『統道真伝』の書名（「人倫巻」「禽獣巻」は「自然真統道」の書名である）に、「道」の最終統括者昌益の強い意志が読み取れることと一体のものであろうと考える。

5　米穀論

日本の思想家で昌益ほど「米穀」を重視した人物はいない。昌益の「米穀」論を提示して昌益思想の〝こだわり〟を見てみる。

▲米粒ニ転定・人身一真ヨリ自リ具ハル図解（中略）●嘆、感ナルカナ米粒、真ニ自然・転定ノ妙体ニシテ、其レ其ノ形体ハ即チ転定小カニ凝レル者ナ

リ（⑩八八）。

▲米《ヨネ》ハ、●世根《ヨネ》ナリ。人倫ハ米《ヨネ》ニ生ジテ米《ヨネ》ヲ食フテ此レヲ耕ス。米《ヨネ》有ル故ニ人倫ノ世有リ、故ニ米《ヨネ》ハ世根《ヨネ》ナリ。米《ヨネ》無キ則ハ人ノ世モ無シ。人、米《ヨネ》ヲ食フテ人ノ世《ヨ》有リ。故ニ人ノ世根《ヨネ》ハ米《ヨネ》ニ有リ。故ニ之レヲ世根《ヨネ》ト曰フ。世根《ヨネ》ハ米《ヨネ》ナリ。耕シテ米《ヨネ》ヲ食フテ私欲ヲ外ニ求メザレバ、安養ノ世界ニシテ常鎮《とこしなヒ》ニ楽シム、喜ビザルコト無シ（⑫三〇二）。

▲稲《イネ》ハ、●寿根《イノチネ》ナリ。人ハ稲ノ精ニ生ズ、故ニ人ノ寿根《イネ》ハ稲ナリ。稲ノ精ニ生ジテ稲ヲ食フテ命《イノチ》ヲ養フ、故ニ稲《イネ》ハ命根《イノチネ》ナリ。（中略）儒・仏・神ノ万法モ、稲ヲ食フテ寿根《イネ》有リテ、而シテ後ノ腹業ナリ。寿根《イネ》無クンバ何ヲ儒・仏トカ言ハンヤ。寿根《イネ》有リテ儒・仏・神ト云ヘルハ、又稲ノ言《コト》ナリ（⑫三〇二～三〇三）。

――気の思想家昌益は、「人の命」と「穀」を重視する。真・転定の精神が「五穀」となり、その精神が逆気の「穀」中に具わり、通気の「人」となるという。真→転定→穀→ヒトの生成過程となる。人は転定の一真気と穀気（「人ノ生《イ》キルハ、米《イイ》ノ気ニ非ザレバ成《ナ》ラズ」〈⑯上一八八〉）によって誕生し、生命を維持していく。

気の思想家昌益にとって穀（「米《イイ》ノ気」）は、命《イノチ》根《ネ》・世根《ヨネ》として生存の根元である。昌益は既成教学に対して、「故ニ言語モ、聖・釈モ、説法モ教解モ、鳴クモ吠ユルモ、皆食ハンガ為ナリ。故ニ世界ハ一食道ノミ」（⑧一七二）と、生命とその再生産の源から遊離した、学問・既成教学・知識人のあり方を批判した。

6　安藤昌益の循環的世界像

昌益は、「真ハ環ノ端無ク如如トシテ無始無終、発シテ革マリ、入リテ就キ、妙一真ノ進退ナリ」（⑬二〇六）と、転定や気の根源・主宰である「真」は、円環（円体）のような生命力である気中を、無限に感応・進退して循回する。昌益思想の根底には、このような「気」の循環的な世界像が存在している。昌益の著作・活動もこの循環的世界像のなかにある。資料・解説を提示してみよう。

「此ノ妙霊為ル天地、太極ヨリ開ケテ人・物生ジ来ルナレバ、亦《また》時在リテ閉塞・混合シテ天地滅砕スレバ、人・物消散シテ無始無極ニ帰スベシ。而シテ又時在リテ、天地開闢シテ人・物生マレ来ルベシ」(⑯下一〇二)

——前期『暦大意』には、「時在リテ」天地の開闢と滅砕が繰り返される循環の視点がすでに提示されている。

「人モ転定ノ精凝ニ生《ナ》ル穀精ノ凝物ナレバ、又転定ト与ニ無始無終ニシテ、生死ハ進転・退定ニ即シテ又無始無終ナリ」(⑤二七〇)

——中期の資料である。生命体「真ハ環ノ端無ク如如トシテ無始無終」に円循環をする。人の生死も、この無限の気の循回・進退として捉えられ、人は転に死し穀に休す。転→穀(中土)→ヒト→転→穀→ヒトの無限の循環世界である。

「聖人ノ失リニ世人ノ失リヲ累《かさ》ネ、重失ノ世ト為リ、万万歳ヲ暦《ふ》ルト雖モ、之レヲ糺ス者無キハ転ノ時ノ至ラザルカ。今此ノ久失ヲ改ムルニ転ノ十気ノ至レルカ。然リ」(⑩一七二)

「予、此ノ土ニ生マルルニ至リテ、悉ク世世ノ聖聖・釈・諸祖ノ自然ノ真道ヲ失リタルヲ観出ス。予ガ私ニ非ズ、予ニ生来ノ自然真、自リ之レヲ見ハス故ニ、予ガ私ニスル所ニ非ズ。自然、聖・釈ノ利己・不耕貪食ノ為《メ》ニ久積〔久しくたまり〕埋レタルガ、十気《とき》ノ循回ヲ得テ自リ見ハルル者ナリ」(⑧一八一〜一八二)

——昌益の独自な「十気《とき》」の思想である。この自り然る進退の十気は、「十気《トキ》ハ時《トキ》ニシテ、自然ノ進退ナリ」(⑫二九三)「何事モ転定ノ十気到ルニ於テ成ラザルコト無シ。故ニ転定・人・物ハ只自然ノ十気ヲ尽ス所ニ在リテ常ナリ」(⑪一三七)と、転定・人・物の存在は真体の生命活動である「進退」の循環(「十気」)のなかに位置づけられる。

昌益はこの「十気」の循環のなかに自己の著作・行動をも位置づける。「今此ノ久失ヲ改ムルニ転ノ十気ノ至レルカ。然リ」とか、「自然ノ世ト為サン。自然ノ十気ヲ待ツノミ」（⑨二五九）という「十気」の視点である。この視点から昌益が聖・釈を糺すのは、「予ガ私ニ非ズ、予ニ生来ノ自然真、自リ之レヲ見ハス故ニ、予ガ私ニスル所ニ非ズ」「十気《とき》ノ循回ヲ得テ自リ見ハルル者ナリ」と、既成教学批判も「十気《とき》」（循環）の思想で把握される。

「人在リテ、『真営道』ノ書ヲ誦シ、直耕・活真ノ妙道ヲ貴ブ者之レ在ル則ハ、是レ乃イ『真営道』ノ書、作者ノ再来ナリ。此ノ作者、常ニ誓ツテ曰ク、『吾レ転ニ死シ、穀ニ休シ、人ニ来ル、幾幾トシテ経歳スト雖モ、誓ツテ自然・活真ノ世ト為サン』ト言ヒテ転ニ帰ス、果シテ此ノ人ナリ。是レ此ノ人、具足ノ活真、転ノ活真ニ一和シテ、活真ノ妙道自発ス、故ニ之レヲ誓ツテ違ハズ」（①一五二）

――後期『大序巻』の、仙確による亡き師昌益への送辞である。筆者は、この『大序巻』にも、十気・進退の「自リ然ル」無始無終の循環的世界像の視点（循環・再来）があると考えている。近世人昌益は特異な視点をもつ「気」の思想家である。

7　安藤昌益の「真」と「自然」

(1) 近世知識人の「自然」の用例

日本語学者の大野晋は、「ヨーロッパ語にあって、日本語に欠けている言葉もある。例えば、英語には、『自然』という言葉がある。ネイチュア nature がそれである。このネイチュアにあたる言葉は、日本語では『自然』という他、何も言いようがない。シナ語やヨーロッパ語から借り入れたものではない、もともとの日本語をヤマト言葉と呼べば、ヤマト言葉に『自然』を求めても、それは見当たらない。何故、ヤマト言葉に『自然』が発見できないのか。それは、古代の日本人が、『自然』を人間に対立する一つの物として、対象として捉えていなかったからであろうと思う。自分に対立する一つの物として、意識のうちに確立していなかった『自然』が、一つの名前を持たずに終ったのは当然ではなかろうか。（中略）基本的には、日本人は自然を、人間に対立する物、利用すべき対象と見ていない。むしろ、自然は人間がそこに溶け込むところである。自分と自然との間に、はっきりした境がなく、人間はいつの間にか自然のなかから出て来て、いつの間にか自然の中に帰って行く。そういうもの、それが『自然』だと思っているのではなかろうか」（『日本語の年輪』一一〜一三頁、新潮社、一九六六）と述べている。

われわれはこれから近世人の「自然」の用語の用例を見ていくのであるが、特に現代人は注意しなければならないことがある。それは、伝統的日本語である「自然」は、「おのづから」の意味内容として長く使用されてきた。一方、英語のＮＡＴＵＲＥを翻訳するにあたり、「自然」なる語をあてた。私たち現代人は、「自然」の言葉からすぐに「自然界《ネーチャー》」を想起しがちである。日本人の古来からの、「おのづから」の意味内容は、すぐには思いつかない。そうでありながら、私たちは、会話のなかで「自然に」とか「自然と」という言葉を発している。「自然」の用例が、「自然界」（天地・森羅万象・万物など具体的な事物）を意味して使用しているのか、それとも、「おのづから」「おのづと」的な意味・内容として「自然と」「自然に」と表現しているのか、注意しなければならない。

以下に近世人の「自然」の用例を見ていくことにする。

井口常範（生没年不詳）

「天ハ渾円ニシテ自然ニ陰陽五行ヲ具ス其気ノ軽《カロ》キハ動《ウコキ》ニ随テ天内ニ充満シ重キハ止テ地ト凝《コ》リ気ニ抱カレテ中央ニ居ス是《レ》形ヲ生《ナス》ノ始也」（江戸科学古典叢書33『天文図解』四四二〜四四三頁、恒和出版、一九八〇）

――この『天文図解』（元禄二〈一六八九〉年刊）は、前期昌益が自己の思想形成に参考とした書である。天は「おのづから」（「自然ニ」）陰陽五行を具備しているという使用例である。同じ渾天説をもつ昌益の宇宙観に似ており、「自然ニ陰陽五行ヲ具ス」という用法も昌益の「自然」と同じである。

荻生徂徠（寛文六〈一六六六〉年～享保十三〈一七二八〉年）

「世界の物体を士農工商之四民に立候事も、古の聖人の御立候事にて、天地自然に四民有レ之候にては無二御座一候」（『徂徠先生答問書』〈日本古典文学大系94『近世文学論集』一八六頁、岩波書店、一九六六〉）

――徂徠は江戸中期ころの医者・思想家で、彼の学問方法論を「古文辞学」といった。この「自然」は、「おのづから」である。徂徠は、五倫・四民は、聖人の「立候」（「作為」）であるという。対極に位置する昌益と同じ認識である。

香川修徳（天和三〈一六八三〉年～宝暦五〈一七五五〉年）

「凡テ薬ハ須《すべから》ク制ヲ仮《おおき》クスベカラズ。物有レバ則有リ。万品各々天生自然ノ効用有リ（中略）天地自然ノ物則ニ従フテ善ト為スベキナリ」（『一本堂薬選』「凡例」）

――京都の古方医で、中国伝来の『本草』書の薬効を否定し、実効のみを経験的に観察して『一本堂薬選』を著わした。修徳はそれぞれの草木が、本来もっている薬用としての功能・特質（本性）を、「天生自然」と捉えている。文中の「天地自然ノ物則」の「自然」は「おのづから」という意味であろう。

賀茂真淵《かものまぶち》（元禄十〈一六九七〉年～明和六〈一七六九〉年）

「凡物は理にきとかゝることは、いはゞ死《シニ》たるがごとし。天地とともに、おこなはるゝ、おのづからの事こそ、生《イキ》てはたらく物なれ」（『国意考』日本思想大系39『近世神道論・前期国学』三七七～三七八頁、岩波書店、一九七二）

――昌益とほぼ同時代の国学者賀茂真淵は、儒教のいう「理」などに執着すると身動きがとれなくなるという。それよりも天地《あめつち》のおのづからなる働きこそ生き生きとしたものであるという。昌益に近い認識である。真淵はこの『国意考』では、「凡天地のまに〱、日月を初て、おのづから有物は、皆丸し」（三八四頁）と、漢語を源とする「自然」の用語は意識的にか使用しない。自然界の具体的なものは「天地」「日月」と表現し、それらのあり方を、和語（日本語）の「おのづから」の言葉で、多くの箇所で使用している。

三浦梅園（享保八〈一七二三〉年〜寛政元〈一七八九〉年）

「人、善をこのみ悪をにくむの心は、則自然也。善をこのみ、悪をにくむは、使レ然るなり。死生栄枯は、則自然也。死生栄枯するは使然也《しからしむるなり》」（『元炁《げんき》論』「自然而使然」復刻日本科学古典全書1『科学思想』一〇三頁、朝日新聞社、一九七八）

――気の思想家三浦梅園の気論（『元炁論』）から引用した資料である。梅園はこの『元炁論』では、「天地は自《おのづから》天地、物我は自物我」と、天地・日月などの自然界の、具体的な事物の用語を使用する。この文中の「自然」は、「おのづから」的な理解であろう。昌益と同じ「気の思想家」三浦梅園の気論を見てみると、昌益に近い気論を展開している。梅園は気の説明で、「一元気の用や、陰陽也。陰陽は二なり。二なるものは、即《すなわち》一と一と也。故に陽こと〲く、陽なる事あたはず。陽中、有レ陰。陰こと〲く、陰なる事能《あた》はず。陰中、有レ陽」（九九頁）と述べる。梅園は、陰陽の気はそれぞれ独立した二気・二体ではなく、本体の一元気のなかでの一気・一体的存在であるとの認識をもっている。この梅園の認識は、昌益の進退（陰陽）で一気・一体と把握する認識と同じである。

本居宣長（享保十五〈一七三〇〉年〜享和元〈一八〇一〉年）

「かの老荘は、おのづから神の道に似たる事多し、これかのさかしらを厭《イトヒ》て、自然を尊むが故也、（中略）但しかれらが道は、もとさかしらを厭《イト》ふから、自然の道をしひて立《テ》んとする物なる故に、その自然は真の自然にあらず、もし自然に任《マカ》すをよしとせば、さかしらなる世は、そのさかしらのまゝにてあらんこそ、真の自然には有べきに、そのさかしらを厭《イト》ひ悪《ニク》むは、返りて自然に背《ソム》ける強事《シヒゴト》也」（『くず花』「本居宣長全集」八巻一六三頁、筑摩書房、一

九七二）

――国学者宣長は、老荘は利巧ぶる儒教より「おのづから」なる自然性を尊んだという。しかし、老荘は無理やり自然を強調して、かえって自然でなく、押しつけがましいものである。老荘が「自然」を強いて主張して「さかしら」を批判するのは、かえって真の「自然」でないと宣長は主張する。ここでの「自然」は、やはり「天地《アメツチ》のおのづからなる道」（『直毘霊《なおびのみたま》』）としての「自然性」の理解である。

乳《にゅう》井《い》貢《みつぎ》（正徳二〈一七一二〉年～寛政四〈一七九二〉年）

「天地ノ造分万物ノ動揺、悉ク自然ニ非スト云者ナシ、而シテ自然本ヨリ偶然タラス、悉ク主宰ノ神令ニシテ尚《ナヲ》本然ノ自然トスル者アリ、人力ノ自然トスル者アリ、是レ神ト人ト合一ナル所ナリ、夫無形ノ霊ヲ神ト名ツク、有形ノ霊ヲ人ト名ツク、神ニアラサレハ生セス、人ニアラサレハ成ラス、仮令ハ種ヲ蒔テ、種地中ニ芽ヲ生スルマテヲ神ノ力トス、人ノ善ク為《スル》所ニアラス、既ニ生シテ而シテ後ニ是レヲ長スルニ、培《ツチカフ》ヲ以テスル者ハ人ノ力也、（中略）然ルヲ今ノ儒ヲ学フ者、唯天ノ自然ノミニ身ヲ安シ、人ノ自然ノ力ヲ棄ツルハ、是レ自《ミツカラ》譏《そし》ル所ノ虚無ノ行ヒニシテ、儒ノ異端ナラスヤ」（『志学幼弁』「自然」『新編弘前市史資料編2近世編一』七三四～七三六頁、一九九六）

――乳井貢は、津軽藩宝暦改革推進の中心人物で、宝暦三年に勘定奉行に就任して改革にあたった。引用資料は、乳井貢の主著『志学幼弁』十巻（宝暦十四年、自序）の巻三、「自然、成敗、時宜、善悪、勇怯」のものである。彼は天の造化（自然）と、人の作為との役割を明確に区別し、「天ト人ト二ツ有ルコトヲ知テ、始テ人間世ノ当ニ尽スヘキノ義理明也」（同上）と述べる。

乳井の述べる「自然」は、「天」が与える造化の「おのづから」なる営みである。乳井は「堯舜ノ智モ加フルコト能ハズ、之ヲ自然ト謂フ也」（『太極図説』「乳井貢全集」巻三、二〇頁）と「自然」を「作為」（人知）との関係としても捉えていた。人の作為は、天から与えられながらも、天と人との連続的な思考・認識はなく、自然界と、人及び社会との区別・「人力」を明確に認識していた。乳井貢が天地生成以前のあり方を「本然ノ自然」と捉え、また、人知（人為）に対する「自然」の認識をもっているが、それは本然の「おのづから」である。「気」の思想家昌益の「自然」のように、生命体の本然のあり方としての「自然」ではない。とはいえ昌益と同じ頃の宝暦期東北の地にこのような認識が形成されていたのである。

　以上、近世人の「自然」の意味内容を見てきた。「自然」は「自然界《ネーチャー》」のことではなく、「おのづから」という意味内容で使用されていることがわかった。近世人が「天理自然」「天地自然」と表現するときは、「天理」「天地」が主体（自然界《ネーチャー》）であり、その天地の「おのづから」なる姿・存在・あり方に対し、「自然」なる語をつけ、「天地自然」の表現が使用されたのである。

安藤昌益（元禄十六〈一七〇三〉年～宝暦十二〈一七六二〉年）

　「諸鳥ノ中ニ鴈ハ長幼ノ序デアリ。乱レズ飛ハ[理気ヲ具ヘルニ似]タリ。（中略）故ニ自然ト礼ヲ乱サズ飛ビ行ク。コレ即チ天理、自然ト感ズル所ナリ。礼ヲ知リテナスニハアラズ」（⑯下三五九）

――生き物が、天与として「おのづと」与えられた「天理」（「性」）の「自然」性のことである。

「『制《コシラ》ヱ』ハ乃チ『法《コシラ》ヱ』ナリ。故ニ、私ニ作《ツク》リ拵《コシラ》ヱル事《コト》ヲ制法《セイハフ》ト云フハ、私ノ制《コシラ》ヱ法《コシラ》ヱト云フコトナリ。此レヲ以テ、諸法ハ皆私ノ法《コシラ》ヱニシテ自然ノ道ニ非ズ。自然ノ道ニハ制法ト云フコト絶エテ無《ナ》キナリ」（⑯上二三〇）

――天与の「自然ノ道」は、「おのづから」なるもので、人為の「制《コシラ》ヱ」は、「皆私ノ法《コシラ》ヱニシテ」と、天与の「自然」性と、人の「私ノ法《コシラ》ヱ」を対比する。これが昌益の「自然」の意味内容の一つの重要な視点である。

　さて、こうした安藤昌益の「自然」について、安永寿延は、「『自然』はけっして実体的ではなく、運動概念である。それは今日いわれる自然を意味しない」（傍点は原著者。『安藤昌益』一八〇頁）と述べる。安永は、昌益の「自然」を、昌益の「自り然る」を念頭において運動概念と捉えた。人間の外界に存在する客観的な事物（実体）のことではないという。

寺尾五郎は、「昌益の『自然』概念は、『天地』とともに生物の『人・物』をふくみ、木火土金水の全要素・全存在を包括する。『天地』という巨大な容れ物と、その中の無機・有機の全存在とを一括した全自然の意の『自然』概念が、ここにはじめて成立している。それは日本思想史上における自然界《ネーチユア》の意の『自然』概念の初出であり、創造であった」（『「自然」概念の形成史』二二二頁、農文協、二〇〇二）と述べる。寺尾による昌益の「自然」の捉え方は、大雑把過ぎて、「『天地』という巨大な容れ物と、その中の無機・有機の全存在とを一括した全自然の意の『自然』」という説明は、昌益の「自然」について、じつは何も説明していないのである。

陳化北《チンカホク》は、「昌益の言う『自然』は、われわれが普通使っている大自然や自然界の自然とは違う。（中略）『自然』が先にあって、その中に真や気があるのではなく、存在の方式や法則として、『自然』は却《かえ》って真や気の存在を前提にしなければならない。したがって、昌益が設定した大前提である『自然』は、主体性をもつ実体ではなく、むしろ実体真の属性に近いものであろう。（中略）『自然』の中に真と気があることを意味するのではなく、『自然』的に存在する（ひとりする）基本的なものは真と気とがある、と解釈すべきであろう」（「安藤昌益の差別思想」『安藤昌益の思想史的研究』五九頁）と述べる。陳化北の理解は、先入観・憶測ではなく、資料を深く読み込んだ説明である。彼が昌益の「自然」について、「むしろ実体真の属性に近いものであろう」という指摘は、筆者の見解に近い。

昌益の「自然」の意味内容は、狩野亨吉以来連綿と「自然界《ネーチヤー》」として理解・把握されて来た。この大きな壁・強固な岩盤のような長い間の刷り込みを取り除くことは容易なことではない。それは昌益の

「真」「自然」「自リ然ル」「二」などの意味内容を丁寧に解きほぐすことでしか実現しない。以下に、昌益の「自然」の意味内容を「真」との関係から検討してみよう。

(2) 昌益の「真」と「自然」

ここでは中期昌益の「真」と「自然」との関係について見てみよう。中期は、昌益が自己の思想「自然真営道」を確立した段階で、既成教学の作為性への批判、聖人・釈迦などの不耕貪食への批判を開始した時期である。また、一般的理解では、昌益が「自然《ネーチャー》」を根拠に、聖人の私法である「五倫」「四民」（身分制）を批判した画期的な段階と位置づけられてきた。

筆者の視点から見ると中期昌益における大きな変化・特徴は、書名の「自然」が示すように「自然」なる用語が前面・中核に位置づけられたことである。

仙確は『刊自』の「序」において、「中華・竺土ノ上古ノ智者ヨリ以下、千万歳ノ後ニ至ルマデ之《自然》レヲ奥極ト為シテ、此レガ自然ノ正証ト謂ヘル書及ビ人、之レヲ見聞スルコト無シ。吾曾テ以為《おもえ》ラク、『嘆、自然ナルカナ』。吾ガ師、自然ト自然ト自明・自発スルニ至リテ、師ガ身神ニ具ハル所ノ自然ガ自然ト言ヒテ曰ク、『正ニ是レ自然ト《ヒト》ハ自リ然《ス》ルヲ謂フナリ』。其ノ自リ然《ス》ルトハ何ゾ。乃イ此レ毎人知ル所ノ五行ナリ」（⑬八三）と、「自然」を昌益思想の根本に位置づけている。

昌益も同じく『刊自』の「自序」において、「医業ニ限ラズ、天下ノ人、皆、此ノ書ヲ視ルベシ。所謂此ノ書ハ自然ヲ明カス。人ハ自然ノ全体ナリ」（⑬九七）と、「自然」を強く訴えている。

この中期昌益における「自然」の意味内容には、どのような内実があるのか。また、昌益が生きた時代のなかで、「自然」を訴える意味はどこにあったのであろうか。

昌益は、造字・造語、独自な訓み方（振り仮名）、音韻における音通（真《シン》と神《シン》）など、自由自在に語句を創造・活用した特異な思想家である。現代人が昌益の著書を読むとき、注意しないととんでもない読解をしてしまうことがある。とくに「自然」なる用語には注意が必要である。

現代人は、「自然」の語句・言葉を見聞きすると、すぐに自然界《ネーチャー》をイメージしてしまう。すでに見てきたように、近世の知識人は「自然」を「おのづからなるもの」と理解して使用していた。寺尾五郎は「昌益以前の思想家はすべて、『自然』を『おのずからしかる』と訓んだ」（『「自然」概念の形成史』二二三頁）と指摘している。しかし、寺尾は「日本思想史上にやや唐突として自然界《ネーチユア》の意の『自然』の語を駆使する哲学が出現した。それが安藤昌益の『自然真営道』である」（傍点は原著者。同二二〇頁）と述べ、昌益の自然が「自然界《ネーチユア》の意」であると断言した。はたしてそうであろうか。以下に検証してみよう。

では、はじめに「真」と「自然」の関係から見ていこう。前期昌益の「自然」は、天地生成以前の原初・太元の一気の本体である「真」に内在する、本性・属性としての「自然」であった。この一真気の「自然」は、「一ハ自然ニ自《オ》ヅカラ然ル者《ノ》」「自然ノ一ノ中ニ自ラ動キ天地万物ト生ル」と、太元の一真体に内在する、「自然ニ自《オ》ヅカラ然ル者《ノ》」という、生成性（生命性）・動体性・自然性のことであった。では、中期における「真」と「自然」は、どのような内容・関係をもつのであろうか。はじめに「真」のもつ意味内容およびその多義性について見てみよう。

ア、「真」の多義性

「真」・昌益思想の根幹

① 至極最上ノ真論（⑧二二一）。

② 真《シン》ハ妙主、大口伝、天下ノ大秘・大事ハ唯是レノミ（②四〇六）。

③ 活真妙論。夫レ転ニ向ヒテ回・日・星・月ノ外ヲ観ルニ、形象ヲ指ス者無キハ、是レ活真ナリ。（中略）人人ノ外ヲ観ルニ、形象ヲ指ス者無キ、是レ活真ナリ。是ノ如ク、形象無クシテ

活キテ感《ハタラ》ク故ニ、妙徳・妙用、真行ス（①二九八）。

④　一真、座ヲ去ラズ常居シテ気ヲ発シ、常居シテ三気（通・横・逆）ニ乗ジ、以テ人、鳥・獣・虫・魚・草・木ト為リ、真、各各ト具ハリ、主ト為リ、万主、本一《ト》真ナリ（⑤三一七）。

――昌益の著書『自然真営道』『統道真伝』の書名が示すように、昌益は「真」論によって、天・地・人の有機的な生成・構造を構築し、その生成・構造の「序」を説明しようとした。①②で、昌益思想にとって「真」が重要な意味内容をもつものであることがわかる。③は、後期思想の「活真妙論」である。視線を天に向け、人間の周囲を見ても「形象ヲ指ス者無キ、是レ活真ナリ」という。活真はこのように「形象無クシテ活キテ感《ハタラ》ク」ものであるという。活真は、形象はないが宇宙的な生命体と捉えてよいであろう。

『安藤昌益事典』は「活真」について、「万物の元基である根源的物質のこと。古代ギリシア哲学のアルケー（元のもの、元基・根源在）に近い概念で、昌益が創造した言葉であり、その唯物論の中心をなす範疇。『イキテマコト』とも読み、『活』は運動性・生命性を、『真』は実体性・物質性を含意している。『活真』とは、存在と運動のエネルギーの根源を実体化した概念である」（別一七二）とし、「活真」を西洋哲学的な「根源的物質」と定義している。しかし、筆者は、東洋思想の「気」の思想から「真」「活真」の意味内容を捉えたほうが、昌益思想の実像とその理解に適していると考える。

昌益は、「気」は天地生成以前からの「気《ソナワリ》」とし、「イキル・モトム」と和訓をつけている。「気」の本質は、形象（姿・形）がないことである。昌益は「形象ヲ指ス者無キハ、是レ活真ナリ」「形象無クシテ活キテ感《ハタラ》ク」という意味内容に「真」「活真」を見ている。西洋哲学の「根源的物質のこと」という定義とは異なるものである。

筆者は、「真」や「活真」が、生命の母胎である「気」の根源、気の主宰的な存在、気で構成された生命的な宇宙（天・地・人）の妙主・妙体であると理解する。④は「一真」が北辰（北極星）に常居し、つねに「気」を生み出（吐気）し、天地万物を生成して生命あるものを生み、生命力として各々に具わる（「気《ソナワリ》」）ものとする。「真」の本体は、「一」体（「一真」「一気」）で、太元・原初の「一」である。中期昌益は、「真」論の確立した段階と言ってよい。昌益の思想形成は、前期、中期と一貫性をもったこの「真」論で展開されているのである。

「真」・宇宙の〈太元・主宰〉

「真ハ天地ノ異前、妙不思儀〔議〕ノ一物」（⑨一七八）

――「真」は天地生成以前から存在している「妙不思儀〔議〕ノ一物」であるという。前期の「混沌自然ノ一」「本然・未発ノ一」のことである。ここは天地生成以前（自然界《ネーチャー》の成立以前の世界）で、天地生成以後の人智や人為のような、私的な制《コシラヘ》・法《コシラヘ》（作為）のない世界である。昌益の「真ハ天地ノ異前、妙不思儀〔議〕ノ一物」という大前提・認識は重要である。昌益の「自然」の意味内容は、「真」と深く関わるものである。昌益の「自然」を天地生成後の「自然界《ネーチャー》」とするのはとても無理なのである。

「自然ノ中真気、全ク中居ニ凝リテ不転・不動・常中ニシテ無始無終ニ鎮座シ、不去・不加・不往・不来、是レ転ノ運回無止ノ気中ニ真ニシテ、其ノ根《こん》蔕《たい》（根源）ヲ主ル神気発機ノ妙主ナリ。故ニ自然ノ初気ハ此ニ発リ、間息有ルコト無シ。是レ転真ノ本座トハ是レナリ」（⑬一七二〜一七三）

――自り然る真気は、宇宙の中央・不動の北極星（北辰）に「鎮座」し、天空の気（「真ハ気ノ主ニシテ、自感スル所ニ一気ヲ発シ」④九八）の運回のなかで、主宰（「一気ノ主真」④一一五）として無始無終に生生活動をする。

「天ハ常ニ運行シテ人・物ヲ生ズ。是レガ天ノ心神・行業ニシテ、真体ノ常ノ勤《ツト》メ稼《カセ》ギニシテ、此ノ外一点ノ私之《シ》レ有ルコト無シ」（④一三二〜一三三）

――転（天）の気の運回により、人・物は生成されるが、これは「真体ノ常ノ勤《ツト》メ稼《カセ》ギ」であるという。人間のような「私《コシラヘ》」（「作為」「私欲」）のない世界である。

「道ヲ統《す》べテ真ナリ。故ニ転定・日月・星宿辰・穀種・人倫・万物、真ノ営ミニ非ザルコト無シ。此ノ営ミハ真感・一気ノ進退ニシテ生生無終ナリ」（⑬一〇八）

――これは転定・人倫・万物を生成・統括する「真」の営（「感《ハタラキ》」「進退《ハタラキ》」）の世界である。

真体・「一」体論

「予、自然ノ真一ヲ明カスベシ。夫レ無始無終ノ一真気、自リ進ンデ転、自リ退キテ定、自リ進退・退進シテ転定ノ一体ト為《ナ》ル。此レガ真ノ正体ナリ。真一ノ正体ハ転定ナリ。故ニ日月ニシテ一真体、男女ニシテ一真体、雌雄ニシテ一真鳥（中略）萑茛《おくさめくさ》〔草の雌雄。昌益の造字〕ニシテ一真草、此ノ如ク通貫シテ始メテ、一ツ以テ貫スルコト之レヲ知ルベシ。是レガ一ノ正体ニシテ、皆是レ転定ノ一正体ヨリ分生シ来ル人・物ナレバ、統べテ一正体ナリ。是レガ自然一ノ正体ナリ」（④一〇二）

――自り然る真体は「一」体であり、進退の一気の活動は転定を生む。転定は「真一」の体そのものであり、転定も一真体、男女で一真体。転定から生成する人・物は、すべて自り然る「一真体」の分生・分身として位置づけられる（「真ハ具ハラズト云フ物無シ。故ニ泥中ニモ転ニモ日ニモ月ニモ真在リ」〈⑨一四五〉）。ここでも昌益は「真一」「自然一」と、名詞的・主語として「真」と「自然」を自在《ラフ》に使い、現代人を幻惑する。

「転定ニシテ一体ハ自然・進退ノ一真ナリ。此ノ一真ハ無始・無終ノ一真ナリ。此ノ一真、自リ小大ニ進退・自感シテ、転定・穀・人・物ナリ。故ニ真ノ自感ニ二別無ク、転定ニ二体無ク、五穀ニ二別無ク、男女ニ二人無シ」（⑩二〇八）

――「一真」体である真が、「自リ然ル」（「進退」「自感」）して転定・穀・人・物を生み出す。真は「一」体であり、この「一」体から分生された転定は、「転定ニシテ一体」である。真体の「自リ然ル」（「進退ニシテ一ナリ。是レガ真ノ一ナリ」）は、「一」（一気・一体）の活動であり、けして分断・固定化した

「二体」「二人」という「二別」の存在・原理ではない。

「一真」と二別

「進退ハ一気ナル故ニ、二儀有ルコト無シ、故ニ全ク真ナリ。真ナル故ニ、営ムニ私《シ》有ルコト無シ。営ミハ進退・通横逆ナリ。真、自リ然ル故ニ、二無シ」（⑬一一五）

——天地万物生成の根源である一真気の活動である自り然る「進退」は、「進」と「退」と分離・二別した気の運行活動ではない。「進退ハ一気ナル故ニ、二儀有ルコト無シ」である。真体の「自リ然ル」は、一体気の運動・流体として二別の「二」体ではない。昌益は前期の段階で、すでに「体ハ不二一般」（⑯下三一〇）「此レ天地異前ノ混沌・人ノ言語未発異前ノ混沌ニ何ノ二別カ有ラン」（⑯下三〇二）と、「混沌」（先天・太元）の「一」（一気・一体）の存在・原理に強くこだわっていた。この視点は、中期にはより拡大・構造化され、天地・人体・万物すべて真「一」の原理・存在として類推・演繹・構造化（「一ツヲ以テ貫スルコトヲ知ルベシ」）される。

「一真ナルガ自然ナリ。故ニ自然ニハ悟迷ノ二ツ之レ有ルコト無シ。二別無キガ故ニ自然ナリ。転定・人・物ノ心術・行業ハ悉ク自感スル進退ノ一真ナルヲ」（⑪一一九）

——一真体は「自然（自リ然ル）」流体で「二別」はない。この資料は真体の本性の「自然」が主語・中核として位置づけられている。「自然（自リ然ル）」世界に「二別」「二儀」はなく、「二」は、人為・人知の分別知「私ノ二」（⑬一〇七）として捉えられる（「二別ト為ス則ハ一真体ノ自然ニ非ズ、皆私失ノ妄愚ナリ」〈⑨一九〇〉）。昌益はつねに「自然（自リ然ル）」「一」真体の原理で、世界を解釈しようとしていた。昌益の思想・原理を一言で表現すると「無二一真論」である。

「一真」と世界のあり方

「転定・日月・男女ハ進退スル自然ニシテ、一体ナリ、一神ナリ、一人ナリ。万物・万事ハ二品ニ行見シテ、一物・一事・一道ナル統主ナリ」（⑫六二）

——昌益は、宇宙の主宰・天地万物生成の太元である「一真体」（自然）は、天地・人・物生成後の存在・あり方をも、「二」と規定、貫徹する構造・原理と見ていた。

「毫厘《ごうりん》モ善悪・美荒・上下・貴賤凡テ二品ノ各別ナル私法無ク、二品ヲ以テ一真ナリ。故ニ転定ニシテ一体、男女ニシテ一人、万物統べテ然リ」（③三九四）

——天地・男女、上下・貴賤などすべての対・二項関係・存在を「二」（「自リ然ル」）なる原理で把握する。昌益の天地・人・物「一真体」の世界である。

「真」と「自然〈自リ然ル〉」「進退」

「真ハ自然尽極ス」（⑨一四六）

——「真体」の本性である「自然」（「自リ然ル」）のあり方は、「真体」の活動に完璧（「尽極ス」）に現われているという。「自リ然ル」生命体が「真」である。昌益の認識は「真」即「自然」、「自然」即「真」なのである。

「進退ハ妙用ヲ尽シ、自リ然ルハ一真ヲ極ム。故ニ自リ然ルハ一真ノ体ナリ。進退スルハ一真ノ用ナリ」（⑪八二）

——「自リ然ル」と「進退」の関係は、「自リ然ル」は、真の本体に内在した全体的・本来的・本性的な「感《ハタラキ》」、「進退《ハタラキ》」は「自リ然ル」真体の「真感」の、生み出す機能・作用（用）のことである。「自リ然ル」も「進退」も、「一気」の「真感」で、つねに「一体」として「感《ハタラ》ク」「進退《ハタラキ》」（「真・気ハ自リ然ルナリ」⑨一一七）である。昌益は、真の「自リ然ル」（体）と、「進退」（用）の関係を、宋学的な「体用一体論」で把握している。

真耕〈直耕〉

「万物生生シ竭クルコト無キハ、無始無終ナル自然ノ真感、進退スル直耕ナリ」（②三七）

「転定ノ妙行即チ是ノ真ノ直耕ナリ。此ヲ以テ万物ハ転真ノ直耕ニ生《ナ》ルコトヲ知レヨ」（⑬一六四）

——昌益は宇宙の生命的な生生活動の主宰・太元を、「真体」と認識していた。真体の「自リ然ル」営みは、「真体ノ常ノ勤《ツト》メ稼《カセ》ギ」（④一三二）「是レ真耕ニ非ズシテ何ゾ。故ニ真ノ感ハ耕シナリ」（⑫一六五）と見た。農民的「気《ソナワリ》」の世界の「真体」の「直《ジカ》」の直耕論である。

イ、「自然」の多義性

「自然」と「自リ然ル」

「師ガ身神ニ具ハル所ノ自然ガ自然ト言ヒテ曰ク、『正ニ是レ自然トハ自《ヒト》リ然《ス》ルヲ謂フナリ』」（⑬八三）

——昌益の「自然」は、太元の「一真体」に「おのづから」内在する生成性・生命性・動体性を「自《ヒト》リ然《ス》ル」と捉え、その姿を「自然」と把握・表現した。気の思想家昌益にとって、人間は真体＝自然という認識である。この把握から「自然ガ自然ト言ヒテ曰ク」という表現になる。

「自然トハ吾《レ》自リ然ルナリ。故ニ吾ガ然《ス》ル事ニハ自然《ワレトスル》。故ニ何ガ成ルト云ヘバ自《ワレ》ガ成ルナリ。此レ自《ヒト》リ然《シ》テ自《ヒト》リ成《ナ》ルナリ。自《ワレ》ト然《ス》ルニハ自《ワレ》ト然《シ》テ成ルナリ」（⑪八六）

——一真気の「自リ然ル」は、真体に「おのづから」具わった生命力（「気《ソナワリ》」）で、みずからの生命力で天地万物に成るのである。自らの生み出す力・営みを「自然《ワレトスル》」（「イキル・モトム」）と「気」に訓みをつけた。引用文中の「吾」であるが、『刊自』「序」で仙確が、「吾ガ師、自然ト自然ト自明・自発スルニ至リテ、師ガ身神ニ具ハル所ノ自然」と述べる内容は、「吾」は真体＝自然であり、昌益も真体＝自然である。この真体（「自然」）が「自然」に、「書中、惟自然ガ自リ言ヘルコトヲ嘆感セヨ」というのが、昌益の真＝自然の世界なのである。昌益は特異な思想家である。

「自然」と転定

ここでの「自然」は、昌益思想に初めて接した人には、「自然」と「天地・転定《ネーチャー》」がセットで記述されているので、「自然」を、自然界の意味内容で捉えがちである。「自然」の意味内容を確認しながら資料を提示し、——以下にその解説を記した。

「天地ハ自然ノ正体ナリ」（②一二三）

——天地は、自り然る真＝自然の正確なる体（姿）

である。

「自然ガ進退シテ転定ノ全体トナリ、而シテ進退ヲ以テ人・物ノ妙道ヲ尽ス」(④七〇～七一)

――真が進退して転定となり、それ故、転定は真体と全き体となる。本体の真は「一体」、転定も「一体」として妙用を尽す。この「自然ガ」は「真ガ」の意味内容である。

「転定ハ自然ノ子ナリ」(⑩二二〇)

――転定は真＝自然(「自リ然ル」)の進退によって生成する。それが「転定ハ自然ノ子ナリ」という認識・構造となる。昌益の「自然」を、「自然界《ネーチャー》」と理解している人には難問である。寺尾五郎は、「『自然』が『天地』よりも大きく、親であり、より始源的・根底的である」(『安藤昌益の自然哲学と医学』一四頁、農文協、一九九六)と、「自然界」に大小関係をもち込んだ。この寺尾のように、昌益の「自然」を自然界《ネーチャー》と把握すると、自然界に大小(親子)関係論を採用しないと先に進めない。昌益のように、「自然」を「真」体の本性と位置づければ、真(親)→天地(子)という真から天地生成の構造が素直に認識できる。人は、「自然」の用語に接すると自然界《ネーチャー》をイメージしてしまう。とくに「自然ハ」とか「自然ガ」と主語的・名詞的に表現されると誰でも戸惑ってしまう。昌益は、「真」「一」「五」(五行)「自リ然ル」などの語句を、自由《ラ》自在《フ》に、「自然」と表記するために、以上のような理解が起こりやすいのである。

「自然」と二別

①「皆自然ノ一ヲ以テ二別ト為シテ法ヲ立ツ」(⑧一五四)

②「自然ハ進退ノ一気ニシテ全ク二別無シ」(⑫二四七)

――①は、「一」(真体)と真の本性「自然」から異国教学の「二別」の「法《コシラヘ》」を批判し、②は、「真」に代わって「自然」が主語的に表現されている。①②とも自然＝真のことである。

「人ハ自然ニ只一人ナリ」(④一六七)

――これは「一真体」から導きだされた「一人」

（一体）で、人数としての「万人」とか、性別としての「男女」という個別的な把握ではない。運気論的（気の構成体）・生物学的な「ヒト」としての「人体」である。「天・地・人」という認識は参考になろう。気の思想は、「一真体」「転定デ一体」「男女デ一人」という、「人体《ひと》」（「一体《ヒト》」）としての把握である。

「自然」と「作為」

「凡テ諸法ノ学（中略）。是レ分別ノ知慮、委思スル法〈コシラヘ〉真ナリ。故ニ私ノ細工《さいく》ニシテ、自然ニ非ズ」（④一九八）

「道ハ自然ニ唯一道ナル故ニ、人、利己ノ分別智ヲ以テ書言・教説ヲ為ス儒・仏・老・荘ノ如キハ、皆、道ニ非ズ、私立ノ法ナリ。道ハ自然・具足ノ道ナリ。法ハ人ノ私ヲ以テ私《コシラ》ヘ立ツル法ナリ」（③三四八）

――昌益は、天地生成以前の太元・原初の「真」（「自《ヲ》ヅカラ」なる自然性＝非作為）に絶対的な価値を置く。天地生成後の人為（「人制ノ私」）・人知（「私ノ二」＝分別知・二別知）に対しては、激しく批判する思想家である。引用した資料は、昌益の視点がよく出ている。

昌益は、人為（私）対し、「皆、自然ヲ知ラズシテ、哲《モノシリ》立ヲ為シ智恵敷《ガマシキ》ハ、私ノ失リナリ。故ニ自然ヲ知ラズシテ教法ヲ為スコトハ、悉ク天下ノ害ト為ル。是レ人、私ノ制法ニシテ、自然ノ具ハリニ非ザル故《へ》ナリ」（④七八）という。この「自然ノ具ハリ」は、「真体」の「自《ヲ》ヅカラナル」「気《ソナワリ》」の非作為の世界である。

小さなことであるが、昌益の「自然」と「作為」の視点がわかる事例を紹介する。昌益の文章、「私作（「私作」と張り紙）、五音中ニ五韻ヲ具ヘテ五五・二十五韻」（⑤一〇八）について次のような『全集』の解説がある。この文中の「私作」の箇所について、『全集』（⑤一一〇）の注（1）には、「『私作』『自然』と書いた上に貼り紙をして訂正したもの」とある。昌益が五行説から四行説に転換したことからきた、昌益自身による修正作業の結果である。中期は、五行が「自然」であったが、後期には四行が「自然」となった。昌益は自己の五行論に対し「私作」と張り紙で訂正をした。この事例から、昌益の「自然」のもつ意味内容は、「私作」（作為）を念頭に置いた、「作為」と対となる「自然」であることがわかる。気の思想家昌益は、「気《ソナワリ》」（「ワタクシナシ」）を重視して、人為・人知の「私《コシラ》ヘ」「法《コシラヘ》」に対する嫌悪感・反発心がとても強い思想家であった。

「自然」と人の生き方

「人ハ送貫・善悪・上下ノ二別有ルコトヲ知ラズ。耕シ織ルノ外、他事無シ。真ハ自然ノ自行ナレバナリ」（「序」②三七）

――人は本来（真の世界）、たとえば物品の授受からおこる相互のいがみ合い、善悪の分別心からくる迷いと執着心、人間の上下二別から起こる相互の対立などを知らなかった、真の自行のなかで直耕・直織の世界のみであったという。

「凡テ皆二儀門ヲ立テ、勧善・懲悪ト号シ、善ヲ貴ビ好ミ悪ヲ賤シミ嫌ヒ、美能ヲ賞シ麤荒《そこう》（荒く雑）ヲ罪ス。故ニ善ニ泥ミ悪ヲ厭ヒ、争乱常ニ競フテ安静スルコト無シ。是レ何《ン》ガ故ナレバ、進退・一気ノ自リ然ルヲ以テ二儀ト為ルノ罪ナリ。妄リニシテ自然真営ノ道ニ非ザルガ故《ヘ》ナリ」（⑬一〇五～一〇六）

――二儀・二別の教えは、人々に分別心・分別知をもたらす。二儀・二別に対して欲望が起こり、一方を求め、一方を忌避する。欲望の競い合いで、心は「安静スルコト無シ」という。昌益の異国教学批判の根底にある視点である。

「此ノ故ニ治乱無ク安平ナルコトヲ欲セバ、無治・無乱、無上・無下、治乱ニシテ一事、上下ニシテ一人、凡テ二品ニシテ一行ナル自然ノ進退ガ、一真ノ自感ナルコトヲ明カシテ、而シテ後ニ之レヲ得ベシ」（④九二）

――昌益の解決案・処方箋である。二儀・二別を、「真」体のように「自リ然ル」「進退」の「一」として把握すること。二儀・二別のように固定化・両極化の視点は一方を求め、一方を忌避する欲望が起こる。「自リ然ル」流れる気のように、すべてを「真体」のように、無始無終の「流れ」（循環）として認識すること。そうすれば、一方を求め、一方を忌避する執着心・欲望は起こらない。「奢欲」「諂い」「恨み」「競い」も、「おのづと」（自然）消え去ると説く。人間（心身）および社会のストレスを予防する思想である。医者である昌益思想の根本であるが、研究者は、昌益の身分制批判思想、人間・男女平等思想に執着するため、昌益思想の本質が見えない。

ウ、「真」「一」「自然」の同一的把握

①「是レ自然真ノ一ナリ」（⑧二三）

②「真ハ自然ニシテ、一真・妙体ナリ」（④一八二）

——①は、「真」「一」「自然」が同一体的に把握されている。「真」（「一」体）のもつ本性「自然」が、形容詞的に「真」（主語・名詞）につけられている。②は、「真」とその本性「自然（自リ然ル）」が一体的に把握されている。

「自然ノ進退、一真ノ行フ所ナリ」（⑩六八）

——「真」の本性「自然」（進退・動体）が、「真」に変わって、「自然ノ」と主語的・名詞的に使用されている。「真」「一」「自然」がコンパクトに表現されている。

「真、自リ《ヒト》感ジテ進退・退進シテ無始無終ニ転定ガ真ノ全体ナリ」（④二九二）

——「真」「一」「自リ《ヒト》感ジテ」（「自然」）「転定」が一体・同体的に把握されている。

以上のように昌益は「真」「一」「自然」を同じ意味内容で自由《ラフ》・渾然一体に使用している。昌益が主語的に「自然」と述べるとき、それは「真」の本性である動体「自然（自リ然ル）」を特出して、主語的に使用する昌益独特の手法である。昌益は、「一」体である「真体」と、それに内在する本性としての動体「自然」のもつ根元性・原初性・生命性を、「真」「一」「自然」「自リ然ル」の用語に置き換え、同じ意味内容として自由《ラ》自在《フ》に使用する。

それと昌益の「自然」を理解するうえで注意した

いのは、人為・作為でない意味での天地生成以前の「自然《おのづから》」という視点である。昌益は天地生成以前の太元・原初（混沌）のあり方をいつも見つめていた。そのあり方は、自然性・生命性であり、おのづから性（「気《ソナワリ》」）である。これが太元「真」体の「自然《おのづから》」性でもある。

もう一つの「自然」は、宝暦期前後の医学論争を契機として獲得した異国教学・聖人などの作為性（学問・私欲・私法・法世など）を暴露・批判するために、ゆずることのできない昌益の立ち位置、問題意識としての「自然」＝非作為である。そのために「自然」の論理・原理・価値などの根源性を主張するために、前期に獲得した「自然」の意味内容をより深く考究して、中期思想の中核にすえ、主語的に採用したのであろう。

エ、「真」の世・「自然」の世

「真」の世

昌益の「自然」は、自然界《ネーチャー》ではなく、「真」体の本性である「自リ然ル」動的・生命的な世界であることが明らかになった。次に昌益の「『真』の世」「『自然』の世」について見てみよう。

「聖釈ノ私法無キ則ハ、自然直耕ノ真世ニ帰シテ、転下大安平ナリ」（⑧三三八）

――聖人・釈迦の私法《コシラヘ》がないときは、「自リ然ル」直耕の「真世」に帰るという。昌益が「法ハ、人ノ利己ノ為ニ之《メ》レヲ立テ制ヒ（中略）法ヲ以テ我意ヲ為ス故ニ法ナリ」（④九五）と述べるように、昌益は外国思想の根底に「利己」「我意」を見て、「真世」とは相いれないという強い認識があった。

「伏羲出テ君ニ立ツハ、無上下・無善悪、統ベテ無二・一真ノ世ナル自然転定ノ道ヲ盗ムナリ」（③一〇六）

――聖人伏羲は、君臣・上下・二別の制で上に立ち、「無二一真」の世（「一」の世界）を盗んだという。「真の世」は、私法《コシラヘ》・二別のない世界であることがわかる。

「上下ヲ無クスルコト能ハズンバ、上下ヲ立テナガラ、上下倶ニ領領ノ田畑ヲ決メ、耕シ一般ニ為ル

則ハ、上下在リナガラ一活真ノ世ニ契フテ、無盗・無乱・無欲・無賊・無惑ノ世ト成リ、安平ナラン」（①三〇九）

――後期の『契フ論』の「活真ノ世」の内容である。農民出身の昌益にとって、直耕は生きることそのもので一番重要なのであろう。全員が直耕するならば、「上下在リナガラ一活真ノ世ニ契フ」という。昌益にとって一番重要なのは、根源的あり方である「活真」（「無二一真」）の原理に「契フ」かどうかである。

「自然」の世

「怪シキ倫カナ。漢土ニ字画始マリ、治乱ノ事起ル。竺土ニ仏衆・惑悟ノ私法甫マル。日域ニ神法ノ偶生始マル。二万三千有百年来、治乱・惑悟・偶生交々争フテ妄迷ノ世ト為ル。慮ラザリキ。和邦ノ偏郡ニ確良出デテ、以テ治乱・迷悟・偶生未ダ甫マラザル異前ノ自然ノ世ヲ庶幾ヒ、而シテ此ノ書ヲ見ハス」（②三七～三八）

――「怪シキ倫カナ」とは、じつに挑発的な表現である。昌益は聖人の私欲の争乱、仏教の惑悟の私法など、外国思想に「私欲」、二別の「私法《コシラヘ》」を読み取る。「確良出デテ」、二別のなかった「自然ノ世ヲ庶幾ヒ」という。この「自然ノ世」は、人類史の歴史的な発展段階における身分・階級成立以前の一つの段階を指すものではない。昌益は天地生成以前の「真」の世界（「自然ノ世」）を想定し、天地生成後の漢土における文字・儒教の成立、天竺における仏教の成立など、外国思想の二別（対立・妄惑）原理が世界・日本に普及・流入して、日本が混乱した段階を「法世」と見る。昌益の時代区分の画期は、異国思想の流入以前を「自然ノ世」、それ以降を「法世」と見る視座である。昌益の「自然ノ世」は、「自然ニ全キ人世ナル故《へ》、乱欲無シ。乱欲無キ則ハ、転定ト同徳ノ世ナリ」（⑬二〇一）「転定モ自《ヒト》リ然《ス》ルナリ。人倫モ自リ然ルナリ。故ニ自然ノ世ト云フナリ」（②九九）と、「真」の原理が貫徹する世界で、「自然ニ全キ人世」、転定も人倫も一体となって「自リ然ル」「無二一真ノ転定・人倫」（⑬二〇一）の世界なのである。

8　安藤昌益の医学思想

(1) 医学思想・医学原理の特色

昌益の医学思想は、すべてが気の思想・原理で構築されている。昌益は近世医学史のなかで最も濃密な、そして独自な運気論医学思想を構築した医者である。昌益の運気論医学思想の原理と特徴を見てみよう。

「運気ハ人・物ノ本ナリ。故ニ運気失リテ、之レヲ論ズル所ノ疾病論、万物ノ生枯・能毒・治方・形体・蔵府ノ論、凡テ皆自然ニ非ズ、私ノ妄失ナリ」(⑬三七三〜三七四)

——昌益は、その転定論・人体論・病気論・治療論・薬剤論など、すべての根底に気の思想・原理を置く。昌益は既成医学の運気論（五運六気説・三陰三陽説）を激しく批判したが、昌益にとって運気論は、「運気ハ人・物ノ本ナリ」という根本的存在・原理であった。

①「転定・人身ハ自然真・大小ノ進退ノ営ミニシテ、人私ノ分別知ニ非ズ」(⑩一二六)

②「人ノ身体・蔵府モ又自然ノ進退・退進ニシテ、歳日ノ気行ニ同ジフシテ微違無シ。故ニ小転定ナリ」(⑬二〇八)

——昌益の「気《ソナワリ》」の思想は、転定・人体は気で生成・構成されているという。「真」の生命的活動は、「転定」と小転定である「人身」の、「自リ然ル」(「進退」)一体的・有機的な活動として説明される。天地生成後の人間の知識・作為とは異次元の「気《ソナワリ》」の世界である。

「気道・食道ノ分立ハ咽喉ニ於テ会厭《ええん》(喉頭蓋《こうとうがい》)之レヲ妙扱ス。咽《のど》ニ食行ク則ハ、会厭、喉《のど》穴ヲ塞ギテ食ヲ下シ、気ヲ通ズルニハ咽穴ヲ塞ギテ妙用ヲ尽シ、人ヲ活《い》カシムル自然ノ所為ゾ聴ナシ」(⑩一二五)

——これは人体内での「自リ然ル」作用の一つである。人が食べ物を飲み込むとき、喉を塞いで気管に入ることを防ぐ。このように摂食と呼吸の両運動は、それぞれの器管が秩序的に働き、混乱が起こらないようになっている。医者昌益は生命体である人体の、「自リ然ル」「自然・具備《グビ》ノ妙用」（⑩一二八）を認識して、真・転定・人体の「自リ然ル」世界に、昌益は確信をもったのであろう。私たちは、人体の脈・鼓動・呼吸・自然治癒力（「元真必ズ壮ンニシテ病ヲ伏シテ自リ癒ユル者ナリ」〈⑬二三六〉）等々、生命体の「自リ然ル」作用を知っている。昌益は生命体としての「真」体が生成した転定・人身の「自リ然ル」を、直感・経験として認識していたのであろう。かつて三枝博音《さえぐさひろと》は、昌益の「自然《ひとりしかする》」について、「自然《ナツーア》そのものよりも、自然《ひとりしかする》という思想的な意味のものになってくるのである」と述べ、「家業たる医業の実際から自然《ひとりしかする》という哲学を立てるに至ったのかも知れない（この推察は史実的に今のところ証明してくれるものはないのであることを、付記して置く）」（『日本の思想文化』二三八・二四〇頁、中央公論社、一九七八）と指摘していた。

「（男女ノ分生）此ノ妙合スルニ自《ヲ》ヅカラ進退ヲ具フル故ニ微カノ先後有リ。微シク男精先ダツテ女精後レテ之レヲ包ム則ハ女子ト為ル、女精先ダツテ男精後レテ之レヲ包ムトキハ男子ト為ル。是レ乃チ自然進退・退進ノ為ス所ノ転定ニシテ、男ハ表進気ニシテ内退気、女ハ表退気ニシテ内進気ト成ル、其ノ所以是レナリ。是ノ如ク夫婦ノ精水、妙合シテ子宮ニ舎《ヤド》ル」（⑩一六〇）

――これは昌益の「進退・退進」の原理から生み出された理論である。男（進気・先）→女（退気・後）＝女子誕生（退気）となる（進退→退）。女（退気・先）→男（進気・後）＝男子誕生（進気）となる（退進→進）。進退（男女）・退（女）進（男）→進退・退進の原理である。昌益の医学原理は、「水玉（受精・胎児）中ニ自然ノ進退具ハル」（⑩一七九）「先後ハ自然ノ進退ナレバ」（⑩九八）である。

「男子・女子ハ、転定ニ応ズル自然ノ進退ノ為ル所ナリ。（中略）男子ハ南面スル故ニ、臨産ノ時、前向キニ転倒シテ生ズ。故ニ俯シ覆《フ》フテ転ニ応ズ。

女子ハ北面スル故ニ、臨産ノ時前向キニ転倒シテ生ズ。故ニ仰ギ載《ノ》セテ定ニ応ズ。是レ自然ノ進退ニシテ、転定・男女ノ応合ナリ」（⑩一六七〜一六八）

――男子の出産は、転の姿のように、定を上から覆うように、顔を下にして出産するという。女子は、定の姿のように、転を下から仰ぎ載せるように、顔を転に向けて出産するという。ここにも転定の構造と男女の出産の姿を相似・相対関係で説明する。昌益は、すべてを天人同一・同型・表裏（一体）など、すべてを同一原理（「一」体）で把握する特異な、一徹な原理主義思想家・医者である。この性向を直視しないと誤読する。

「是レ人ハ通気ナル故ニ、男女ノ進退偏《かたよ》ラズ。故ニ一胎ニ一子ヲ産ムハ自然ナリ。偶々双子ヲ産ム者有ルハ病偏ナリ。然ルニ一産ニ四、五、六子ヲ産ム者ハ人ニ非ズ。横偏気ノ禽獣ナリ」（⑩二三一〜二三二）

――昌益の気の原理に「通横逆」論がある。人ハ「通気」、動物は「横気」、植物は「逆気」である。通気の主宰・人間には、本来「横・偏」の主宰はない。一子は、一真の原理から「自然」である。双子から「病偏」、四つ子からは「横偏気ノ禽獣」とされる。これも近世人昌益の原理的な捉え方なのかもしれない。

（2）「婦人科論」再考

「経水（月経）止ンデ三・五日ノ間ニ交合スレバ必ズ胎妊ス。是レ婦人愚ニシテ知ラズ」（⑩一九九）

――この資料について、友吉唯夫「安藤昌益における産科学思想」（『季刊昌益研究』第五号、一九七六）には、「妊娠可能期が存在することの指摘である。荻野《おぎの》学説（排卵期と受胎期についての学説。月経周期の長短にかかわらず、次回予定月経前一二〜一六日の五日間が排卵期、一二〜一九日の八日間が受胎期とする説）を先どりした感さえある。三五日は十五日の意であろうから、月経がおわって十五日以内に妊娠が起こるというのはきわめて正しい」（二頁）という。また、杉山治夫「安藤昌益の医学について」（『季刊昌益研究』第二六号、一九八一）には、「一九一三年、シュレーダーが、排卵は最終月経の第一日目より数えて第一四〜一五日目に行なわれると述べた。この説がでたのは、昌益より百数十年も後であることを考えるなら、昌益の観察力、洞察力の鋭さがわかるであろう」（四三頁）という。二人とも医学研究を職業としている方で、昌益の著書を研究した結果の指摘である。しかし、筆者からすると、昌益の「十五日ノ間」という数値は、昌益の観察力・洞察力から見出したものではなく、彼の原理である「自然ノ数論」から導き出した数値ではなかろうか、という疑念が残る。

例えば人体の背骨の数値であるが、昌益は「人ノ脊骨ハ人身ノ筑ニシテ常ニ視ルナリ。転ノ五五ノ気、定ノ五五ノ気、定筑ヨリ進退ス。故ニ人ノ脊ハ凡テ二十五節」（⑩一一四〜一一五）という。この数値は、五行論から推して、転の二十五気、定の二十五気から導き出した数値と思われる（『全集』もこの解釈。⑩一一七注5）。もう一つの例は、受胎可能な月について昌益は、「婦人ニ胎月《はらみづき》、一歳ニ各四ヶ月有リ」（⑫五三）「四行・一真ノ四ヲ以テ、一歳ニ於テ各各四月ノ胎ミ月ヲ為ス。故ニ何レノ月ニテモ胎ミハ霜月ノ応分ナリ」（⑩一七五〜一七六）と、一真・四行論から、一年のうち四回の受胎可能月を導き出している。このように昌益は、自己の運気論の原理（「転定・人身ハ同一ニシテ」）から、数値を導き出しているのである。

ここで、昌益の胎妊期間の、「十五日ノ間」の数値について再検討する。昌益は、「故ニ何レノ月ニテモ胎ミハ霜月ノ応分ナリ」と述べていることに留意したい。霜月（十一月）は彼の運気論ではどのような月なのであろうか。次の資料を見てみる。

「是レ転定・人身ハ同一ニシテ自然ノ進退ナリ。故ニ日ノ南ニ降リ極マリ、月ノ北ニ升リ極マル此ノ日ハ、十一月ノ十五日ニシテ冬至ノ日ト為ス。此ノ日、一周・一歳ナリ。是レヨリ日ハ北ニ向カヒテ初升ス。之レニ連レテ、運気、定下ヨリ定上ニ初メテ進ミ升リテ、万物ノ初生スル初気ナリ。（中略）人神、心蔵ニ降リ極マリ、人霊、腎ニ升リ極マル、是レ人身ノ冬至ニシテ、此ノ翌日ヨリ人神ハ腎上ノ北宮ニ向カヒテ初メテ升リ進回ス、人霊ハ膜〔横隔膜〕上ノ心蔵ニ向カヒテ初メテ降リ、此ノ時、人交合ノ機《キザ》シ厚ク発ス。必ズ進ンデ互ヒニ余念ヲ亡ボシテ交合シ、楽情常ニ異ナリ、必ズ妙合シテ胎妊ス。是レ第一ナル人生ノ初月ナリ。是レ転定ノ十一月ニ同ジ。霜月ハ五穀初生ノ機シ催シ初マリ、芽《メ》ノ機シノミニシテ、井〔井戸〕底ノ水温ムナリ。人胎ノ初月ハ此ノ応分ナリ。何レノ月ニ胎ムト雖モ、其ノ胎ミ月ハ霜月ノ応分ナリ」（⑩一七四〜一七五。引用にあたり、昌益独自の蔵府名の造字は改めた）

——十一月十五日の冬至から運気は、「万物ノ初生スル初気」となり、人身においては、「此ノ時、人交合ノ機《キザ》シ厚ク発ス」という。そして、「必ズ妙合シテ胎妊ス。是レ第一ナル人生ノ初月ナリ。是レ転定ノ十一月ニ同ジ」という。昌益が、「十五日ノ間」という数値は、十五日の冬至を境に転定と人身の新しい生命の誕生という過程が始まることを意味する数値として、「十五日」を設定したのである（「人ノ身体・蔵府モ（中略）歳日ノ気行ニ同ジフシテ微違無シ。故ニ小転定ナリ」〈⑬二〇八〉）。

昌益は、宇宙と人体の生命再生産（循環）の同一原理を確信して、「三・五日ノ間ニ交合スレバ必ズ胎妊ス」と認識していた。昌益がくり返し、「何レノ月ニ胎ムト雖モ、其ノ胎ミ月ハ霜月ノ応分ナリ」と述べていることから、冬至・霜月・十五日は、運気論から導き出された生命誕生の「自然ノ数論」なのである。

吉野裕子は「冬至を含むこの旧十一月には、十二支では最初の『子《ね》』が割当てられている。『子』は鼠であるが、『子』の意味は『孳《ふえ》る』で生命の増殖を示す」という（「陰陽五行と日本の民俗」『吉野裕子全集』第五巻一七八頁、人文書院、二〇〇七）。「孳孕《じよう》」の意味は「はらんで子を生む」である。

次に再検討することは、昌益は『稿自』の医学部分（第七十三〜百巻）の構成は、「婦人門」「小児門」を冒頭に置き、ついで転定と人身との気の交流の

「頭面門」、そして男性の生殖器科である「精道門」、以下、現在の「内科」「外科」にあたる各「門」となっている。

この「婦人門」を、医学論の冒頭に位置づけたことについて次のような評価がある。寺尾五郎は、『安藤昌益の自然哲学と医学』で、「これはたんに婦人科の優遇とか、母性保護主義とかいう類のことではなく、医学における《発想《パラダイム》の転換》であり、医学体系の転換なのである。それは医学というものを、疾病と治療の知識・技術の集積とする旧来の観点から、生命の発生と育成の科学とする新しい観点への転換なのである」（傍点は原著者。二一九頁）と指摘する。

たしかに江戸時代の医書の構成は、内科・外科・眼科・歯科・耳鼻咽喉科・産科・婦人科・小児科が一般的であろう。しかし、婦人科を重視した事例は、中国唐代の医者・孫思邈《そんしばく》がいる。彼の『備急千金要方』は「婦人科」（「婦人方」）を冒頭に位置づけている。昌益も孫思邈が婦人科を重視していることを知っていたようで、「女人科ハ、孫子貌（ママ）ガ『女人良方』ヲ以テ之レヲ貴ビ」（⑬三九七）と記述している（筆者は昌益が孫思貌の著作とする『女人良方』の存在をいまだに確認できていない。昌益の記憶違いの可能性も否定できない）。

日本の事例では、昌益より五十年ほどあとの医者有持桂里《ありもちけいり》（一七五八〜一八三五）の『方輿輗《ほうよげい》』が、婦人科・小児科の順で構成されているという（『全集』増補篇二、七三頁）。たしかに婦人科を冒頭にして構成されている医書はわずかである。寺尾は、『真斎謾筆』が「婦人門」から論述されている理由が示された以下の文章を紹介し、

「夫レ天ハ本神ヲ生ジ、地ハ形質ヲ成ス。中央土ハ体ヲナス也。故ニ生ノ元ハ天ニ在リ、形質ハ地ニ在リ。男ハ天ニシテ生ジ、女ハ地ニシテ形ヲ産ム也。気ハ先ナレドモ見ヘズ、形ハ後ナレドモ見ヘテ行フ。故ニ女ハ形身ノ本也。女アリテ児アリ、形《チ》アリテ病アリ。故ニ万病ノ始メハ女ニ在リ。次デ児・童・壮・老ニアリ。故ニ序ハ婦人科ヲ以テ先トナ

ス、次デ児・壮・老ニ至ル也」（『真斎謾筆』⑮三八）

さらにこれを解説して、「この『万病ノ始メハ女ニ在リ』の一語を誤解しないでほしい。前後から切りはなして下手に現代語に直訳すると、万病の根源は女であって、女ほど悪いものはないとなりそうである。そうではなく、その真意を現代語訳すれば、生命現象の本源は女にあり、したがって健康も病気も女が源泉であるから、医学の基礎は女であり、そこで婦人科から説きおこすことが科学的かつ論理的な順序であるということである」（前出、二一九頁）と述べている。

この寺尾の指摘について再考しておきたい。昌益は極めて原理的な思考をする思想家・医者である。彼は自己の運気論の原理である「気」の原理で、「真」「自リ然ル」「進退」「五行」（「四行」）「通横逆」を理路整然と説明する。昌益の医学論も実に原理的な認識・把握である。昌益は、転定と人身の有機的な生成・構造・機能を、「序《ツイデ》」「妙序」と認識して揺るがない。

筆者は、独自な運気論医学思想・原理をもつ昌益の主張（「序ハ婦人科ヲ以テ先トナス」「病ヲナスニ序アリ」）を素直に受けとる。昌益の転定と人身の関係原理は、転（天）＝男、転＝気回（「天気正回シテ病《ヒ》ナキ也」）＝形象がない。定（海・中土）＝女、中土・定＝万物生成＝形象がある、とする。昌益は、「医ハ理ナリ。天地・人・物ノ道理ヲ明カサズシテ人ヲ医スルハ、医道ト謂フベカラズ」（⑬一〇六〜一〇七）「万物、所所、生生ノ妙序」（⑬二三二）「此ノ自然ノ妙序」（②四九）と、徹頭徹尾「序」にこだわる医者・思想家である。

昌益が婦人科を冒頭に位置づけたのは、昌益の「気」の原理（「序」）から導き出されたものなのである。現代人の視点で近世人の世界を見るときには十分注意が必要である。また、筆者は、昌益は男女平等の思想をもっていたから、医学論で婦人科を冒頭に置いたという主張によく接することがある。それは思い込み・類推思考と考える。

近世人である『真斎謾筆』の著者川村真斎は、昌益が「婦人門」を冒頭に置いた理由を記述した箇所（前出、引用文）に続いて、細字で「案ズルニ、今ハ婦人科・小児科ヲ別ニ立ルハ非ノ非ナルモノ也。此ノ如ク分ツナラバ、壮人科・老人科モ分ツベキ也。医トシテハ男・女・児・老ハ勿論、外家・針家ニ至ル迄意ヲ尽サザルベカラズ」（⑮三〇八）と指摘している。真斎は、『稿自』の医学各論を抄出・筆写するなど昌益医学には大いに関心をもったが、運気論医昌益の「婦人門」の位置づけには苦言を呈しているようである。

(3) 病気と治療

ア、病気と原因

「天気正回シテ病《ヒ》ナキ也。人ノ気、迷欲ニ妄汚シテ呼息ヨリ出テ天ニ至ルトキハ、天気不正ニ邪回シテ天先ヅ病テ、人ニ中リテ人病メバ也」（⑮一五七〜一五八）

――天の運気が正しく、常に運回していると病気はない。「気《ソナワリ》」は本来健康体である。思想的には「善」の体系である。人間の吐く迷欲の汚れた邪気が天に至り天気は病む。この天の邪気が人間に届き、人は病気（気を病む）となる。

「欲心ヲ知ラザレバ、一切ノ気病者モ無ク」（②一〇二）

「千万言ヲ尽シ針術・灸・薬ノ治ヲ為スト雖モ、病ノ〈根〉元ヲ知ラザル則ハ、治スルニ似テ乃チ人ヲ殺スナリ。故ニ真ノ治方ハ欲病ヲ治スルニ有リ」（⑯下四二五）

「聖・釈、私法ノ妄欲ヲ立テシヨリ以来ノ世ノ人倫ハ、妄欲ニ迷フ故ニ上下一般ニ然ラズ、皆与ニ欲盗ノ情〈ココロ〉ニ欲盗ノ行ヒス、故ニ府蔵自《ヲ》ヅカラ違狂ニ附着シテ諸病ヲ為ス」（⑥三七一）

――昌益の病気論の特徴は、人間の病気の原因は迷いと欲望のセットである。「衆人ハ聖人ノ私法ノ為ニ真ヲ奪ハル」（⑧一三四）「衆人、仏法ノ為ニ真ヲ奪ハル」（⑨一〇六）というように、人々に迷いや欲望を起こさせたのが聖人・釈迦であるという。そのため人間（真体）は、分別心・欲望が起こり、人を羨む気持ちとなり、それが高じて互いに争い、心身が病むというのが医者昌益の所見である。彼がくり返し「欲ハ万悪ノ根ナリ」（⑬一四五）と説く理由がわかる。

イ、治療の視点

「〔儒医〕曰ク、「治方ハ何《イカ》ンゾ」。〔昌益〕答ヘテ曰ク、「腎虚・内障ノ眼病者、予ニ治ヲ請フ。予ガ曰ク、『眼治ヲ施サバ必ズ余病ヲ発セン。惟元命ノ助方ヲ加フベシ、命無クシテ、則チ目、何《ン》ノ用ニカ為ン』。随ハズ、他医ニ治ヲ乞フ。他医、香厲《こうれい》気《き》ノ薬ヲ以テ目ヲ洗ヒ寒剤ヲ施ス。不日ニシテ瀉泄シ目痛ス。又予ニ嘆ク。元ヲ養フテ服ス」（⑬四〇一～四〇二）

――ある儒医が昌益に治療方についての質問をした。昌益は白内障などの眼病者の実例をあげて答えた。患者は眼の治療を求めた。昌益は、眼の症状は体の内部（例えば腎臓・腎気）に病根があり、その病根を放置して眼のみの治療は解決にならないこと。体（命）の根本の元気（元真）を養うことの重要性を説く。患者は他の医者に行く。他の医者は強い薬で眼を洗い、寒涼性の薬を与えた。患者は、すぐに下痢と眼痛をおこし、再び昌益に治療を請う。昌益は病根を治療して、患者は元の元気（元真）を取り戻したという。昌益の治療方法は、体の表面・部位に現われる症状は、体の内部の病根が原因で起こっているとの認識をもつ。表面・部位の症状への強い即効性の薬よりは、体全体の根本である元気（元真）の回復を重視していることがわかる。

「自然ノ気行ヲ知ラズシテ治方ヲ加ヒ、快気為ルト見ユル者ハ、工薬ノ功ニ非ズ、元真必ズ壮ンニシテ病ヲ伏シテ自リ癒ユル者ナリ。此ノ如キノ者、薬ヲ用ヒザレバ速ヤカニ全《い》ユ、薬ヲ用ユル故ニ遅漸ニ治ス」（⑬二三六）

「良曰ク、『療治ヲ欲センヨリ、疾病ヲ作ラザレ』」（①二四一）

――昌益の治療視点は、人体に備わった自然治癒力を重視していることである。即効を求めて薬を頼るよりも、自然治癒力を信頼し、薬功には懐疑的な視点が感じられる。筆者が不思議に思うのは、『真斎讒筆』には昌益の薬剤処方が、八百に届かんとする多さである。昌益の視点と処方数との整合性が筆者には気になる。さて、もう一つの昌益の視点は、予防医学の考えである。「未病ヲ治シ」とか、「疾病ヲ作ラザレ」を重視していることがわかる。

「実トハ既ニ病ムノ名也。虚トハ未ダ病マズ、病ヲ得ントスルノ名也」（⑮二三四）

「虚ヲ助ケテ之レヲ治スルハ、未ダ病マザル者助カル」（⑮二三四）

「是レ実ト云ハ病也。病ムトキハ其互性必ズ虚ス。其虚ヲ助ケテ之レ治スルハ真治也。実ヲ瀉シテ之レヲ治スルハ失リ也」（⑮二三〇）

――この記述から、昌益は症状（実証）の箇所を、薬などを使用して除去（吐瀉＝はき・くだし）するよりも、症状に関わる有機的な「未ダ病マズ、病ヲ得ントスル」虚症の部位（互性関係）を助けて、結果的に病気を治癒していく視点・処方である。古方派の医療観・処方とは異なる昌益医学である。

（4）安藤昌益と香川修徳

昌益は著作のなかで、ほぼ同時代の医者・香川修徳について言及している。古方派医者・香川修徳（号、修庵・一本堂）は、「儒医一本」説を唱え、京都で開業して名をなした。著書に『一本堂薬選』（享保十六〈一七三一〉年刊）等がある。昌益は、

「日本ノ京市ニ、一本堂ト名乗ル者有リ。『薬撰』ト号シテ書ヲ為シ、人参ヲ謂ヒテ曰ク、『人参ハ急脱ノ陽ヲ挽回ス能《はたらき》ノミニシテ、全体《まつたきたい》ハ人ノ命助クル者ニ非ズ』ト云ヘリ。是レ又、万物気行ノ妙具ヲ知ラズ。而シテ人参ハ何《ン》ノ気行感合シテ生ズ故ニ陽脱ヲ挽回スト云フ、其ノ弁ヒモ無ク、妄リニ私ノ推量ヲ以テ之レヲ言ヘルコト、誠ニ狂児ノ言《イイ》ナリ。此ノ故ニ『薬撰』ノ書中ノ言《イ》ハ、悉ク私ノ狂言ナリ。第一万物生ズル所以ノ気行ヲ知ラザルナレバ、『薬撰』ヲ論ヲズルコト至ツテ失リナリ。故ニ治方モ失リナルコト又至ツテ明ラカニ知レタリ。故ニ文才・学芸賢シト雖モ、気行ヲ知ラザル則ハ、府蔵互性ノ所以ヲ知ラズ」（⑯上三五二～三五三）

「薬ハ制法ニ因ツテ善治ヲ為ス。然ルニ諸薬制法スル則ハ、薬気ヲ脱シ利スル所無シト云ヒテ、無製ノ薬ヲ用ヒテ人ヲ殺ス者ハ、一本堂ノ言ナリ」（⑯上三五八）

――『全集』の『甘味ノ諸薬・自然ノ気行』の解説（⑯上一四～一九）で、昌益の香川修徳に対する批判に触れている。「香川修徳の『一本堂薬選』に対する激しい批判が、本資料のなかに二件ある。しかしその批判の内容は、二件とも適切ではなく、やや見当ちがいの過剰批判である」と指摘する。そして、「昌益の儒教への敵愾心が、儒医にたいする敵意となり、いわゆる「坊主憎けりゃ袈裟まで憎い」式に、修徳の片言隻句にこだわり、それに攻撃を加えるといった愚を冒したものであろう」と述べる。

さて、筆者は、昌益が香川修徳の「文才、学芸賢シ」と指摘していることに留意したい。『全集』（⑯上一九）も指摘するが、筆者も、京都において昌益と修徳が近いところにいた感じがする。その時期は延享期以前か、それとも、昌益を八戸で確認できない延享四年以降のことか、資料的には定かではないが、昌益のこの著書は後期昌益のものである。香川修徳は、「聖賢儒中の医也」「吾が門の医説は、実に古今の未だ嘗て言到らざるの論」（『一本堂薬選』「復古田辺南甫〔書〕」）と豪語し、「運気勝復の邪説」（同上）と、運気論を激しく批判した。運気論医学再生をめざし、一切の既成医学論を批判する昌益。両者の医論はまったく異なるが、その志は驚くほど似る。

さて、昌益はこの著書のなかで、「古方ノ薬ハ服スベカラザルコトナリ」（⑯上三六〇）と述べている。『昌益事典』（別一九二～一九三）では、昌益が「古法」「古方」と表現する批判対象について、「昌益は、旧式な医学、古からの医法を『古方』と呼び、（中略）したがって昌益には、意識的な古方派批判はないと見てよい」とある。

筆者は、後期昌益の著書での「古方」の表現は、近世中期以降医学界を牽引した「古方」派と思う。それは、書中の香川修徳への批判箇所に近い箇所での記述であること、また、中国の医書『傷寒論』などは「古説」と表現している。昌益は、この著作では「古方」と「古説」を使い分けていると筆者は判断する。また、『稿自』「大序巻」の、「用ユル所ノ薬種モ八気・互性ナリ。故ニ八気・互性ヲ知ラズシテ医ヲ為スハ古方ナリ。故ニ、一一人ヲ殺スナリ。故ニ八気・互性ヲ知ラザル者ハ、医ヲ為スコト勿レ、之レヲ知ラザル医者ノ薬ヲ用ユルコト勿レ、必ズ人ヲ殺シ、医ニ殺サル」（①一四四）とある。この「古方」も近世医学史上の「古方」派であろうと見る。この頃、古方派の泰斗吉益東洞は、「瞑眩」（目がくらむ）するほど強い副作用の薬を投与していた（『医断』「治法」）。東洞の、「毒薬ヲ以テ其ノ病毒ヲ攻去」（『古書医言』巻一）の処方を聞いた人たちは、「古方ト聞ケバ斧鉞《ふえつ》（おの・まさかり）ノ如ク、怖畏ル、事ニ成行シナリ。サレトモ東洞翁ハ実ニ和漢古今ノ豪識（才力・見識の優れた）ニシテ」（『医事叢談』巻一）と記述している。一律に「古方」は「古法」とするのではなく、著書の記述内容・箇所、著書の時代的位置などからの判断も必要ではなかろうか。

9　安藤昌益の教学批判

（1）安藤昌益の学問論

「学問ハ何《ン》ノ為ゾヤ。唯己レヲ利シ寛楽ヲ願フノ名ナリ。若シ己レヲ利サズ寛楽ノ心無クンバ、即チ学ブ所以《ゆえン》無シ。故ニ学問為ザル人ハ願利ノ心無シ。末世ノ衆人ニ利欲ノ心深ク惑ヒルハ、利己タル学問ノ私教ニ因リテナリ」（②四三）

――この資料は『稿自』第一～三「私制字書巻」のもので、百巻九二冊（大序巻は除く）の重要な巻頭を占める。これは昌益思想全体の導入部分であり、全巻の根底に流れる視点でもある。昌益の、文字・学問に対する否定的な、そしてそれらが人間の欲望（「私法《コシラヘ》」）と深く結びついているという強い確信である（「学ト欲トハ躰ト影《カゲ》ノ如シ」（②四四））。

「文字・書説ハ聖釈ノ己レヲ利サンガ為ノ私制ナレバ（中略）妄リニ之レガ為《メ》ニ不耕貪食・偽巧ノ者多ク成ルハ、反ツテ国ノ妄害ナリ。（中略）私作ノ妄偽ノ書・文字来ラザル異前ノ日本ハ、正廉ノ神道ニシテ、不耕貪食シテ衆ヲ誑カシ世ヲ迷ハス国虱ノ徒《いたずラ》者曽テ之レ有ルコト無シ」（⑫八五）

――私欲の聖人の儒教、釈迦の仏教は「反ッテ国ノ妄害ナリ」という。外国の文字・学問・教説渡来「異前ノ日本ハ、正廉ノ神道」が行なわれていたが、「反ッテ之レヲ貴ビ用ヒテ日本国ノ正廉ノ神道ノ衰果ト為ル」（同上）と日本被害者論の視点である。昌益思想の根底には、天地生成以前の、人間の作為（私欲→利害対立）の存在しない、「おのづからなるもの」（「気《ソナワリ》」）の生成の世界（「真」「自然」）に価値を置き、そこに人間と社会のあるべき姿を見ている。

逆に、天地生成後の、人間によって作為された文字・学問など人知の「制《コシラヘ》」「法《コシラヘ》」に対する疑念・忌避・嫌悪感が強くある。昌益の内部には、神道家・森昌胤《もりまさたね》（享保元〈一七一六〉年～天明五〈一七八五〉年）が、「唐の国毒に中《あた》りて必ず悪くなるなり。（中略）日本の学問せまじき国にて学問すれば却て心の悪くなること合点すべし」（『神道通国弁義』宝暦十二〈一七六二〉年。復刻版『神道叢説』四五四頁、八幡書店、二〇〇〇）と述べるような視点があったのではないか。昌益・仙確は、『私制字書巻』の「怪シキ倫カナ」（「序」）、『刊自』の「中華ノ高智、竺土ノ異術師、起ス所ノ教説」（仙確「序」）と、「序」文に共通する表現は、「私欲」を根底にもつ外来思想に対する排他的な視点、嫌悪感が強くある。昌益の反学問・反文化の視点には以上のような認識があり、「正廉ノ神道」家のまなざしである。指摘できるのは、昌益の思想は東北の過酷な飢饉体験から生まれたという視座ではない。強烈なナショナリズムが思想の原点なのである。見誤ってはならない。

(2) 儒教批判

ア、聖人批判

「伏義・神農・黄帝・堯帝・舜帝・禹王・湯王・文王・武王・周公・孔丘、世世十一人ノ聖人、九マデ上ニ立チテ帝王ト為リ、五常・五倫・四民ノ政事ヲ立テ、天下ヲ治メ、民ヲ慈シミ種種ノ教ヘヲ為スコト、曾子ノ言ヲ以テ之レヲ省《ミ》レバ、皆、己レヲ利シ、推シテ上ニ立チ、栄花ヲ為ス」（④一四〇）

――儒者のなかで唯一、真道（直耕）を実践した曾子の言行からすると、十一人の聖人たちは、皆、私欲のため、自ら推して上に立ち、自己の栄華のみに専念した者と昌益は指摘する。そして聖人の私欲の作為である五倫・四民を、自己立上の「私《コシラヘ》」「法《コシラヘ》」と見る。

イ、孔子批判

「『子〔孔子〕ノ曰ク、『参《しん》〔曾参〕、吾ガ道ハ一ツ以テ貫セリ』。曾子、対ヘテ曰ク、『唯《イイ》』ト云ヘルコト、是レ『論語』中ノ至論、孔子一生ノ察極ナリ。（中略）此ノ一ノ正体ヲ指シテ之レヲ見ハサズ。故ニ何ゾヤ妙ナル者只一ツト思ヒ観レドモ、其ノ正体ヲ知ラズ。故ニ妄リニ一トノミ言ヘリ。聖智ト雖モ此ノ一ノ正体ヲ知ラザル故ニ、言イ見ハスコト能ハズ。妄リニ空言ナリ」（④九九〜一〇〇）

――これは『論語』第四「里仁篇」に、「吾道一以貫レ之」とある。貝塚茂樹は、「この孔子の、曾子との『一貫』についての問答は、儒教、とくに宋以後の学者にとっては、『論語』全巻の根本の原理を述べたことばとして重要視されている」（世界の名著3『孔子　孟子』一一六頁、中央公論社、一九六六）という。昌益は「一貫」に対し、「故ニ予、自然ノ真一ヲ明カスベシ。夫レ無始無終ノ一真気、自リ進ンデ転、自リ退キテ定、自リ進退・退進シテ転定ノ一体ト為《ナ》ル。此レガ真ノ正体ナリ。真一ノ正体ハ転定ナリ。故ニ日月ニシテ一真体、男女ニシテ一真体、（中略）此ノ如ク通貫シテ始メテ、一ツ以テ貫スルコト之レヲ知ルベシ。是レガ一ノ正体ニシテ、皆是レ転定ノ一正体ヨリ分生シ来ル人・物ナレバ、統べテ一正体ナリ。是レガ自然一ノ正体ナリ」（④一〇二）と、「無二一真体」の原理を対置する。昌益の明解な真論である。真一＝自然一＝転定一＝男女一＝一真体。この「真」は、「太極」のように、「万物は一太極也。蓋《けだ》し合せて之を言へば、万物は統体《すべて》一太極也。分けて之を言へば、一物ごとに各々一太極を具へる也」（朱子「太極図説解」岩波文庫『太極図説・通書・西銘・正蒙』二六頁、一九三八）のように、「真」は万物に内在し、万物は真体の分生・分身であるという。昌益は、宋学の太極論、朱子学の「理一分殊」的な原理をもつ「一真」論で孔子の「一貫」論に対峙した。

（3）仏教批判

「転下皆出家ト為リ、耕サズシテ貪リ食フノミナラバ、何ヲ以テカ世界之レ有ルベケンヤ。又転下皆汝ガ如ク父母ヲ捨ツレバ、何ヲ以テカ世有ルベケンヤ」（⑨一〇四）

――仏教の出世間（出家）と不耕貪食を批判する。昌益思想の根底には、穀・生命・家の継続など再生産の視点が強くある。

「仏法ヲ立テ衆生ヲ度スト云フハ、早ク《私欲ノ失リナリ》不生不滅ニ成仏セント思フハ、早ク私欲ノ失リナリ。皆求メタル欲ナリ。欲ハ万悪ノ始メナリ。己レ欲心ニ迷ヒテ無欲・無我・無心ニ為レト説法スルコト、大イナル誤リナリ」（⑨五六～五七、余白文）

――僧が人々を救済するというが、それは僧と人の私欲の「願い」である。成仏も同じで、皆、欲望を根底にもっていると指摘する。「気《ソナワリ》」（無私・善の体系）の上にさらに「求める」とき、「欲」となるというのが、昌益の基本的な考え方である。

「慈悲ト云ヘルコト、能キ事ニ非ズ。慈悲ヲ為ス者ハ善ニ似レドモ、慈悲ヲ受クル者ハ他ノ恩ヲ負フテ罪人ナリ。罪無キ《ノ》者ニ慈悲ヲ与ヒテ罪ニ落トス則ハ、慈悲ヲ為ル者モ又罪人ナリ。故ニ慈悲ハ罪ノ根ナリ」（⑨六一）

――「慈悲」という行為に存在する、慈悲を与える方と慈悲を受ける方。そこには人間本来の対等の関係が壊れ、下手をすると優越と卑屈の関係が萌すと見る昌益の鋭い洞察である。「気」の感応は「ワタクシナシ」である。

（4）老荘批判

ア、老子批判

「『人ハ地ニ法リ、地ハ天ニ法リ、天ハ道ニ法リ、道ハ自然ニ法ル』ト云ヘルコト、是レ甚ダ妄愚ノ失リナリ。先ヅ法ハ私ノ法《コシラ》ヒニシテ、道ニ於テ之レ無キコトナリ。故ニ失リナリ。人ハ小天地、天地ハ大人ニシテ、道ト、一気ノ進退ニシテ乃チ天地ナリ。故ニ人・天・地・道ニシテ一気ナリ。法トハ曾《かつ》テ之レ無キコトナリ。法無キ故ニ自然ニ法ルト云ヘルハ失リナリ。人・地・天・道ハ乃チ自然・進退ノ一気ナリ。是レヲ別別ト思フテ此ノ言句ヲ為ス故ニ、自然ヲバ虚無・空寂ト観《ミ》テ、目前ノ天地・人物悉ク自然・進退ノ一気ノ所為《ゆえん》ナルコトヲ知ラズ。虚無・空寂ヲ自然ト為シテ、今日ノ天地・人物ト各別ノ物ト為シテ、己レ先ヅ迷フテ此ノ書言ヲ為シ、故ニ後世ノ浮才学者ノ世人、自然ト云フハ空無ナル者トシテ、目前ノ天地・人物ハ、唯自然自《ヒト》リノ行ヒナルコト、之レヲ知ラズ、自然ニ生マレナガラ自然ヲ知ラズ、妄妄トシテ逆倒・暗惑スルハ、老子、道ト自然ト各別ト為シテ、道ハ自然ニ法ルト書ヲ為スノ大罪ナリ」（③三六一〜三六二）

——これは『老子』第二十五章のものである。小川環樹は、老子の「自然」の意味を「それ自身でそうであるもの」と注解している（改訂版『老子』六五頁、中公文庫、一九九七）。昌益の生命体・真の「自然」論からすると、老子の「自然」論には生命的な造化論がなく、昌益は「無為自然」論に関心をもたなかった。

イ、荘子批判

「『荘子』「斉物篇」ニ曰ク、己レト物ト斉《ヒトシ》キコトヲ言ヒテ文言ヲ尽セドモ、第一ニ、転定ノ万物ヲ生ズル直耕ト、人ノ穀ヲ生ズル直耕ト、全ク斉キ転道ヲ知ラズ、故ニ耕サズシテ、己レガ生命ノ父母タル転定ノ道ヲ盗ム。故ニ甚ダ失レリ」（④一四九〜一五〇）

——『荘子』を訳した森三樹三郎は、「この篇は『荘子』の生命ともいえるものである。斉物論とは『物を斉しくするの論』という意味であり、万物斉同、絶対無差別の論理が展開される」（世界の名著4『老子　荘子』一六七頁、中央公論社、一九六八）とする。昌益の荘子批判は、荘子不耕貪食批判で軽く終了する。昌益には、「万万人ニシテ一人」論、「男女《ヒト》一人」論という「一真」体論からくる「真体」的斉物論がある。昌益が荘子の「斉物論」と正面から対決すれば、昌益の男女論・人間平等論の内実がもっと明確になったであろう。

(5) 神道批判

「浅計《アサハカ》為ル戯事ヲ『旧《（ク）》事紀』『古事紀《（ママ）》』『日本紀』ノ三部ノ経ト為シ、皆自然ニ非ザル私法ノ失リナリ。后世弥々之ノ末書ヲ為シ、数百巻ニ及ブト雖モ、悲シイカナ皆私失ニシテ、一冊トシテ自然ノ妙序ニ契《（カナ）》ヒルハ無シ。故ニ有《あ》ラ所《ゆ》ル神書ハ皆妄失ノ古紙ナリ」（⑨一六八）

――昌益はこの日本神道を批判して、「自然ノ神道ハ五行、小大ニ進退スル一神ニシテ、転定ニシテ一神、日月ニシテ一神明、男女ニシテ一神、無始無終ナル常中不易ノ神ナリ。進ンデ神妙、退キテ霊験、神霊・妙験ニシテ真ニ一神ナリ」（⑨一六六）と、一真論を主体とした「自然真ノ神道」論を展開する。筆者は、昌益は新しい「神道」論の構築をめざした思想家と捉えている。

(6) 異国医学論・医書批判

「此ノ妄作（『易経』）ノ私失ヨリ始ムル医道ナレバ、『内経』ヲ始メ、『難経』、世々ノ医ノ妄作書『古今医統』『証治準縄』、凡テ七千余巻ノ論、皆《ナ》十二言（干支）ヲ以テ運気・病論・治方ス。故ニ皆《ナ》失レリ」（⑩一四一）

――『刊自』発刊の理由について仙確は、「本《ト》自然ノ気行ニ違ヘルコトヲ糺サズシテ放妄ノ医論ヲ為ス。故ニ自然ノ真営道ノ治方ニ非ズ、迷世・害人ノ妄失タリ。師、之レヲ嘆キ、之レヲ患ヒ、（中略）転下・妄失ノ病苦・非命ニシテ死セル者ノ為《メ》ニ神ヲ投ジテ、以テ自然ノ真営道ヲ見ハス。乃イ号シテ書ノ題名トス」（「序」）。『刊自』は異国医学論批判の書として発刊された。当時の代表的な医学書『黄帝内経』そして、それらを土台とした当時の儒医が利用した外国産の諸医学書を全否定した。

(7) 異国教学への対処

昌益は、外来の儒教・聖人、仏教・釈迦を激しく批判した思想家である。これらの外国思想によって、「自然ノ世」(「無二一真」の世界)なり、日本国が大混乱したという。昌益は、このような事態(懸案)をどのように解決するのであろうか、昌益の対応策を検討することから、昌益の視座が見えてくる。

「聖失ヲ紊ス下ニ自然ノ真道自リ見ハル　儒失ノ部」(⑧八五)

「先聖ノ私法、妄失ナルヲ明カシ、不耕貪食ヲ止メバ、無乱・安平ノ世ニ帰サン」(⑧二〇六)

――昌益が『自然真営道』で、渡来の儒教・聖人の妄失を紊せば、「自然」に、「おのづと」真道の「無乱・安平ノ世」が現われるという「気《ソナワリ》」の視点である。

「漢土ノ聖人、利己ノ私法、妄失ノ害書、及ビ竺土ノ釈、私法ノ迷書、日本ニ来リ、日本国ヲ妄惑セシム。此ノ妄書、悉ク漢土ニ之レヲ戻スベキコトナリ」(④一九七~一九八)

――害書を国外追放することを説く。昌益の日本国のイメージは、本来的に善の体系、安平な世界であり、外来の悪書・悪い思想を廃棄すれば、ただちに安平な社会が実現するという楽観的な視点である。この楽観性は、昌益思想内部に理由がある。気の思想家昌益は、「気《ソナワリ》」は、本来的に善の体系で、人間の欲望である「邪気」が、混乱の元凶であるという認識である。昌益は「気」の善の世界が、異国の欲邪の思想(「二別」の「私法《コシラヘ》」「制《コシラヘ》」)によって破壊されたと見る。

別の視点で言えば、天地万物生成以前の太元・原初の「真」は、善の世界、対立の起こらない「無二一真の世界」である。天地生成後の異国の学問・教学は、「儒・釈・道、与ニ人知・私制ノ法言」(④一三二）で、私欲・二別の分別知を根底にもつという視点である。昌益は外国から流入した私欲の学問・教学の体系が、「気」の「無二一真」の善・安平の世界を破壊したという日本被害者の視点である。

10　安藤昌益の「身分制批判論」再考

(1) 問題の所在

近世思想史上の安藤昌益像は、例えば「封建的な身分制度を根本から否定した我が国で唯一の思想家」（『日本人名辞典』新潮社、一九九一）「封建的な身分制度を批判し、徹底した平等主義にもとづく理想の社会『自然の世』を主張」（『日本人名大辞典』講談社、二〇〇一）「昌益の思想の特色は、何よりもまず、徹底した平等主義の主張に見出される」（『日本近世人名辞典』吉川弘文館、二〇〇五）とある。

これらの昌益像は、狩野亨吉の昌益発見以来多くの研究者によって確認され、現在までこの評価は変わっていない。「不動の通説」といってよいであろう。しかし、筆者はこの通説には否定的である。はじめにその論点を提示してみよう。

(1)昌益没後の門人が残したとされる八戸資料『転真敬会祭文』には、当時の身分制社会に対する批判的な記述はない。この八戸資料について、『全集』（⑯下四一）では、「昌益の革命的な社会思想は、ほとんど風化し、平板な生命哲学に堕しつつある」と記述する。大館一関家文書の『掠職手記』『石碑銘』の資料からも、昌益の身分制批判、人間・男女平等論の主張は確認できない。不思議である。門人たちが昌益の思想を理解・賛同したならば、門人たちの資料に何らかの痕跡が残るはずである。

(2)『刊自』には、「人倫世ニ於テ上無ク下無ク、貴無ク賤無ク、富無ク貧無ク、唯自然・常安ナリ」（⑬二〇〇～二〇一）「万万人ニシテ自リ然ル一般ニ無上・無下・無二ノ世人ヲ以テ、君臣・父子・夫婦・兄弟・朋友ノ五倫ヲ分カチ立テ、士・農・工・商ノ四民ヲ立テ、是レ何事ゾト言フニ、君相ヲ以テ己レ衆人ノ上ニ立チ、不耕ニシテ安食・安衣シ」（⑬二

○三）の記述がある。

現代人は、この記述から、昌益の人間平等論・身分制批判の主張を読みとっている。ところが当時の出版規制に触れず出版されている。不思議なことである。幕府の出版条目（享保七〈一七二二〉年）には、「自今新板書物之儀、儒書、仏書、神書、医書、歌書、都て書物類其筋一通之事は格別、猥成儀異説等を取交作り出し候儀、堅可レ為二無用一事」（『御触書寛保集成』九九三頁、岩波書店、一九三四）とある。『刊自』は見事出版にパスした。出版物を事前検閲する本屋仲間行事は、内容が理解できなかったのか。あるいは内容が日本のことではなく、異国に関する記述と見たのか。筆者は、ここには近世人と現代人の理解・解読のズレがあると思っている。

(3)昌益は江戸時代の身分制社会を激しく批判した唯一の人物と評価されている。しかし一方では、『統』の「万国巻」（「万国ノ産物・為人・言語ノ論」）で、「日本国ハ（中略）他国ノ物ヲ用ヒズトモ、凡テ不自由無シ。業事ハ耕食・織着シテ産物能ク生ジテ敢テ不足無ク、今ニモ他国ヨリ来ル迷世・偽談ノ妄教ヲ省キ去ル則ハ、忽然トシテ初発ノ転神国ノ自然ニ帰シテ、永永飢饉・寒夏・干秡・兵乱等ノ患ヒ無キ安住国ナリ。千年ヨリ以来、日本国ニ於テ数々寒夏・不穀・干秡・天災・兵乱等ノ患ヒ有ルハ、漢土ノ聖法、利己ノ為メノ誑衆・惑世・詭談ノ妄教、及ビ天竺ノ仏巧、利己ノ為ノ盗道・誑世・迷衆・虚戯ノ偽教ヲ用ヒテ、自然ニ具ハル所ノ初発・小進・廉正ノ神道ヲ無シ、金銀通用ノ奢リ貢リ栄曜ヲ業ト為シ、不耕貪食ノ他邦ノ聖・釈ノ妄教ニ泥ミ」（⑫八二〜八三）と述べる。ここには日本国・日本社会を本来的には肯定し、「他邦ノ聖・釈ノ妄教ニ泥」む自国を憂うるが、昌益の立ち位置は明確である。異国の儒教聖人、釈迦を糾弾する「廉正ノ神道」を擁護する、「神道思想家」に近い昌益の立ち位置・姿である。昌益は、江戸時代の身分制社会を激しく批判し、人間平等を主張しつつ、一方で、日本国・日本社会を本来的に肯定していたのであろうか。昌益の不思議な立ち位置・思想ではなかろうか。

（2）安藤昌益の「四民・身分制批判論」再考

ア、「四民・身分制批判論」再考

「儒法ハ漢土ノ聖人利己ノ亢偏知ヲ以テ衆人ヲ誑カシ、推シテ王ニ立チ、私失・妄制ノ字学ヲ以テ衆人ニ敬ハレントノミセシメ、其ノ謀政ノ為《メ》ニ五常・四民・五倫ノ私法ノ私教ヲ立ツ」（⑨二二四）

——儒教は、漢土の聖人が利己の為に、亢ぶり・偏った智恵で、多くの人を誑かし、自ら推して王となり上に立った。失りの字・学を制《コシラヘ》、衆人に尊敬されんとして、謀のために五常・五倫・四民の私法・私教を作ったと主張する。この記述内容は、中国・儒教の聖人の所業を批判対象とする記述である。

「利己ノ才知ヲ以テ火ノミニ君相ヲ附ケ、万万人ニシテ自リ然ル一般ニ無上・無下・無二ノ世人ヲ以テ、君臣・父子・夫婦・兄弟・朋友ノ五倫ヲ分カチ立テ、士・農・工・商ノ四民ヲ立テ、是レ何事ゾト言フニ、君相ヲ以テ己レ衆人ノ上ニ立チ、不耕ニシテ安食・安衣シ衆ニ敬ハレンガ為《メ》ニ（中略）陽儀ヲ以テ天・高ク貴シト為シ、陰儀ヲ以テ地・卑ク賤シト為シ、上下ヲ決メ之レヲ法トシテ、君相ヲ以テ上ニ立ツ。是レ『伏羲始メテ天下ニ易タリ』ト云フ。自然ヲ失ル始メナリ」（⑬二〇三）

——昌益の主張の骨子は、漢土の聖人の「私法《コシラヘ》」「制《コシラヘ》」の一つである五倫・四民批判である。江戸時代・現実社会の五倫・四民批判ではない。あくまでも昌益の関心は、「聖人ノ教ヘト為ス所ハ、三徳・五常・五倫・四民ナリ。是レ己レヲ利シ、上ニ立タンガ為《メ》ノ謀言ニシテ笑止ナリ」（⑧一〇六）「工・商・士ハ聖人道ヲ盗ム為《メ》ニ私法ナリ、乱具ナリ」（⑧二九一）という、異国・漢土の聖人の私法・私欲としての四民・五倫批判なのである。昌益の批判対象は異国の「聖人」なのである。

昌益の主張で、江戸時代の五倫・四民に対する具体的、かつ批判的な記述・描写はない。多くの昌益研究者は、昌益が中国聖人の「私法《コシラヘ》」である四民・五倫批判を、即、江戸時代の四民・五倫批判であると判断・解釈したのである。狩野亨吉以来の「張紙」（家康批判）の主張が、研究者をして思考停止にしているのである。

昌益は、中国の聖人の私欲のための四民・五倫を批判しているのであって、現実の江戸時代の四民・五倫を批判しているのではない。当時の本屋仲間行事は『刊自』の出版に際して厳格に判断し、「猥成儀異説」ではないと出版を許可したのである。

昌益の自在《ラフ》な記述内容については冷静な分析が必要である。従来の研究が昌益の「一真」（上下・二別の成立しない「一」のあり方・原理・世界）を詳細に分析せず、昌益の「二別」「上下」批判の源が「無二一真」論（原理）から発していることを見なかったこと、昌益の視点が現実の封建社会から発していると即断したこと、昌益の「自然」と「真」との関係を分析せず、「自然」を客観的世界（自然界《ネーチャー》・現実社会）と判断し、昌益の「二別」「上下」批判を即社会制度の「二別」「上下」批判と読み込んでしまったこと、これらのことから、昌益による聖人の作為とする「二別」「上下」の原理的批判を、江戸時代・社会制度の「二別」「上下」批判（四民・五倫の封建的身分制度批判）と連続的に読み込んでしまったのである。

前述したように、昌益は神国日本社会を「廉正ノ神道」の国、「凡テ不自由無シ。業事ハ耕食・織着シテ産物能ク生ジテ敢テ不足無ク」と本来的には肯定しているのである。昌益の著書の中心（内容・分量）は圧倒的に儒教・仏教などの外国の思想・文化に対する批判で成り立っていることをもっと重視すべきである。昌益の門人や思想継承者たちに、身分制批判、人間・男女平等論の残滓・残影が存在しないのは、昌益思想にはもともと現実の江戸時代に対する身分制批判や、人間・男女平等思想がなかったからなのである。

イ、「武士批判論」再考

「士・農・工・商、是レ聖人ノ立ツル所ノ四民ナリ。是レ王・侯ヲ除キテ此ノ業ヲ立ツルナリ。士ハ武士ナリ。君下ニ之レヲ立テ、天下ノ天下ヲ以テ主ノ有ト為シ、天下ノ地形ヲ分ケテ境ヲ附ケテ国ト為シ、国ヲ分ケテ郡ト為シ、郡ヲ分ケテ領ト為シ、毎国《くにごと》ニ毎《おのおの》主ヲ立テ諸侯ト為シ、諸侯ノ下ニ武士ヲ立テ、武士ヲ以テ四民ノ頭ト為シ、諸侯、法ニ背ク者之レ有ル則ハ、多士ヲ以テ軍勢ト為シテ之レヲ征ス。士、法ヲ犯ス則ハ多士ヲ以テ之レヲ挫《くじ》ク。三民、法ヲ犯ス則ハ士ヲ以テ之レヲ誅罪ス。故ニ士ハ王者・聖人ノ作力ナリ」（③二〇七）

――この描写は、「士・農・工・商、是レ聖人ノ立ツルトコロノ四民ナリ」とあり、中国聖人が作為した身分制度のことである。日本の幕藩体制下の四民を対象とした詳細な記述ではない。現代人が、昌益のこの記述を見て、江戸時代の記述であろうと推測したに過ぎない。なんら当時の社会の具体的裏づけのない記述である。多分、かつて狩野亨吉が、昌益の著作にあったという、「家康」への批判的な言説のことが念頭にあり、そのように読解・即断したのであろう。

前述したように、前期昌益による、社会組織・制度に対する認識は未熟であった。自己の運気論の原理から、人間社会の制度を類推思考で描いていた。この中期の社会制度に対する認識も雑《ラフ》である。「王」は、「天皇」か、「将軍」か、それとも中国の「帝王」「王者」かは判然としない。「侯」は、江戸時代では、一般に「諸侯」として「大名」であろう。昌益には、中国の文献上の「諸侯」が念頭にあるのかもしれない。また、「君」も具体的には不明である。天下を支配して、知行地を宛行うとなれば「徳川将軍家」であろう。昌益は、最後に「故ニ士ハ王者・聖人ノ作力ナリ」と、武士は王者・聖人の作った武力装置という。この記述からは、これは「江戸時代の武士」像である、という明確かつ肯定的な認識はとてもおこらない。

「四民ハ士農工商ナリ。是レ聖人ノ大罪・大失ナリ。士ハ武士ナリ。君下ニ武士ヲ立テテ衆人直耕ノ穀産ヲ貪リ、若シ強気ニシテ異輩ニ及ブ者之レ有ル則ハ、此ノ武士ノ大勢ヲ以テ捕リ擠《ヒシ》ガン為ニ之レヲ制ス。亦聖人ノ命令ニ背キ、党ヲ為シテ敵ヲ為ス者ニハ、此ノ武士ヲ以テ之レヲ責メ伐タント為テ兼用

ス。是レ自然ノ転下ヲ盗ム故ニ、他ノ責メ有ルコトヲ恐ルルナリ」(⑧一三五)

――この記述も、「四民」を作った異国・聖人の大罪を指摘する内容である。武士の設置も、「君」による年貢収奪に抵抗する者がいるとき、「聖人」の命令に抵抗する者がいるとき、これらを鎮圧するために、聖人は武士団を作ったという。

この記述からは江戸時代の具体的・事実的な描写は見られない。これは漢土・聖人の「制《コシラヘ》」に対する描写である。「聖人ノ命令ニ背キ、党ヲ為シテ敵ヲ為ス者ニハ、此ノ武士ヲ以テ之レヲ責メ伐タント為テ」とあるが、この聖人手下の「武士」とは何者であろうか。中国の聖人の「制《コシラヘ》」た「士農工商」の武士か、江戸時代の武士かは判然としないが、「聖人ノ命令」という記述は中国社会を念頭に置いた記述であろう。

思うに、これらの記述内容は、昌益が聖人の利己の私法を批判するための一つの例(四民・五倫)を示す記述であろう。具体的な描写にはこだわらず、ただ聖人を批判するための素材、と見た方が整合的に理解しやすい。昌益は、聖人が利己の私法である五倫・四民(士農工商の身分制度)を作り、王・君・上位者になって君臨した聖人の「私欲」を批判したのである。これは外国思想の儒教・聖人のもつ「私欲」「二別」「制《コシラヘ》」に対する昌益の嫌悪感・ナショナリズムからの批判的視座であり、江戸時代の現実の封建的な五倫・四民の身分制社会を対象として批判したものではない。

繰り返すが、従来の研究は、中国聖人の作った五倫・四民への批判の主張を、類推して、そのまま江戸時代の五倫・四民の身分制社会を批判したものと捉えてしまった。従来の研究が、狩野亨吉の証言、それと昌益の人間平等論的な主張・記述(「男女《ヒト》」「人ノ上下無キ」)に影響されてしまい、昌益の主張の核心が、中国聖人に対する批判なのか、それとも江戸時代の五倫・士農工商の身分制への批判なのかを吟味・検討せずに、即座に昌益を江戸時代の身分制社会批判者として位置づけてしまったのである。

それは昌益思想の「真」「自然」「二別」の意味内容を詳細・厳密に検討してこなかったことの帰結でもある。今回、筆者が「真」「自然」「二別」の意味内容を詳細に比較検討したのはこの主張に欠かせない基礎作業だからである。

　ところで、かつて津田左右吉《そうきち》は、安藤昌益の思想を分析して、「当時の日本と昔のシナとを混同または同一視していた」「王といい民という、日本にはあてはまらない、シナ風のことばづかいをしている」（「文学に現れたる国民思想の研究」四『津田左右吉全集』七巻六六〇～六六一頁、岩波書店、一九六四）と指摘している。この津田の指摘には、「漢土ノ古聖人ハ、末世、倭国ノ名主・肝煎ノ先祖ナリ」（③二二七）という昌益のラフな記述・歴史認識が念頭にあったのであろうか。

(3) 安藤昌益の「人間平等論」再考

　かつてノーマンは、「昌益の政治哲学の精髄は、この平等論にこそある」と昌益の人間平等論を高く評価した。ここではノーマン以来の通説となった昌益の人間平等論を再考する。とくに昌益が、どのような思想・原理から、平等論を導き出したのかを見てみよう。まずはじめに昌益の転定構造論を確認しておこう。

　「転定ハ無大・無小、無軽・無重、無上・無下、無貴・無賤ニシテ凡テ無二ナリ。故ニ万事・万物妙行ヲ尽ス、唯《ただ》一物・一事ナリ。（中略）若《も》シ古説（『易経』）ノ如ク転定ヲ以テ上下・尊卑・二儀ト為ル則ハ、転ヲ去レバ定モ無ク定ヲ除ケバ転モ無シ、転定ニシテ一ナル則《キ》常中ナリ」（⑬一六〇）

——昌益の転定観には、『易経』にある儒教的な天地・上下・貴賤の「二別」的な天地観はない。この固定的・価値的な二別的天地観に拘束されない自由な認識をもっていたことは大きい。この認識が儒教・『易経』の上下・貴賤の社会的・身分的な構造原理への批判を可能としたからである。

　次に昌益の人間平等論の重要な原理となった昌益の「二別」批判論を見てみよう。

「転定ハ無大・無小、無軽・無重、無上・無下、無貴・無賤ニシテ凡テ無二ナリ」（⑬一六〇）

「始終・表裏・善悪・貴賤・上下・邪正・迷悟、統べテ二論無シ」（⑬一二七）

「善悪・美荒・上下・貴賤凡テ二品ノ各別ナル私法無ク（中略）故ニ転定ニシテ一体、男女ニシテ一人、万物統べテ然リ」（③三九四）

――転定には大小・軽重・上下・貴賤の「二別」は無いという。ここで留意したいのは、「凡テ無二ナリ」「統べテ二論無シ」「万物統べテ然リ」という昌益の認識である。昌益は「上下」「貴賤」という『易経』の身分制に関わる事象だけを対象としていない。昌益の主張の核心は、対関係（二項関係）の存在・原理を「凡テ無二ナリ」とすることにある。昌益は天地万物、すべての「二別」的な思考・原理・構造・存在を批判しているのである。昌益を身分制への批判者とするイメージは、私たちはどうしても、「上下」「貴賤」の表現に着目しがちになる。

本来、昌益の視点は、「上下」「貴賤」だけに着目した視点ではなく、すべての対関係・二項関係についての批判であるが、昌益が聖人の作為した『易経』（「繫辞上伝」）の二別原理観を批判するために、「上下」「貴賤」の用例が多いのである。この時点で、近世人昌益の主張（「凡テ無二ナリ」）と、昌益を見る現代人の視点（「上下」「貴賤」）とのズレがおこるのである。

次に、昌益は全ての対関係・二項関係なるものに対して、「凡テ無二ナリ」と批判するが、その批判する論拠を探って見たい。

「故ニ、上、無二ノ転道ニ法リ、下、無二ノ人道ニ因リ、転・人、上下ハ進退ノ一気ナル自然ニ体スル則ハ、無限・正平ニ乱ノ名ヲ聞クベカラズ」（③二一二）

――転道・人道は「無二」の世界という。その理由は、「上下ハ進退ノ一気ナル自然ニ体スル則」という。「一気」であること、それと「自然ニ体スル」という「真体」（「自然」）の「一」を根拠としている。昌益の原理的な視点・認識である。

「転定ハ二別無ク、男女・一人ナルハ備ハリナリ。故ニ万人ニアラズ、一人ナリ。一人ナル故ニ上下ヲ指ス所無シ。人ノ上下無キ所以ハ、転定・一体ナレバナリ」(①二二三)

——これは「転定一体」の原理からの、「人ノ上下無キ所以」であること。また、「男女・一人ナルハ備ハリナリ」という「気《ソナワリ》」(「一」)の原理からの把握である。ともに現実の人間社会の身分制構造から発した視点ではない。

「転定ハ一体ニシテ上無ク下無ク、統べテ互性ニシテ二別無シ。故ニ男女ニシテ一人、上無ク下無ク、統べテ互性ニシテ二別無ク、一般・直耕、一行・一情ナリ。是レガ自然活真ノ世ニシテ、盗乱・迷争ノ名無ク、真儘・安平ナリ」(①二六八〜二六九)

——「転定ハ一体」「男女ニシテ一人」の主張は、「互性」原理から導き出している。後期昌益思想の「互性」論で、「統べテ互性ニシテ二別無シ」と、「互性」論が「統べテ」の二別批判の原理となる。

このように昌益の全「二別」批判は、「一気」「一真体」「転定」「互性」など「気《ソナワリ》」の「無二一体」「無二一真」の原理・構造から発した全否定なのである。

「万万人ニシテ一人ノ自然ニ逆シテ、推シテ私ヲ以テ王ト為ル」(⑧三三三)

——この「自然ニ逆シテ」の「自然」は自然界《ネーチャー》ではない。「真体」の「一」の世界のことである。「気」の世界は、人体(気の構成体)は「一」体として、万人・男女も一人＝一体と把握される。社会的な把握とは異なる。「一体」である人間は、「二別」(二体)ではなく、「万万人ナレドモ、人ニ於テ只一人」(①三〇八)と把握される。

昌益は「真、自リ然ル故ニ、二無シ。二ツ無キガ故ニ、万万人ニシテ一人ナリ」(⑬一一五)という。真体「一」論からの主張で、社会的関係から見た万人一人論ではない。昌益は、「一真」である自然・転定＝「一」の世界に、「自然ニ逆シテ」二別の世界を立てた異国の聖人を批判する。昌益は、人間・男女平等の主張を想起させる用語である「上下・貴賤」(『易経』)の対・二項関係の「二別」批判は主張するが、「平等」「均」「斉」(「斉《セイ》〈ヒトシ〉」等《タイ》〈ヒトシ〉」⑤一七二)などの「平等」を想起するような用語は使用してはいない。昌益の主張する「上下・貴賤」の表現は、現実社会の社会関係を凝視した現実社会の「上下・貴賤」の「二別」批判ではなく、対・二項関係としての「上下・貴賤」の記述なのかも知れない。次の資料を参考にして前述の指摘の当否を見てみたい。

「男女《ヒト》ハ万万人ニシテ只一人ナル明証ノ備ハリ、面部ヲ以テ自リ知レテ在リ。面部ノ八門ニ於テ二別無キコトハ、是レハ上ニ貴キ聖王ノ面部トテ、九門・十門ニ備ハル者無ク、是レハ下賤シキ民ノ面部トテ、七門・六門ニ備ハル者無ク、面部ニ大小・長短・円方ノ小異有レドモ、八門ノ備ハリニ於テ、全ク二別有ルコト無シ。是レ人ニ於テ、上下・貴賤ノ二別無キ自然・備極ノ明証ナリ。四行・進退・互性・八気ノ妙道ニ、外無ク内無ク、微シモ二別無キ所以、是レナリ。故ニ、人身ノ尺・心・行ニ大違無キ所以ナリ。本是《ト》レ転定・活真、一体ノ為ル所ナリ」(①八〇)。

——昌益は人体の面部にある八つの器官について、「八門ノ備ハリニ於テ、全ク二別有ルコト無シ」から、「是レ人ニ於テ、上下・貴賤ノ二別無キ自然・備極ノ明証ナリ」と、面部の同一性から「是レ人ニ於テ、上下・貴賤ノ二別無キ」ことを導き出している。面部の同一性を根拠にして、社会的な関係としての「上下・貴賤ノ二別無キ」ことを主張する。人体的「同一」論から社会的「二別」批判論を主張する。「同一」を根拠に「二別」を批判しているのである。この根拠は「自然・備極ノ明証」と、「自然」の意味内容を論拠としているのである。この「自然」はネーチャーではなく、自然=自リ然ル=真体のことである。昌益の二別批判の根拠は、「是レ転定・活真、一体ノ為ル所ナリ」と、転定=活真=一体(真体)からである。昌益の主張は「身体的同一」論=「真体的同一」論と言ってよい。昌益が「万万人ニシテ一人」「男女ニシテ一人」と主張するのも、真体＝一体＝同一からの認識であろう。昌益が「上下・貴賤ノ二別」の表現の使用は、『易経』の「上下・貴賤」の「二別」のことが常に念頭にあるのであろう。

「万物・万理、悉ク然リ。是レガ自然ノ進退、一真ノ行フ所ナリ。故ニ人ノ私知・工夫ヲ以テ転ヲ別ニ転トシ、又定ヲ別ニ定トシ、二別ト為ル者ニ非ズ。転定已《すで》ニ然ル則ハ人・万物皆然リ」（⑩六八〜六九）。

――「一真」（「自然（自リ然ル）」）の世界は、万物・万理すべて「一真」の主宰する原理的な世界である。人間の私知・工夫などの分別知で、「二別」とはならない「気《ソナワリ》」の世界である。中期の昌益は、「真、自リ然ル故ニ、二無シ」（⑬一一五）「自然・不二ノ一気」（⑬一〇五）などとくり返し述べる。

昌益は、「真」体の「一」「一気」「自リ然ル」「転定ニシテ一体」など、「真」の「一」原理・構造で世界を統一的に把握・解釈した。昌益が、「自然ノ人倫ニハ、上モ無ク下モ無ク、王モ無ク民モ無ク、仏モ無ク迷ヒモ無ク、統テ無二ナリ。故ニ自然（〈自リ然ル〉）ナリ」（⑨五七）「凡テ二別無キ転下・平般ノ人世」（⑧三三三）と、くり返し述べるのは、皆、「真」の原理・構造・世界から発した視点であり、現実の近世身分制社会の問題を直視したことから生み出された問題意識ではない。

昌益の人間平等論は、気の思想家安藤昌益の万物一体・万物同体論を基底とした、真「一」原理（「無二一真」原理）の貫徹・類推・演繹思考で構築されているのである。

(4) 安藤昌益の「男女《ヒト》平等論」再考

ア、安藤昌益の男女平等論原理

『昌益事典』には、「人間のことを『男女《ヒト》』と書くほどに強烈な人間平等・男女対等の観点を打ち出した昌益の思想は、日本思想史上に前例のない先駆的な平等思想である」（別二六七）と記されている。昌益の「男女《ヒト》」の表現は、後期思想から起こってくる。本来、後述する昌益の後期思想の箇所で検討すべきであるが、昌益の身分制批判の原理と、この男女平等論（「男女《ヒト》」論）は深く関わっているので、ここで「男女《ヒト》」論を再考することにする。昌益の主張を見てみよう。

「地上ニ居テ地下ヲ観《ミ》レバ転《テン》ナリ、地上モ転ナリ。地下ニ居ル意ニ観テモ相同ジ。故ニ転定ニハ上下無クシテ一体ナリ。故ニ男女モ上下無ク一人ナリ」（②一〇〇）

――昌益の転定観は渾天説で、天地に上下の「二別」観はない。中期転定観の特徴は、「故ニ男女モ上下無ク一人ナリ」と、男女一人論を確立したことである。

「男女ハ小ナレドモ転定ナリ。転定ハ二別無ク、男女・一人ナルハ備ハリナリ。故ニ万人ニアラズ、一人ナリ。一人ナル故に上下ヲ指ス所無シ。人ノ上下無キ所以ハ、転定・一体ナレバナリ」（①二二三）

――大転定・小転定の原理から、転定一体・男女一人と類推・演繹される。一人だから上下・貴賤などの二別・比較などの分別知は成立しない。これも転定一体の原理から導き出された昌益の一人論である。昌益の原理、「転定・男女ハ合一ニシテ二別ニ非ズ」（④二五八）と、人・男女が、「気《ソナワリ》」の原理（転定一体）と一体的・連続的に把握され、人・男女が自立した固有の社会的存在・世界として位置づけられていないのである。近世的な「気」の天人合一原理の世界である。

「男女ニシテ一人」「男女ニシテ一才」「男女ニシテ一真体」「男女ニシテ一体」「男女ニシテ一神」「男女ニシテ一行」「男女ニシテ一妙」「男女ニシテ一神体」「転定・男女ニシテ一体・一人」「男女ニ二人無シ」

――多くの短文を列挙した。昌益にとって「男女」は、「一」という原理的把握に関心があることがわかる。男女は「一人」という把握だけでなく、一真体・一神・一行等々多様な把握なのである。貫かれている原理は「一《ヒト》」であり、「人《ひと》」ではない。昌益は、「一ツ以テ貫スルコト之レヲ知ルベシ（中略）転定ノ一正体ヨリ分生シ来ル人・物ナレバ、統ベテ一正体ナリ」（④一〇二）と述べる。

　昌益は、後期になり「男女《ヒト》」と振り仮名をつけることが始まる。『全集』のようにこの「男女《ヒト》」の振り仮名を根拠に、昌益の男女平等論を主張する論者が多い。身分制社会批判者・昌益像の通説的立場から見ると、この「男女《ヒト》」の表現から男女平等論であろうと類推しやすいことはわかる。ところで江戸時代の人は、この「男女《ヒト》」の表記から、男女平等の主張であると読み取るであろうか。あるいは昌益自身身分制社会を念頭において、男女平等の主張を込めて「男女《ヒト》」と表記したのであろうか。前述した短文資料は、皆、男女の「一」を強調している表現である。現代人が「平等」と読み取っているだけではないのか。昌益が「男女」につけた「ヒト」の意味するところは、「一《ヒト》」のことではないか。以下に資料を提示して検討していきたい。

イ、安藤昌益の男女「一」論

「天理ヲ以《ヲモ》ンミル則《トキ》ハ、男女・父母、二ナリト雖モ、交合シテ子ヲ生ズルニ至リテハ一ナリ」（⑯下三〇七）

——前期資料である。男女は「二」であるが、天理から見ると、交合（「一」）して子（「一」）を生じる生成論からは、男女の関係・存在を「一」と見る視点を重視している。

「人《ト》ハ唯此ノ米ノ一ツト云フコトナリ。『ツ』ハ和訓ノ附ケ言《コト》ニシテ、一ツノ『ツ』ヲ去レバ一《ヒト》ナリ。此ノ一《ヒト》ガ人ニシテ、人ハ転下ニ只一人《リ》、一《ヒトリ》ノ人ハ米ノ一《ヒト》ナリ。故ニ万万人ニシテ一人、一人ガ米ノ一《ヒト》ナリ」（⑫三一三）

「一人《ヒトリ》ハ『一人《ヒトタリ》』ナリ。『ト』『タ』同ジ故ニ『人《タリ》』『足《タ》ル』ナリ。故ニ転定・万物ノ道理、人ニ人《たら》ザルコト無シ。故ニ『一人《ヒトリ》』ハ『一足《ヒトタ》リ』、『一足《ヒトリ》』ハ『一人《ヒトタ》ル』ナリ」（⑯上三一二）

——中期資料である。前者は、「人《ヒト》」と「一《ヒト》」「米ノ一《ヒト》」の、同一・同体性の指摘である。これも真の「一」体の原理からきている。後者は、「一人《ヒトリ》」の「一《ヒト》」は、転定・万物の道理である「一」のことの指摘である。

昌益は別の資料で、「素ヨリ人ハ小転定ノ一体ニシテ、男女ニシテ一人ナレバ、救ヒ救ハルル之レ無キ故ニ一《ヒト》ナリ」(⑯上一〇三)とする。また、昌益が、「男女ニシテ一真体」「妙トハ自然進退合一ノ言《イイ》ナリ。故ニ男女合一シテ発見ス」「男女ニ二人無シ」「男女《ヒト》一人ナリ。是レガ活真ノ妙体ナリ」と述べるとき、「男女《ヒト》」の「ヒト」は、一真体の妙体「一《ヒト》」からきていると捉えた方が整合的である。

「転定ニシテ一体、男女ニシテ一人、十穀ニシテ一穀ナリ。是レガ自然ノ一真自リ感《ハタラ》ク常ナリ。故ニ米穀ハ十穀ヲ主リ、其ノ精神・真感シテ男女ノ一人ト成ルコト、左ノ如シ。▲人始メテ生ズ、自然・一真ノ図解」(⑩九六〜九七)

――中期資料である。これも「一真」体の「一」から来ており、転定・男女・穀を「一」として見る視点である。この箇所の『全集』の注11には、「男と女があってはじめて人間が成りたつ関係性と、男女の対等性とを含意する」(⑩九七注11)とある。これは深読みであろう。

昌益は「一真」の「一」の原理から、演繹・類推思考をしているだけである。この箇所に描かれた男女の図には、「男女一生ス」「男女ニシテ一人」とある。この記述も「一」に重点がある。昌益が「男女ニシテ一真体」「男女《ヒト》一人ナリ。是レガ活真ノ妙体ナリ」と記述するのは、やはり「男女《ヒト》」は、真体の「一《ヒト》」と解釈することが、前出の短文資料に合致する。

「活真自行シテ転定ヲ為《ツク》リ、(中略)一極シテ、逆発穀・通開男女《ヒト》・横回四類・逆立草木ト、生生直耕シテ止ムコト無シ。故ニ人・物、各各〈ヒトツヒトツ〉悉ク活真ノ分体ナリ。是レヲ営道ト謂フ」(「大序巻」①六五)

――後期資料である。このように後期の資料から「男女《ヒト》」と振り仮名がつけられるようになる。この資料は「大序巻」で初めて「男女《ヒト》」が登場する箇所である。この資料の「男女《ヒト》」の記述に続いて、「人・物、各各《ヒトツヒトツ》悉ク活真ノ分体ナリ」とあり、筆者はこの〈ヒトツヒトツ〉の表現を重視する。また、「活真」の体である「二」とその分体としての「男女」は、「男女《ヒト》」「二《ヒト》」のことではないかと考える。また、後期に「男女《ヒト》」が登場するのは、中期には「転定一体・男女一人」論が確立して連記表現（フレーズ化）が多くなり（『刊自』には六回）、後期に減少（「大序巻」には三回）することと関わって、男女一人＝一体を表現するために、「男女《ヒト》」の表記が登場したのではないかと推測している。

「先師、男女ヲ以テ一ツニ男女《ヒト》ト謂フ者《ノ》ハ、自然ノ正理ニ因リテ言フナリ。古人、百姓ヲ以テ人《タミ》ト称ス。是レハ此レ天下ノ人ヲ総テ言フ。此ニ所謂《いハゆル》、人ハ男女ニシテ一人ノ男女《ヒト》ナリ。若シ之レヲ察セズシテ、男ノミ、女ノミ偏言シテ、男ヲ以テ一人ト為シ、女ヲ以テ一人ト為《ス》ル則《トキ》ハ、自然ヲ知ラザル私愚ノ失リナリ」（⑯下三八五）

――昌益没後の転真敬会に集う門人の「男女《ヒト》」論である。後継者は、先師（昌益）の「男女《ヒト》」論を、「男女ヲ以テ一ツニ男女《ヒト》ト謂フ者《ノ》ハ、自然ノ正理ニ因リテ言フナリ」と理解した。この「自然ノ正理」は、自然界《ネーチャー》のことではなく、「天地ニシテ一体ナリ。男女モ一気ノ進退ニシテ、又、男女ニシテ一人ナリ。自然ナルカナ」（⑯下三八五）と「一真」（「自然」）のことである。後継者も「一ツニ男女《ヒト》ト謂フ者《ノ》」は、「真」＝「二《ヒト》」と認識している。

「進退退進・互性ニシテ一気ナルモノナレバ、天地ニシテ一也、男女ニシテ一也」（『進退小録』⑭一九二）

――幕末近くの天保年間、昌益の著書を閲覧したと推定される医者川村真斎の資料である。真斎も「男女ニシテ一也」と把握している。昌益の思想は、現代人の男女平等的視点からのみで、昌益の「男女《ヒト》」を解読すると、近世人（昌益）の「一真」のまなざしから離れてしまう。昌益は常に「皆是レ転定ノ一正体ヨリ分生シ来ル人・物ナレバ、統ベテ一正体ナリ。是ガ自然一ノ正体ナリ」（④一〇二）と繰り返す。昌益は「真」「二」に徹底的にこだわり続けた特異な思想家なのである。

ウ、安藤昌益の女性観

「嫁ハ婦人、陰物ナリ。陽無キ方ヨリ嫁ヲ向ヒ取ル則ハ、末《スヘ》亨《とお》ラズシテ〔この先運勢が悪くなること〕必ズ離絶ノ因有リ。故ニ此方ヨリ嫁ヲ忌ム〔嫌う・避ける〕」（⑯下一五〇）

――前期の資料である。昌益は、「気」の原理から世界・社会を見る思想家である。男は陽、女は陰という伝統的な認識である。陽（南）でない方角の北（陰）から嫁を迎えると、重陰（女と北）となり、陰陽論（吉凶論）では、「凶」なのであろう。

「世ニ遊女ヲ以テ傾城ト為シ、美女ヲ以テ傾国ト為ス、是レ似テ失リナリ。女ハ男ニ随ヒテ私セザル者ナリ」（⑧三一六）

――廓での遊女と男とのことであろう。「皆男ノ迷泥ヲ為ス所、女ニ拘ハル所ニ非ズ。故ニ傾城トハ女ニ泥ム男ノ業ナリ」と官女の制を作った聖人を批判する。「女ハ男ニ随ヒテ私セザル者ナリ」の解釈は難しい。昌益はよく「私ノ分別知」という表現を使う。人間の私的な、欲望に根ざす「分別知」のことである。この「女ハ男ニ随ヒテ私セザル者ナリ」とは、女性の自己主張・自己判断をしない、できない、させない封建制下の女性の立ち位置のことなのか、判断は難しい。

「『妬《ト》』ハ、女、至愚ニシテ心ヲ転ゼザルコト石ノ如シト作ル字ナリ。……『ネタム・マトフ』和訓」（②二六三）

――『私制字書巻』の「妬《ト》」（嫉妬）の字解である。この資料に対し、若尾政希は「安藤昌益の女性観」（『日本女性史大辞典』三二一頁、吉川弘文館、二〇〇八）で、「女性への差別的な言辞も散見される」と指摘し、この資料から「女がきわめて愚かだと論じたり」と、昌益の女性差別観を指摘する。しかし、この資料は「妬」の解字であり、それ以上のものではない。

「経水止ンデ三・五日ノ間ニ交合スレバ必ズ胎妊ス。是レ婦人愚ニシテ知ラズ」（⑩一九九）

――月経が止んで、（三×五）十五日の間に交合すれば妊娠すると昌益はいう。昌益は運気数論から十五日説を導き出した。昌益は「婦人愚ニシテ知ラズ」と言うが、とても無理な発言内容である。

「女ハ退気外（体表周辺）ニシテ進気ヲ内（体内）ニ包ム故ニ、魂《コン》神外ニ通達スルコト能ハズシテ魯鈍・頑愚ナリ」（⑩一五三）

「男ハ進気外ナル故ニ、魂神能ク外ニ通達シテ賢才・工知ナリ」（⑩一五四）

――昌益は気の理論・原理（進退論）で、機械的な理由づけ（配当思考）を行なう思想家でもある。男は進気が体表部にあり、思考・精神の働きが外部に出て活動的（陽）となる。女は、進気は体内部、退気が体表部となり、そのため消極的（陰）となるという。昌益は、進気＝賢才＝工知、退気＝魯鈍＝頑愚という。これは昌益の進退論の対・二項関係（転と定、日と月、男と女等々）からきた機械的な配当思考の産物との理解も可能である。

「下賤ノ女子ニ偶々之レ有リ」（⑩二四三）

――この資料は、女子の性器障害についての箇所の記述である。江戸時代の人々は、普通に、日常的に「貴賤」という言葉を使っていたと筆者は判断している。近世人昌益も「下賤」という表現は使用していたことを推測させる資料である。

「男ハ女ヲ愛シ、女ハ男ニ随ヒテ転定ノ道ニ外《ハツ》レザルナリ」（⑩九九～一〇〇）

――昌益の転定観は、「転ハ覆《ヲヲ》イ定ハ載《ノ》セテ一体、男ハ覆ヒ女ハ載セテ一人ナルハ、是レ自然・一気ノ進退ナリ」（⑨八九）である。昌益の真一論からきた「転定ニシテ一体」「男女ニシテ一人」論である。昌益の天人合一論の「親睦・和合」思考でもある。男の積極性（主体性）、女の消極性（受動性）のことで、昌益の転定観からきた男女観であり、当時の一般的な認識であろう。

「転下、万国・万万人ナレドモ、人ニ於テ只一人、行フ所ニ於テ只一直耕ノ備道ナルコト、炉中ト面部ノ妙徳・妙用ノ備ハリヲ以テ明証ナリ。如何ナル愚女・拙童モ、之レヲ『否《イナ》』ト謂フベケンヤ。況ンヤ壮人ニ於テヲヤ」（①三〇八）

――後期資料である。愚女・拙童は物分りの悪いことの例えであろう。壮人は道理のわかる大人であろう。江戸時代・男世界では、分別・思慮のない者の例えとして「愚女・拙童」の表現は日常的に使用されていたのではないか。昌益も当時の人と同じようなまなざしはあったと見ている。

「女ハ地道、経水常ニ余シテ人倫ノ相続ノ本ト為ル、然ルニ五障三従《さんしょう》〈三従ハ女ノ道ナリ〉ト賤シムルハ失リ」（⑨二六五）

——男は天道、女は地道を行なう。女は月経を行ない、子を生むことで、人の世の相続の本となる。ところが仏教には、女性は生まれながらに五つの障《さわ》りをもち、そのために仏などにはなれないという女性蔑視思想（女人罪障観）がある。儒教の「女三従の教え」と同じで、女は親・夫・子に従うこと、という考え方である。元禄期を中心に生きた河内の上層庶民・壺井五兵衛（寛永十三〈一六三六〉年～正徳三〈一七一三〉年。屋号・河内屋、号・可正）は、「若、下人として主人にさからひ、子として親に背き、女と成て男にしたがハずバ、天地をさかさまにするがごとし」（野村豊・由井喜太郎編『河内屋可正旧記』二九六頁、清文堂、一九五五）と、儒教的な人間関係を日記に述べている。

昌益は、女性の存在は男性と同じく、世界に不可欠な存在と位置づけていたことは、生命の生成と再生産を骨子とする昌益思想・原理から導き出された認識であろう。昌益の「賤シムルハ失リ」の主張は肉声であろう。

以上、昌益の女性観を見てきたが、昌益の「男《ヒ》女《ト》」の表現が、現実の身分制社会に対する男女平等の主張であるという通説的な把握を肯定する理由を筆者は見出すことができなかった。昌益の「男ハ女ヲ愛シ、女ハ男ニ随ヒテ転定ノ道ニ外《ハヅ》レザルナリ」（⑩九九～一〇〇）と述べる認識が、彼の女性観ではないかと推測している。

(5) 安藤昌益の「人間・男女平等論」の特質

これまで長い時間をかけて、昌益の重要な用語である真・一・自然・自リ然ル・進退・二別などの意味内容を検討してきた。通説である昌益の二別批判・人間平等論・男女平等論は、これらの用語の意味内容のなかにその主張及び原理の源があった。ここでこれらの原理と平等論を整理して、昌益の「平等論」の特質を指摘しておこう。

「人ハ直チニ転定ナリ。吾ガ身ノ転定ナルコトヲ知ラザル者ハ大罪ナリ」（⑬一八八）

「無始無終・無尊無賤・無独無二ニシテ自リ然ル転定ニシテ一真体ナリ。故ニ男女ニシテ小転定ノ一人・一真体ナリ」（⑨一八〇）

——前者は、人は「直」に転定という。この「直」の意味は、「即《ただちに》」「即《そく》」であろう。転定と人の関係は、気の同一・同体・同根論で、「全体《まつたきたい》」（転定＝人身）である。後者は、転と定、尊と賤、独と偶など、単なる「一」でもなく、「二」でもない「自リ然ル」動体状態の把握である。転定も男女も「一真体」で、「二別」ではない。転定一体・男女一人の源は、「一真体」の「二《ヒト》」構造のなかにあり、「一真体」の人間・男女・社会は、それ自身として固有の世界として自立していない。

「夫婦ノ道ハ転定ガ本《ト》ナリ」（③二三四）

「転定ハ本《ト》、人ハ末《すへ》、本ハ正シクシテ私失無ク、（中略）末ハ妄リニシテ私失有リ」（⑪一四四）

——すべて転定が「本《ト》」、人間である人・夫婦は「末《へ》」。昌益の上位価値基準は転定にある。昌益の人倫世界は、宇宙の主宰である「一真体」（「本《ト》」）のなかにあり、自然界《ネーチヤー》も人倫世界（「末《へ》」）も、「真体」の一体・同体のなかに原理的・構造的・一体的に把握されている。「気」の天人合一原理のなかで、人間・社会はいまだ自立・独自な世界ではない。

「男女ハ小ナレドモ転定ナリ。転定ハ二別無ク、男女・一人ナルハ備ハリナリ。故ニ万人ニアラズ、一人ナリ。一人ナル故ニ上下ヲ指ス所無シ。人ノ上下無キ所以ハ、転定・一体ナレバナリ」（①二一三）

——「人ノ上下無キ所以ハ、転定一体ナレバナリ」と、転定一体の構造・原理から、上下のない男女・万人「一人」論が導き出される。身分制社会関係から生み出された視点ではない。

「転定ニハ上下無クシテ一体ナリ。故ニ男女モ上下無ク一人ナリ」（②一〇〇）

――これも前者と同じく転定一体論から「男女モ上下無ク一人」と、転定構造原理から男女構造「二《ヒト》」が類推される。

「此ノ如ク序ヲ以テ転定ト人倫与ニ行ハルル、何《ン》ノ四民有ランヤ。聖人ノ私作ゾ患《うたて》シ」（⑧一四四～一四五）

――転定と人倫「一体」の「序」には本来四民制はないという。通説の、昌益思想の万人平等論、「男《ヒ》女《ト》」平等論は、皆「真体」の「二」、「転定一体」の「二」原理世界が源である。昌益の主張は、江戸時代の身分制社会を観察した結果ではない。現代人が、昌益の「人ノ上下無キ」「男女ニシテ一人」「男女モ上下無ク一人」の記述や「男《ヒ》女《ト》」の表記から、現実の身分制社会から生み出された平等論と判断したのである。

　昌益の「平等論」の原理・論理を詳細に検討せず、表記された文面から答えを出してしまった。昌益の「平等論」は、封建的身分制社会批判から生み出された平等論ではない。強いて言うならば「真体論的平等（一体・同体）論」であろう。また、昌益の四民（身分制）批判は、中国・聖人の「制《コシラヘ》」「法《コシラヘ》」の五倫・四民制度への批判（「何《ン》ノ四民有ランヤ。聖人ノ私作ゾ患シ」）であり、昌益の住む江戸時代の五倫・四民制度への批判ではない。

11　安藤昌益の自国認識と神道論

（1）儒教・聖人・中国批判論の台頭

江戸中期以降、日本国内には中国的な風土・歴史・知・感性に対して、日本固有の風土・歴史・知・感性などの民族的な固有性の自覚、中国文化からの自立化が起こってきた。

外来文化・思想の受容とその過程から、日本国内の経験知による異国文化の分析・修正作業・相対化などが進んだ結果である。例えば、徐光啓《じょこうけい》の『農政全書』に対して宮崎安貞は『農業全書』（元禄十〈一六九七〉年）を著わし、李時珍《りじちん》の『本草綱目』に対して貝原益軒は『大和本草』（宝永六〈一七〇九〉年）を著わした。王圻《おうき》の『三才図会』に対して寺島良安は『倭漢三才図会』（正徳三〈一七一三〉年）を著わした。

日本の儒学思想界においても、朱子学の思弁性を批判して、経験主義的な思考・学問方法を重視した伊藤仁斎の古義学、荻生徂徠の古文辞学が主流をなしてきた。徂徠は「吾道の元祖は堯・舜に候。堯・舜は人君にて候。依レ之聖人の道は専ら国天下を治め候道に候。道と中候は、事物当行の理ニても無レ之、天地自然の道にても無レ之、聖人の建立被レ成候道」（前出『徂徠先生答問書』一七二頁）と、朱子学的思惟を批判して、聖人の「作為」としての治国平天下を思想の中核に据えた。徂徠の日本神道に対する見解は、「マシテ吾国ニ生レテハ、吾国ノ神ヲ敬フコト、聖人ノ道ノ意也」（『太平策』日本思想大系36『荻生徂徠』四五二頁、一九七三）と、神道は異国聖人の「道」のなかに位置付けられた。徂徠学派（蘐園《けんえん》学派）の太宰春台（延宝八〈一六八〇〉年～延享四〈一七四七〉年）は『辯道書』（享保二十〈一七三五〉年。『日本思想闘諍史料』第三巻、名著刊行会、一九六九）を著わして、儒教と仏教及び神道との立場の相異を明らかにした。春台は「神道は本聖人の道の中に有レ之候」（四四頁）と師・徂徠と同様の主張をした。春台のこの書は神道家・国学者に関心と反発を招来した。国学者・賀茂真淵は本居宣長宛て書簡（明和五〈一七六八〉年一月二十七日）にて、「先年太宰純（春台）か辯道書といふ物を一冊出せしを鳥羽義著といふ人悪みて破却しから国の聖人と称せる人を証を挙て罵下せし辨辯道書といふ一冊有レ之皇朝之大意をよく得たる人と見ゆ」（『稿本賀茂真淵全集思想篇』下巻一三四一頁、弘文堂書房、一九四二）と、「から国の聖人と称せる人を証を挙て罵下せし辨辯道書」を紹介している。

神道家・鳥羽義著（生没年未詳）は『辨辯道書』（元文元〈一七三六〉年。国会図書館所蔵）を著わした。彼の主張を列挙してみる。「本朝純一の教にして人直に国豊なりしに儒仏渡りて流布するより邪知奸計多くましく」「彼等カ聖人と称るは皆謀反人主殺なれは」「汝カ尊ところの聖人ハ本朝より見れハ皆罪人也」「聖人の道は禽獣にひとし（中略）異国の禽獣道を学ふへきや」と主張する。鳥羽義著は、儒仏の流入によって日本国が大きく被害を受けたことを訴え、「聖人の道は禽獣にひとし」と昌益を彷彿させる主張をしている。

昌益とほぼ同時代の神道家・森昌胤は『神道通国弁義』（前出）にて、「唐の聖賢沢山にて教事の調たるは、国気人情悪き故なり、書物は前人の善悪賢愚得失等を記して後人に知らせ、善を勧め悪を懲す為なれば、日本如く自然に道をうまれ付たる国には入り用なし」（四四一頁）「唐五常五倫の教正しき国の意に殺奪するとよく思も較べてみるべし」（四四〇頁）と述べる。森昌胤は、勧善懲悪や五常五倫の教えがあること自体、異国の「国気人情悪き故なり」と指摘する。

神道家・佐々木高成（生没年未詳）は、元文二〈一七三七〉年に『辨辯道書』（『日本思想闘諍史料』第三巻）を著わした。彼は、「異邦は天地開闢より僅か十人余りの聖人世に出て、孝弟忠信人倫の道を教ふといへ共、有名無実にして其道行はれず」（一四一頁）「吾国は人おのづから寡欲《かよく》にして漢土天竺の多欲無道なるには似ず、我国も外国の道入り来て漸《だんだん》神代の古風を失ひ（中略）人の風異邦へ流れ、博文あるものは反て智弁巧に流れて上世淳素の道を失ふ」（一五六頁）と述べる。佐々木高成は、儒仏の流入によって国風が大きく変質したと自国の被害を強く訴え、「吾国の教、天地人物自然の道有り、自然の教あり、自然の神性有り」（一三五頁）と主張する。

賀茂真淵は、昌益とほぼ同時代の国学者で、『国意考』（前出）を著わして、「たゞ唐国は、心わろき国なれば、深く教てしも、おもてはよき様にて、終に大なるわろごととして、世をみだせり。（中略）唐国の道きたりて、人の心わろくなり下れば」（三八三頁）と述べる。真淵は、太宰春台の『辯道書』を念頭に、「儒の道こそ、其国をみだすのみ、こゝ（日本〉をさへかくなし侍りぬ」（三七七頁）と、『国意考』を著わして唐国・儒の道を批判した。

本居宣長の聖人批判を『くず花』（安永九〈一七八〇〉年）から見てみる。宣長は、「聖人はもと大きなる盗にて、人の物をぬすみて、己《レ》その術をよく知れるから、その防きのすべも功者なるは、さも有べきこと也」（前出一三七頁）「君の国を奪ひとりて、己《レ》天の御心に合《カナ》へりといひて、民を欺くは、漢国聖人の姦智邪術也」（一四六頁）と述べる。

元文以降安永期にかけての神道家・国学者の主張を見て来た。ほぼ昌益の時代と重なる。昌益が「万国欲悪ノ本ハ漢土国ニ始マル。（中略）此ノ欲・悪ノ二悪ハ聖人之レヲ始ムルナリ」（⑫九九）「乱世ノ妄悪・強盗ハ漢土国ノ聖人ニ始マル」（⑫一〇一）と主張する視座は、奇異ではなく、時代のなかに違和感なく収まるのである。

（2）安藤昌益の異国文化・思想への反発

まず次の短文資料を提示しよう。

「中華ノ高智、竺土ノ異術師」（⑬八八）

――『刊自』仙確の「序」である。昌益は、「賢ハ必ズ道ヲ盗ムナリ」（③二七〇）と、「高智」に対する猜疑心をもっていた。仙確は釈迦を「異術師」と表現するなど、八戸の昌益・確門の人たちには、外国思想に対する共通した意識が形成されていた。

「自然ヲ盗ンデ私法ノ業ヲ立テ、衆ヲ誑カシ謀教ヲ貢《かざ》ル」（②三八）

――この表現は、外国の思想に対し、「盗《ヌスビト》」「誑《タブラカス》」「謀《ハカリゴト》」を「貢ル」と形容する昌益の猜疑心のまなざしである。外来思想の主張者は、自己の欲望を実現するためにあらゆる企て・謀をもって相手に臨むという昌益の確信である。

「日本ノ和訓ハ真音ヲ唱ヒルコトヲ知ラズ、和訓ノ土行ニ生マレテ、遠ク求メテ異国ノ私法ヲ学ンデ、頭ヲ自然ノ道ニ非ザル妄迷中ニ埋ムコト、悲シイカナ、自然ヲ知ラザルコト」（⑤一三八）

――日本に生まれ「自然」の和訓・真音を理解出来ず、異国の教学を学ぶ姿勢に対し、「悲シイカナ」

と自国を憂える視点である。神道家・国学者に通ずるまなざしである。

「其ノ私法ノ謀種竭《つ》キテ其ノ虚工自リ露ハルル」（②三八）

――異国の私法の謀の種が尽きて、その「虚《ウソ》」「工《タクミ》」が自然と露になるという。これらの資料には「私法《コシラヘ》」の外国思想への親和感はまったくない。異国思想への猜疑心のみである。

かつて中国文学研究者の吉川幸次郎は、江戸文学研究者の中村幸彦との対談のなかで、「昌益の本は、さっき申しましたように少しだけは読んだのですが、私の印象は、中国の祖述というよりも、むしろ中国的な思考への反発のように思いますね。（中略）このごろの人々はだいたい日本のことの源を中国に求めますが、同時に中国への反発も相当あったんじゃないかと思うんです。昌益の場合はその一例になりませんか」（日本の思想18『安藤昌益・富永仲基・三浦梅園・石田梅岩・二宮尊徳・海保青陵集』「月報」所載「対談　近世後期の学者像」五〜六頁、筑摩書房、一九七一）と発言している。以下に、昌益の外国思想への反発姿勢を示す資料を提示しておこう。

「漢土・天竺ヨリ日本ヲ迷ハシ、暗晦ノ畜国ト為ス故ニ、十気至リテ今、此ノ『自然真営道』ヲ見ス者有リ、日本ニ出ヅ。聖釈利己ノ私法ノ妄失ヲ糺シ、自然、転ノ日真道ノ本ヲ見ハス。是レヲ漢土・天竺ニ送リ、聖釈自然ノ真道ヲ盗ミテ転下暗闇ト為ス其ノ妄失ヲ知ラシメント欲ス。漢・竺・万国、無欲・無乱・安平ノ自然ノ世ニ至ラシメント願フ」（⑧三三八〜三三九）

――昌益は、漢土の儒教、天竺の仏教によって、日本は迷わされて、「畜国」になってしまったと指摘する。そのために、『自然真営道』によって「聖釈利己ノ私法ノ妄失ヲ糺《ただ》」し、日本国におのづからある、「自リ然ル」真道を顕《あらわ》すという。

ここには、昌益が『自然真営道』を著わした意図が明確に述べられている。昌益の視座は、日本国内独自の問題―幕藩身分制社会に内在する問題―というよりは、外国から流入した儒教・仏教への批判、日本社会が「畜国」化されたその元凶への、激しい被害者としての怒りが見える。そして著書を漢土・天竺に送り、「其ノ妄失ヲ知ラシメ」、「漢・竺・万国、無欲・無乱・安平ノ自然ノ世ニ至ラシメント願フ」という。この視点は、『儒道統之図』にある「于今於中国代々伝之万々歳」の記述と重なるものであろう。

「予、亡命ヲ顧ミズ入唐ヲ願ヘドモ、今世厳シク入唐ヲ停止ス。誓ヒテ之レヲ望メドモ任セズ。嘆、空海・澄〔最澄〕等ガ時ニ生マレタル者ナレバ、入唐シテ儒・仏書ヲ之レヲ反戻《はんれい》シ、聖・釈己レヲ利シ世ヲ誑カシ自然ノ真道ヲ盗ム其ノ大罪ヲ糺シ、之レヲ改メ、日本ハ転神ノ初発、万国ノ本、自然真ノ本始ノ神道ナルヲ説示シ、漢土・天竺ヲ共ニ神道ノ自然直耕・安食衣・無欲・無乱・大楽ノ世ニ至ラシメ、生死ハ転定ト与ニシテ迷ヒ無ク自然ノ真行ヲ得サシメンモノヲ、不運ナルカナ、入唐停止ノ時ニ生マレタリ」（⑨二四九〜二五〇）

——昌益は漢土への渡航をめざしたが鎖国体制があり断念したという。昌益は外来の儒教・仏教によって、日本国におのづとあった「自然真ノ神道」が盗まれたとみる被害者認識である。盗まれた「自然真ノ神道」は、「日本ハ転神ノ初発、万国ノ本、自然真ノ本始ノ神道」であるという。昌益の自国認識は、日本は「日ノ本」で、気行（「自然真」）の出発地であり、自国の「自然真ノ神道」（「真道」）を肯定するまなざしである。

「今ニモ他国ヨリ来ル迷世・偽談ノ妄教ヲ省キ去ル則ハ、忽然トシテ初発ノ転神国ノ自然ニ帰シテ、永永飢饉・寒夏・干秡・兵乱等ノ患ヒ無キ安住国ナリ。千年ヨリ以来、日本国ニ於テ数々寒夏・不穀・干秡・天災・兵乱等ノ患ヒ有ルハ、漢土ノ聖法、利己ノ為ノ誑衆・惑世・詭談ノ妄教、及ビ天竺ノ仏巧、利己ノ為ノ盗道・誑世・迷衆・虚戯ノ偽教ヲ用ヒテ、自然ニ具ハル所ノ初発・小進・廉正ノ神道ヲ無シ」（⑫八二〜八三）

——昌益の視点は、万悪の根源である儒教・仏教を撤去すれば、ただちに「転神国」の「自リ然ル」真の世界が現出するという。日本における飢饉・天災・兵乱の元凶は、「他国ヨリ来ル迷世・偽談ノ妄教」にあるという。この昌益の視座は重要である。

従来、多くの研究者は、昌益の反封建制（反身分制）思想は、東北地方（八戸）の寛延期・宝暦期の猪《いのしし》飢饉《けがじ》・飢饉を体験した結果であると説いてきた。昌益の視座は違うのである。外国思想に対する激しい罵倒と言っても過言でないナショナリズムからの批判なのである。

昌益は言う。「飢饉・疫死ノ患ヒ絶エザルハ、皆《ナ》人ヨリ発シテ人ニ帰スルコトニシテ、全ク転定ノ神霊ノ為スコトニ非ズ。是レ他ノ邪法ヲ貴ビ用ヒ、欲心・妄狂ト為ル故ナリ。此ノ故ニ此ノ後、明日ニモ他来ノ偽語ノ妄業ヲ潰廃スル則ハ、乃チ廉正ノ神道ニ帰シ、日本国ニ於テ無患・正廉ノ神国ノ正本タリ」（⑫八四）と、「廉正ノ神道ヲ無シ」た儒教・仏教への激しい敵愾心を露にする。昌益思想には幕藩身分制社会への批判、天譴論《てんけんろん》もない。元凶は外国思想なのである。

（3）安藤昌益の自国認識

「他ノ私作ノ妄偽ノ書・文字来ラザル異前ノ日本ハ、正廉ノ神道ニシテ、不耕貪食シテ衆ヲ誑カシ世ヲ迷ハス国虱ノ徒《いたずラ》者曽テ之レ有ルコト無シ」（⑫八五）

――儒教・仏教流入以前の日本は、正廉の神道が存在していたという。不耕貪食して、人々を誑かしたり、世を惑わす「国虱ノ徒」はいなかったという。

「日本国ハ神気ノ初発ナル故、能ク兼ネ具ハリ言語ヲ為シ、常ニ二別ニシテ一真ナルコトヲ語リテ全ク二私無キ国ナルヲ、漢土・天竺ノ法ヲ用ヒテ以来之レニ迷ハサレ、凡テ皆二別ノ様ニ惑フナリ」（⑫二三四）

――日本は、「一真」の世界で、「能ク兼ネ具ハリ言語ヲ為」「全ク二私無キ国」であったが、「二別」の教儀が流入して、人びとは「二別」の教義に迷わされてしまったという。昌益は、「和邦ノ偏郡ニ確良出デテ、以テ治乱・迷悟・偶生未ダ甫マラザル異前ノ自然ノ世ヲ庶幾ヒ、而シテ此ノ書ヲ見ハス」（「序」

②三七～三八）という。昌益は自国を肯定して、異国の思想を批判するために著作を行なったという。

「近年ハ阿蘭陀・天竺・唐ノ商船ノミ日本ニ入津シテ日本ヲ窺ヒテ、日本ヨリ行キテ唐・天竺ヲ窺フコト無シ。是レ日本ノ知分薄キ故ナリ。唐・天竺ノ為ニ辱メヲ得テ、慢リ軽ンゼラルルヲ知ラズ、恥ズベキナリ」（⑫一一九）

――日本の鎖国体制下、昌益は中国・天竺国に対抗心を抱き、自国に誇りをもつことを鼓舞する昌益像である。

「日本ノ人ト為《シ》テ、強イテ唐人ノ詩・文・韻作ニ至ラント欲スルハ、己レガ生国・転性《ウミツキ》ヲ弁ヘズ、猿猿ニシテ月影ヲ惜シムニ似タリ、辱愚ノ至リナリ」（⑤一三七）

――猿が水面の月影を取ろうとして溺れ死んだ故事（「猿猴捉月《えんこうそくげつ》」）を例に日本人の姿勢を戒める昌益。

「時ノ大臣守屋〔物部守屋《もののべのもりや》〕之レヲ諫《いさ》メテ曰ク、『夫レ日本国ハ天照太神正統ノ発国、転定ノ東《シ》、天神初発ノ神国、万国ノ本《ト》ナリ。故ニ人ノ行ヒ能ク耕シ、人ノ心正直ニシテ謀巧邪佞無ク、転神ノ加護、諸神ノ域感ニシテ、五穀豊饒・人情濃和シテ、言語・神感能ク、転道ノ妙理自リ見ハルル神愛・人和ノ正国ナリ。故ニ神人一和ノ国ニシテ、神胤ノ君ノ和光ノ穏徳ヲ自胱《（カガヤキ）》シ、無奢・無乱・和農・盛耕ニシテ直ニ神教ノ明国ナリ。故ニ神徳ヲ仰ギ神心ヲ正シ和愛・穏耕スル則ハ、上下和感シテ永功〔永劫か。長い時間〕無乱ニシテ農豊・穀盛ノ神国ナリ。是ノ如クノ神霊ノ和国ニ何《ン》ノ不足有リテカ遠ク異国ノ利己ノ私法ノ儒・仏ヲ用インヤ」（⑨二二四）

――これは、推古朝時代、百済から公伝した仏教受容の可否をめぐって、崇仏派の蘇我稲目《そがのいなめ》・馬子父子と、廃仏派の物部尾輿《もののべのおこし》・守屋父子との間に起こった抗争のものである。『全集』解説には、「用明（天皇）の『三宝ニ帰《よらし》ム』との詔によって、守屋と馬子の対立が深まり、馬子が太子を担いだことから、昌益のいう守屋と太子の戦いがはじまることになるが、ここに記述されている守屋の長文の諫言は史実ではなく、守屋が『何ゾ国神ヲ背キテ、他神ヲ敬ビム、由来、斯《かく》ノ若《ごと》キ事ヲ識《し》ラズ』（『書紀』）としたのにもとづき、昌益が創作したものである」（⑨二三四）という。この資料には昌益の神国論・日本国論（自国認識）が、余すところなく描写されている。この資料から筆者は、昌益は江戸時代の自国を肯定していると見ているが、いかがであろうか。

かつて津田左右吉は、「宣長とほゞ同時代に一種の空想的変革思想を抱いていた安藤昌益が、儒教及び仏教を激しく非難して、それらの入って来なかった前の純粋日本を尚慕しているのも、考慮に加うべきであろう。彼等は上に述べた如く一面に於いてシナ思想にも依拠しているが、それと共にこういうことをも考えているところに、儒者の間にも日本人であることの自覚の生じて来た時代の思想的傾向が認められる」（前出「文学に現れたる国民思想の研究」四、四八〇頁）と指摘する。

津田の指摘は、近世思想の大きな傾向として、また、昌益思想の歴史的位置づけとしても適切であると筆者は考える。

（4）安藤昌益の〈自然真ノ神道〉論

はじめに短文の資料を提示する。

「自然・直耕、無治・無乱ノ神道ノ世」（⑨二七四）

「日本ノ神法ハ仏儒ノ三言ノ妄失ニ本ズク故ニ、一ツトシテ自然ノ神道ニ合ヒルコト無ク、皆失レリ」（⑨二七四）

「自然ノ転真ノ神道ニハ微塵モ秘密・隠私無ク、悉ク明照・顕与ニシテ取得ノ貪リ事無シ」（⑨二四六〜二四七）

「自然真ノ本始ノ神道」（⑨二四九）

――昌益による自己の神道の呼称は、「自然ノ神道」とか、昌益思想の根本である「真」を入れた、「自然真ノ本始ノ神道」（⑨二四九）「自然ノ転真ノ神道」（⑨二四六）に集約できる。昌益独自の用語である「自然」「真」を入れているので、昌益は独自の神道論を構想していることがわかる。

「真道ニハ邪正・好悪無ク、邪正一和シテ神ノ妙用ナリ。故ニ神ハ邪正有ルコトヲ知ラズ。故ニ祈ラレテ喜ブニ非ズ、捨テラレテ怒ルニ非ザルハ神ナリ。此ノ如キノ神ヲ以テ、『慈悲ノ家ナラバ行クベシ、邪見ノ家ニハ到ラズ』ト、神ノ知ラザルコトヲ神ノ託〔託宣〕ト為ルナレバ、過《トガ》無キ神ニ罪ヲ負ハシムルナリ。利己ノ私法、教ヘノ上《へ》ニハ邪正有リ、神ノ道ニハ邪正ノ二別無シ」（⑤三一五）

――真道は「二別」ではなく、「一和」（「和ノ真体」）である。異国の利己の教義には、「二別」の「分知」「分別」は存在するが、日本国の神には「一和」の妙用しかないという。昌益は外国思想の特徴として、「二別」などの人間の「私欲」に根差した「分別知」（「二私」）にあると見ている。昌益の「一和」の神道論から見る社会観の基礎には、「上慈、下敬、一和スル則ハ、上下ナレドモ二別無キ常安ノ世ナリ」（③一三九）という「和ノ真体」論がある。

「穢汚《えお》ヲ嫌ヒ清浄ヲ好ム者ハ、神ニ非ズ。神ヲ知ラザルハ愚人ナリ。真神ハ汚・清一和シテ妙用ト為ス。故ニ汚ヲ嫌ヒ清ヲ好ムコトハ曾テ神ノ知ラザルコトナリ。故ニ神ノ道ヲ知ラント欲セバ、汚ヲ去リ清ニ着シテ私ヲ為スベカラズ。（中略）神ノ知ラザル事ヲ、種種ノ願《ヒ》・私欲ヲ祈ルハ、祈ル者ノ己レガ損ナリ。己レ正直ナル則ハ、祈ラズトテモ神ハ守ルト言ヘルコト、神ノ知ラザルコトナリ。故ニ祈禱・願望、皆私欲ノ迷ヒナリ」（⑤三一五～三一六）

――神は穢汚と清浄の「二別」はしない。どちらか一方のみに執着して、好んだり、嫌ったりはしない。増穂残口の「清に偏らず、濁に偏らず、清濁交雑にして一物の為に牽れざるが、人の中の神なり」（『異《い》理《り》和《わ》理《り》合鏡《あわせかがみ》』『神道体系論説編二二『増穂残口』』神道大系編纂会、一九八〇、一四一頁。以下、増穂残口の著書は当該本を使用）に近い昌益の視点である。私欲のため神に祈るのは、自分の損であり、また、正直ならば祈らなくても神は加護するだろうなど、神はそれらに関知しないという。祈禱・祈願はただ私欲の為せる業であるという。「気《ソナワリ》」（善・廉の体系）に対する人知・分別心・私欲・作為を嫌悪・忌避する神道である。このような「二別」の分別・執着を否定してすべてを包含する「和」の神道論は特記に値する。

「然ラバ日本ノ神社・神法ハ、皆無益・有害ナルカ、然ラズ。神社・神法ハ神ニ私欲ノ妄願ヲ祈ラズ、唯慎ンデ神ヲ敬ヒ己レガ業ヲ守ル、必ズ神徳幸《ヒ》有リ。是レ神ヨリ与フルニ非ズシテ、而シテ神ノ妙徳有リ、是レ真神ノ道ナリ。故ニ神ハ敬敬スル者ニシテ、私欲ヲ祈ル者ニ非ズ。此ノ故ニ神ハ敬敬ニシテ自徳ヲ見ハス上《カミ》無キノ上《カミ》ナリ。故ニ神《カミ》ト呼ブ」（⑤三一六）

「日本神国ニ、三千七百五十余社ノ神国ナリ。仰グベシ、敬フベシ、慎ムベシ、貴ムベシ。身ハ神ノ徳ニ依リテ毎日ヲ持ツ」（⑤二八二）

――昌益は日本の神社・神道を肯定する。昌益が嫌悪するのは、人びとが自分の私欲を神に祈願して、何らかのご利益を得ようとするその心根である。人びとが慎み、神を敬い、自分の仕事・役割を果たすこと。神仏に依存しない強靭な自律心の重要性を主張する。私欲の依存心を克服すれば、おのづと神（真）徳があるであろうという。

（5）安藤昌益をめぐる神道関係事例

ここでは昌益と神道をめぐる八戸・大館などの事例を探ってみたい。

（1）『稿自』二十五巻『真道哲論巻』には、「良中先生、氏ハ藤原、児屋根《こやね》百四十三代ノ統胤ナリ。倭国羽州秋田城都ノ住ナリ」（①一七八）と記述されている。安藤昌益を「氏ハ藤原、児屋根百四十三代ノ統胤ナリ」と、道統系図上に位置付けた重要な記述内容である。

この箇所について『全集』の注は、「いずれにせよ安藤の氏を藤原、遠祖を天児屋根命とする考えがあった」（①一八一注7）と述べている。「天児屋根命」は、「中臣連《なかとみのむらじ》等の祖」（『古事記』）「中臣連の遠祖《とおつおや》 天児屋命」（『日本書紀』）とあり、中臣氏・藤原氏の祖とされている。「天児屋根命」について江戸中期の神道家・玉木正英《たまきまさひで》（寛文十〈一六七〇〉年～元文元〈一七三六〉年）は、「天児屋命主二神事之宗源一者也」（『玉籤集《ぎょくせんしゅう》』巻之五）と記述する。中期昌益は「自然真ノ神道」を創始したが、その道統の決意が

「良中先生、（中略）児屋根〔「主ニ神事之宗源一者」〕百四十三代ノ統胤ナリ」の表現となったのであろうと推測する。この道統の決意は、大館二井田における「近年昌益当所へ罷出、五年之間ニ……」（『掠職手記』）ということに繋がったのではないだろうか。

(2)昌益の八戸の門人のなかに二名の神官がいる。中居伊勢守（神明宮）と高橋大和守（白山宮）である。そのうち、後者の高橋大和守正方（栄沢、正徳二〈一七一二〉年生）は、著名な神道家増穂残口《ますほざんこう》（明暦元〈一六五五〉年～寛保二〈一七四二〉年）から神道学を学んでいる。その機縁は、諸国遊歴中の増穂残口が一時八戸に居住し、正方の祖父大和守正久と親交を結び、残口が『白山縁起』（元禄十六〈一七〇三〉年）を起草するほどの深い縁によるものであった。

その縁を頼りに孫の高橋大和守正方が享保十六（一七三一）年に上京した際、残口に「白山縁起跋《アトガキ》」を書いてもらうが、その文面に、「然ルニ未熟ノ儒士、浅識ノ僧徒等、（中略）所詮外国之教ニテ我国民ノ直ニハ難レ成事有リ、（中略）吾国ハ、シカラス、生レノマヽノ直ヲ繕拵《ツクロヒコシラヘ》サルヲシヘ、神ト立テ、、氏神土産神《ウフスナ》ノ直ヲウケツキテ直ヲ守ル也、（中略）外国《トツクニ》ノ訓ヲ尤ト合点シテ、直ニ成ヘキトセハ、生得タル気質ニ叶ハス、必ス似セソコネノミニテ、淳《スナヲ》ナルヘカラス……」（野田健次郎「高橋大和守正方について」校倉版『全集』十巻四六六～四六九頁）とあり、残口の儒者や僧侶に対する呼称や描写、外国の教学を「繕拵《ツクロヒコシラヘ》」とみて、日本の「直」（「生レノマ、ノ直」）を重視する姿勢が示されている。ここには昌益が儒教・仏教を批判し、外国の制度・思想を「法《コシラヘ》」「制《コシラヘ》」と見る視点と重なるものがある。

かつて中野三敏は昌益と残口との関係を想起しつつ、「宝暦五年に信州の小川吉次なる者が残口の『小社探《ほこらさがし》』を筆写して、その末に附した識語には、『他ノ国ニ我ガ国ノ道モ法モ奪レン事、恥トハ思ズシテウツラウツラト飽マデ食ヒ、放《ほしいまま》ニ重服ヲ着ナガラ闇然ト今日ヲ送ル事、傴《でく》ノ房《ぼう》〔愚か者〕ノ境界、我ガ身ナガラモ恥シヤ、（中略）土ハ五行ノ父母、民ハ国ノ宝ラ、耕ズンバ不レ食、耕ズンバ不レ着、（中略）農業ニ勝ルコトワザハ非ジ』と感想を連ねている」と紹介している。

さらに中野は、「昌益の思想に神道・国学の影響を認めることは既に津田左右吉博士に所説があるが、（中略）残口の所説がこのように排外思想や、不耕貪食を戒める農本主義を啓発してゆくことの一例証として面白い資料であろう」（「増穂残口の人と思想」日本思想大系60『近世色道論』四一三〜四一四頁、岩波書店、一九七六）と指摘する。

確かに宝暦期ころ、信州の小川吉次のような自国認識と外国思想に対する屈辱感などの視座は広範に存在したのであろう。昌益は「唐・天竺ノ為ニ辱メヲ得テ慢リ軽ンゼラルルヲ知ラズ、恥ズルベキナリ」（前出）と主張する。後述する津軽藩儒者・乳井貢が、「外国ノ教普ク国中ニ弘《ヒロ》マルハ、是レ国ノ恥ト云コトヲ知ラス」（『志学幼弁』『青森県史』資料編・近世・学芸関係、三四二頁）と述べる視座には、日本人としての自覚と、その裏返しである屈辱感は広く共有されていたのであろう。

中野は、このように昌益と残口の思想的影響関係を指摘するが、資料的には確認できていない。ただ留意しておくべき点がいくつかある。一つは、残口が京の町中で神道講釈を行なう享保期以降と、昌益の京都修学の頃とが年代的に重なるのではないかという可能性。もう一つは残口が書いた『白山縁起跋』に、高橋大和守正方の祖父（正久）・父（元亨《もとみち》）について「祖父ノ正久、生ナカラノ質朴《シツハク》ヲ受テ、元亨又神道ニ志厚シ、孫（正方）、又祖業ヲ継テ」「親元亨ハ剃髪ノ形ニシテ医業ヲ成スト雖モ、其志ハ吾国神ニ厚シ」とあるように、父元亨は藩側医として仙確に近い存在であり、正方は京で直接残口の教えを受けている。

このように八戸と残口には浅からぬ関係が存在し、昌益につながる可能性もある。残口の「国に備りたる道をば知らずして、外国の教に順ゆへ、生れつきし心にかなひがたくて迷ふ事のみなり。神道の極秘に入らずして、儒士の作れる書を見るは、神の罪人なり。神理の幽致なるに至らずして、仏家の書を見るも、神の罪人なり」（『有像無像小社探《ほこらさがし》』一八八頁）という言説や、「今の世の学問、儒者も仏者も名のため、利のためにするゆへ、儒といひ仏といふ跡に泥、彼国の道者に成程に、此国の道を軽忽〔軽率〕にして破る事ぞ口惜し」（『神国《しんこく》加《か》魔《ま》祓《ばらえ》』二八六頁）とか、「清濁一元。混沌未分。無極無為の所に。何ノ法何ノ教あらん。法《ノリ》をさため教を布〔シキ玉フ〕は。其国〳〵の人情を察し。我欲をうすからしめ。天の道の淳《スナヲ》によらしめたまふ御事《ワサ》なり」（門人・人見英積の『和朝本《もと》津《つ》草《くさ》』への残口の序文。国会図書館所蔵）などの記述に接すると、昌益のまなざしに—昌益の門人（栄沢のみが「良家ノ門人ナリ」〈①二二一〉と記述されている）であり、かつ残口門人でもある高橋大和守栄沢を仲介とした—残口思想や神道論の影響が皆無であると断言はできない。

残口は寛保二（一七四二）年、京都で亡くなる。その二年後、延享元（一七四四）年には、昌益の八戸在住が確認されている。この昌益の八戸登場に、残口—高橋大和守栄沢による紹介のルートの存在が考えられないか。

前期昌益の思想・資料には、外国思想批判や神道思想の強調は見られない。しかし、宝暦期の『刊自』における昌益や仙確には、明確に外国思想批判が登場する。このように昌益の言説や思想には、延享期以降、宝暦期初頭にかけて急激な変化が見られる。ここで確かに指摘・確認できることは、自然真営道思想の確立と既成外国思想批判・神道的思想とが一体となって登場したという事実である。

(3)延享期・流鏑馬射手の病気治療の薬礼金の不受。昌益は神道・神事を重く受け止めたのではないか。八戸時代の昌益には「社ハ国ノ本ナリ」（⑯下三〇三）という認識がある。

(4)八戸資料の『転真敬会祭文』の「祭」の解説に、「祭ハ敬ノ至リ、故ニ斎戒沐浴シテ身ヲ潔《きよ》メ意ヲ清マシテ、真徳ヲ敬尊ス。此レ敬ノ至リニシテ、神ニ至ルノ義ニ非ズ」（⑯下三八二）とある。『角川漢和中辞典』によれば、「斎戒」は「神を祭るとき、身心を清め、また、飲食を慎み、けがれを去ること。また、その行い」であり、「沐浴」は「湯水を使って身を清めること」とある。文中の「真徳ヲ敬尊ス」る主張には、昌益の「自然真ノ神道」の「敬」を重視する神道的な傾向や感性を感じる。

(5)大館二井田の資料『掠職手記』によると、門弟たちは昌益三回忌の明和元年の六月に、「守農太神」と刻んだ石堂・石碑を建立して神祭を行なった。七月にも再度神祭を執り行なっている。門弟は地元の修験に祭事を依頼せず、独自に神号を使用し、二度の神祭を行なっている。これは昌益門弟の手で「自然真ノ神道」の神式で祭事が執り行なわれたと推測できる。また、三回忌の夜、「門弟中取集り、魚料理ニ而祝義致候」も、仏式でなく、神道の考えが共通して存在したことを伺わせる。次に紹介する『泥作問答』には、「その忌日に厚味の魚鳥等喰事ハすべて然るべし」（前出『青森県史』三九五頁）とあり、神道は魚を禁忌としないのである。

(6)奥南部住の平賀忠因《ただより》は、『泥作問答』（前編元文五〈一七四〇〉年、後篇寛保三〈一七四三〉年）にて、「尤、儒学・医学・仏学計にてハ日本の神さた《(ママ)》〔「ま」か、沙汰か、不明〕ハさとし難し。異国の学問計の力にて邪推して口論に及ひ候ハ、大甚《ハナハダ》道理違ふなり。その国々の国学と云もの有、（中略）何に不足なき神国なり。（中略）かやうに仏道入来りしより神国の実儀・質素《シツソ》・正直もいつしかいたつらに成て悲《カナ》しきかなや」（前出『青森県史』三九一〜三九二頁）と述べる。平賀忠因は増穂残口にもふれており、延享期八戸居住の昌益の時代にも近い。

(6) 安藤昌益と同時代の神道思想

ア、津軽藩儒者・乳井貢の思想

「両教（儒教・神道）皆私ノ思慮ヲ以設ル所ニアラス。天道自然ノ序ニ《ツイテ》則《ノツトル》者也。（中略）然レトモ天地夫レ偶然トシテ天地タランヤ。太極真中《シンチュウ》ノ善ク一ニシテ対《タイ》ナク、有無出没ノ玄妙ヲ為《ナ》ス者ハ、是レ何者ゾヤ。能ク自立シテ始メナク、能ク独歩シテ終ナク、天地ニ先キ立チ鬼神ヲ操《ソウ》ス。是レ神教ニ所謂天地未ダ分レザル時、一ノ物有リト云フ。此物即是レ唯一ニシテ天地ヲ造分シ万物ヲ化成ス。説文ニ曰、道、一ニ立テ、天地ヲ造分シ、万物ヲ化成スト。即是レ此一ヲ云也。（中略）是レ天地ニ先立ツ元命主宰ノ神ヲ云也」（『志学幼弁』前出『青森県史』〈引用に当たり、漢文は読み下した〉三三八～三三九頁）――昌益の「太元ノ一」と同じく、天地生成以前の「一ノ物」（「玄妙ヲ為ス者」）に関心をもっていることに驚く。また、神道について、「日本ノ教ヲ神道ト号シ、支那ノ教ヲ儒道ト号シ、天竺ノ教ヲ仏道ト号ス」「吾カ神学ノ属ハ吉川家（吉川惟足《よしかわこれたり》の吉川神道）一人ニ与《アツカリ》テ秘蔵スルコト万国何者カ是ニ如《シク》者アラン。故ニ日本ニ生レテ神教アルコトヲ知ラサル者半《ナカハ》ヲ過ク。哀イ哉。夫レ国ニ教アリテ広ク衆ニ及ハス、外国ノ教普ク国中ニ弘《ヒロ》マルハ、是レ国ノ恥ト云コトヲ知ラス」（同前三四一～三四二頁）と述べている。

これらの言説は昌益に直接結びつくものではないが、昌益と同じ頃の東北の地に、「是レ天地ニ先立ツ元命主宰ノ神ヲ云也」と、昌益の「太元ノ一」と同じ視点や、流入した外国の教学である儒教・仏教に対する批判的な視点、神道に対する親和観や自国認識の存在を示し、昌益と時代精神を共有していることを示している。

乳井貢は儒学者で神道家ではないが、彼が「神教ニ所謂天地未ダ分レザル時、一ノ物有リト云フ。此物即是レ唯一ニシテ天地ヲ造分シ万物ヲ化成ス」「是天地ニ先立ツ元命主宰ノ神ヲ云也」という発言には、「元命主宰ノ神」や天地の造化論を基底に置く神道家に通じるまなざしを感じる。昌益の「自然真ノ神道」は、宇宙の生命体「真」（「万主ノ本一真」）が主宰・統括し、「万物ヲ生ゼザル則ハ自然ノ神道ニ非ズ」（⑨二七一）という。昌益が「日本ハ転神ノ初発、万国ノ本、自然真ノ本始ノ神道ナルヲ説示シ、漢土・天竺を共ニ神道ノ自然直耕・安食衣・無欲・無乱・大楽ノ世ニ至ラシメ」（⑨二四九）と主張する時、昌益は純然たる運気論医・運気論思想家というよりは、運気論を基底とした神道家の姿を顕示する。昌益とほぼ同時代の神道家・森昌胤の、「天地の間は一神気の運行なれば、万国共に神道にして、万物皆神の子」（『神道通国弁義』宝暦十二年、四四〇頁）「神道は天地の神気循環して、万物生々化々するの名にして、和漢竺は勿論、四夷八蛮、万国一般の大道なり」（四三二頁）という主張に重なる。このように神道論の基底には、「神道は天地の神気循環して、万物生々化々するの名」という生成造化論がある。森昌胤は儒教（聖人）を批判する視点として、「天地の間は皆自然の神化にて、神化即ち神道なり、其神と云者はいかなる者ぞと云へば、聖にして知べからざるを神と云と有て、神は聖（聖人）より上にして、自然を主どる者なり、其神の主どる自然のことを、足らぬ事が有て、聖人が夫を仕足（付け足す）と云こと有るべきや」（四五四頁）と、異国の儒教（聖人）の「作為」に対し、異国には無い独自な日本・神道の「自然」を対置する。

　このような神道的言説を見ると、昌益の「真」体の運気論、「自然」の原理も、昌益の「自然真ノ神道」論と一体不可分なものであることがわかる。

イ、本居宣長〈自然ノ神道〉

「大道ト云ハ、儒ハ聖人之道ヲ以テ大道トシ、釈氏ハ仏道ヲ大道トシ、老荘ハ道徳自然ニシタカフヲ大道トシ、ソレ〳〵ニ我道ヲ以テ大道トス、吾邦ノ大道ト云時ハ、自然ノ神道アリコレ也、自然ノ神道ハ、天地開闢神代ヨリアル所ノ道ナリ、今ノ世ニ神道者ナト云モノノ所謂神道ハコレニコト也」（『排蘆《あしわけ》小船《をぶね》』「本居宣長全集」第二巻四五頁）

――初期宣長の神道論は、「自然ノ神道」である。昌益の「自然ノ神道」と同じ呼称である。二人は、儒学などの影響を受けた既成神道論とは異なるという意味あいを込めて、「自然」と呼称したのであろう。この頃の宣長には、昌益のような外国思想への敵愾心はまだ強くはない。宣長の「自然ノ神道」の主張は、宝暦六～七年頃からと推定されている（「清水吉太郎宛書簡」、同全集十七巻二一頁）。昌益の「自然ノ神道」の創始とほぼ同じ頃である（『刊自』は宝暦三年刊。『稿自』は宝暦五年の記載がある）。宣長は自己の「自然ノ神道」は、「今ノ世ニ神道ナト云モノノ所謂神道ハコレニコト也」と述べる。昌益も「今ノ吉田（吉田神道）ハ諸神ノ総政所ナリ。是レ近世ノ制神法ナリ」（⑯上六五～六六）とか、既成の神道を「制法ノ神道」「私法ノ神書」と位置づけ、「日本ハ神道ノ日ノ本ナリ。（中略）然レドモ自然ノ神妙ヲ明カスコト能ハズ、妄リニ私法ノ制《コシラヘ》名シテ神ヲ呼ブ故ニ、皆後世ノ迷ヒト為シ、自然ノ神ヲ汚ス」（⑤二八二～二八三）と、二人はほぼ同じ頃に、自国の既成神道と異国思想とに対峙する「自然ノ神道」を主張した。

「吾邦ノ道ハ、カクノゴトク何事モ天照大神ノ神意ニマカセテ、少シモ後人ノイロフ事能ハザル道ナルユヘニ、是ヲ自然霊妙ノ神道ト云、異国ノ道ト日ヲ同フシテ語ルベカラス」（『蕣庵《しゅんあん》随筆』同全集第十三巻六〇三頁）

――宣長の「自然ノ神道」の根本には、天照大神が存在している。宣長は、「自然霊妙ノ神道」と表現して、「異国ノ道」とは異なる認識を示した。宣長は、「天地は活《イキ》て坐《マス》事なれば、その御心を以て云々。例の漢意《からごころ》也、天地は死物にして、心もしわざもある物にはあらぬを、心もありてしわざもあるが如く思はるゝは、みな神の御心にて、神の御しわざ也」（『くず花』同全集第八巻一四二頁）とすべての存在は「神の御しわざ也」であった。

12　安藤昌益の外国観

『統』「万国巻」（「万国ノ産物・為人《ひとがら》・言語ノ論」）には昌益の外国観が展開されている。

「東夷国（アイヌ民族―『全集』）、（中略）松前ニ近キ方ハ五尺位、猿ノ眼ノ色ニシテ人相荒ク、夫婦ノ愛念深ク長寿ナリ。其ノ心術ハ拙クシテ、金銀ノ通用無キ故ニ欲貯・貢奢《ふんしゃ》・邪巧無ク、上下ノ支配無キ故ニ争戦・奪ヒ奪ハルル乱世無シ」（⑫九一～九二）

「京人某《なにがシ》、長崎商船奉行ノ下役ニシテ、（中略）此ノ下役人ハ予ガ門人ナリ。予之レヲ按ジテ之レヲ行ハシメ、密カニ計リテ三国ニ渡ラントスルニ、日本ノ法度厳重ニシテ渡ルコトヲ得ズ。思慮ヲ止ムルニ余リ有リ、止ムコトヲ得ズ此ニ万国ノ気行・産物・為人・心術・学道・言語ヲ書キ留メ、日本ノ後世ノ貴鑑ト為ス」（⑫一二〇～一二一）

「阿蘭陀国。（中略）私欲ニ国ヲ争ヒ奪与ノ乱戦無シ。主従能ク序ヲ守リ、互ヒニ私嫉ノ情無シ。（中略）誠ニ万国中ニ勝レシ清国ナリ。金気収斂《しゅうれん》ノ気行ヲ受ケ堅守スルハ、自然ノ為ル所ナリ」（⑫一三六～一三八）

――昌益が長崎に行って、門人の長崎商船奉行所の下役人や通詞などから多くのことを見聞したかどうかは筆者には判断できない。

昌益がアイヌ民族を評価するのは、「聖釈ノ偽教・妄説無キ故」であろう。オランダを評価するのも、「始国ヨリ永永兵乱・争欲之レ無キニ於テ、妄欲・乱盗・争戦無止ノ漢・竺・和ノ三国ノ及ブ所ニ非ズ」（⑫一四一）と、昌益の自然真営道の批判の正当性を、アイヌ社会・阿蘭陀国に例証を見せようとする昌益の意図的な世界像であると見ている。昌益は阿蘭陀国を「主従能ク序ヲ守リ」と「主従」を肯定する。昌益の視点は、「主従」より「序」（秩序）を見ている。昌益の「二別」へのまなざしは、自国と異国では異なるのであろうか。

南蛮国（ポルトガル）の「内治・外科ノ医術、又奇ナリ。然レドモ、自然ヲ尽スコトヲ知ラズ」（⑫一五七）と述べ、また、当時長崎に展開されていたオランダ医学の知見を、昌益が通詞に問うた記述はなく、昌益には新しい医学（「奇ナリ」）に対する関心は感じられない。自己の「自然真営道」医学で十分と見ていたのではないか。

キリスト教（教徒）については、「織田ノ信長公ノ時、窺ヒ来ル破天連□（不明）ハ、是レ南蛮国ノ間者ナリ。切支丹ガ是レナリ」（⑫一五七）と通俗的な記述をする。「一真」「一神」の世界像（一元論）をもつ昌益であるが、オランダに関する記述のなかでもキリスト教（一神教）については触れていない。昌益の思想的関心は儒教・仏教にあったのであろう。

朝鮮国への認識は、神功《じんぐう》皇后の「三韓征伐」伝説について、「帝、新羅ヲ責メテ日本ノ配下ト為ス、後世ノ害、察セザルコト失リナリ」（⑤三四八）と異国文物の流入問題と関わらせる視点をもつ。

秀吉の朝鮮出兵については、「兵軍ヲ使ハシテ朝鮮ヲ征ス。王ヲ擒《トリコ》ニシテ来ル。是レ無益ノ威ヲ振ヒ后世ノ防ト為ス」（⑯上九三）と、批判的・戦略的に見る。『万国巻』の朝鮮国認識は、「日本ノ妄偽ノ威ニ恐レテ日本ニ伏シテ、永ク日本ニ諂ヒテ、下人ノ如ク辱恥ヲ知ラズ（中略）其ノ心術ハ欲深ク神ニ拙ク義薄シ。故ニ仏法ヲ信ズルハ欲深クシテ極楽ヲ欲スル故ナリ。聖教ヲ信ズルハ、神ニ拙キ故ナリ。日本ニ降ルハ、義薄キ故ナリ。学問シテ仏巧ニ泥ミ儒教ヲ貴ビ、皆自己ニ具足ノ自然真ヲ夢現ニモ知ラズ、妄リニ惰弱ノ国ナリ」（⑫九五）と、昌益の「上から目線」を感じる。

この視点は昌益だけではなく、「思想家レベルでは（中略）近世中期以降には『古事記』『日本書紀』に基づいて朝鮮蔑視論が展開される」（塚本明「神功皇后伝説と近世日本の朝鮮観」『史林』七九巻六号、一九九六）という。

中国に対しては、「其ノ心術ハ甚ダ巧ミ深ク過謀ナリ。儒者己レガ国ヲ称シテ『中華』ト号スレドモ、皆中気ヲ過シテ亢知・工慮ニシテ、聖人ト云フ者起リ、（中略）万国欲悪ノ本ハ漢土国ニ始マル」（⑫九七～九九）と記述する。昌益は自国に対しては、「他ノ邪法無キ則ハ、其ノ心具ノ五神一真ニシテ私無ク、巧欲・妄謀ノ無キ国ナリ」（⑫八四）と、民族主義的な自国認識から中国・聖人を激しく批判する。

13　安藤昌益と天譴論

かつて若尾政希は「天変地異の思想—昌益の天譴論と西川如見」（前出『安藤昌益からみえる日本近世』）で、「天変地異の勃発を根拠に、社会批判を行なった思想家に安藤昌益がいる」（前掲書一三三頁）と主張した。「天譴」とは「天罰」のことである。近世社会では「天道の御たゝり」「天よりたみ亡ヲ下シ給ハす、御戒」（前掲書一三〇頁）と表現されたりする。災害に向き合う人々の考え・態度の一つで、天変地異は、天（天道）が腐敗した人間社会を懲らしめる・戒めるために与えた罰とする見方である。これに関する昌益の主張を見てみよう。

「妖怪（邪気のこと）ハ国政ノ私ニ出デテ、天、是レヲ示ス。民ハ天真ノ舎ナリ。国政過《あやま》ツ則《トキ》ハ、民、之レガ為ニ苦シム。民苦シム則《トキ》ハ、其ノ憂ヒ、天神・地祇ニ応《こた》フ。然シテ妖怪ハ、六気（火・燥・湿・暑・風・寒気）之レヲ見ハス。民ノ愁ヒ、火気ニ感ズル則《トキ》ハ、其ノ国、火災数々ス。（中略）寒気ニ感ルル則《トキ》ハ、不時ノ陰邪（悪い気行）、人馬ヲ傷リ穀種ヲ枯ラス。民苦シミ、穀種絶ツ則《トキ》ハ、国亡ブ。国亡ブル則《トキ》ハ、国主、自《オノ》ヅカラ滅却シテ、罰恥、百世ニ殆《ノコ》（そこなう・害）ス者ナリ」（⑯下一二一～一二二）

――前期昌益の著作である『暦大意』からの引用である。為政者・国主が私利私欲にもとづく政治を行なうと妖怪が現われる。これを天の示しという。民の苦しみに天地の神々が応え妖怪・邪気六気をもたらし天災となる。その結果、「国亡ブ。国亡ブル則《トキ》ハ、国主、自《オノ》ヅカラ滅却シテ、罰恥、百世ニ殆《ノコ》ス」という。

この資料について若尾は、「国主は百世の後まで恥辱をのこすことになる、と正信（八戸時代の昌益）はいう。正信によれば天変地異は、為政者の悪政に対する天譴なのである」（一五五頁）と述べる。しかし、昌益の主張の主意は、「天譴」「天意」を重視するのではなく、為政者の私利私欲の政治への批判にある。そしてこの視点こそが中期昌益における聖人の不耕貪食批判につながるのである。

「治乱・貧富倶ニ人倫ノ失リニアルノミ。転道ハ万物生生スル直耕ノミノ常《ツネ》ナレバ、何《ン》ノ暇《イトマ》有リテカ、治乱・貧富ノ人欲ニ拘ハランヤ。然シテ人計ノ治乱・貧富、偏功（過ち・手柄）ナル則《トキ》、災ヒトナルハ転ノ責メナリ。転、之レヲ悪ンデ災ヒヲ下スニ非ズ、人、己レト失リテ之レヲ蒙《ム》ルナリ。（中略）『易』ノ教ヘヲ為ス故ニ、治マル則ハ吾レ転ノ助ケヲ得ルト思ヒ、乱ルル則ハ吾レ転ノ罪ヲ得ルト思ヒ、富メルトキハ転ノ助ケ得ルト思ヒ、貧ナル者ハ転ノ罪ト思ヒ、皆、人ノ失リヲ以テ、失リ無キ転道ニ預《アツ》ケ、迷ヒニ惑ヒヲ重ネ、妄蒙トシテ忺《マヨ》フ故ニ、世、皆、己レガ失リヲ知ル者無ク、乱迷スルコト、悉ク此レ易法ノ罪ナリ」（③三一三〜三一四）

――中期昌益の著作である。転道は本来、人欲の結果である治乱・貧富には関わらないが、「人計ノ治乱・貧富、偏功ナル則《トキ》、災ヒトナルハ転ノ責メナリ」とか、「人、己レト失リテ之レヲ蒙《ム》ルナリ」と、「天罰」的にとられやすい表現ではあるが、昌益は天の意思を重視する思想家ではない。

　昌益の主張の主意は、人々は自分の都合で勝手に「転ノ罪ヲ得ル」「転ノ助ケヲ得ル」と判断して、他者（転道）に依存（「預《アツ》ケ」）する姿勢を批判することに重点がある。人欲に起因する結果は人間の自己責任であるとする考えを、昌益はとても強くもっていた。

　昌益には基本的に天譴・天罰に重点を置く考えはない。この章句は人々を迷妄させた聖人の作為である『易経』批判にその重点がある。

　「是レ天災ト云フハ、天、私ニ之レヲ為ス者ニ非ズ、人、私欲ニ溺レテ天道ヲ盗ミテ妄行ヲ為シ、衆人ノ悲情積ル則ハ、其ノ気天道ヲ汚ス則《キ》水気激シテ大雨・洪水ヲ為ス。是レ、之レヲ天災ト為レドモ、本《ト》人ヨリ発シ人ニ帰ス。（中略）天災ト言ヘルハ天ノ為ス所ニ非ズ。若シ天失リテ私ヲ以テ災ヒヲ下シ人ヲ殺ス者ナラバ、天徳ニ非ズ、悪逆ナリ。故ニ天ハ真正ニシテ、常ニ運回シテ生ジ、与ヒテ一点ノ私失ノ災ヒ之レ有ルコト無シ、故ニ天徳ナリ」（③二一三）

――これは聖人堯王治世下の「九年ノ洪水」に関するものである。昌益の主張の主意は「私欲ニ溺レテ天道ヲ盗ミテ妄行ヲ為」す聖人批判にあり、昌益は「天災ト言ヘルハ天ノ為ス所ニ非ズ」と「天譴」を否定する。昌益思想には基本的に天譴論はないのである。にもかかわらず、若尾は「このように昌益は、汚れた人気が転定の気を汚すと人事と天象との感応を説くことにより、聖人・釈迦の創始した身分制社会を批判している。昌益によれば、当代の幕藩制社会も、『必ず凶年して実らず。多く餓死し疫癘《えきれい》して病死す。近く世人の知る所也』と、凶作飢饉が絶えず、『聖釈以来』の『上下の私法』に依拠した身分制社会である。昌益は独自の天譴論により当時の幕藩制身分秩序を批判しているのである」（一三六頁）と記述する。

若尾は先行研究と同じく、昌益の異国聖人の作為としての身分制批判を、即日本の近世幕藩制身分制批判と即断して両者を結びつけている。若尾は、「宝暦期に入ると、昌益は『必ず凶年して実らず。多く餓死し疫病《ママ》〔疫癘〕して病死す。近く世人の知る所也』と、凶作飢饉の現状を根拠に幕藩制社会を批判している。仁政を要請する天譴論から『法世』否定の天譴論へと、災害をすべて天譴とする思惟は連続してはいるものの、社会思想は大きく転換した。しかもこれはわずか数年の間になされた。この契機は何か。本章の分析から、天変地異の勃発、凶作飢饉の深刻化がそれに関係するのであろうという推定はできるが、何が契機であると現時点では断言できない」（一七四頁）と述べる。若尾は昌益思想の背景に当時の凶作・飢饉を見る従来の先行研究と同じ「推定」をするが、「何が契機であると現時点では断言できない」と苦慮している。

14　『刊自』出版と内容差し替え

宝暦三（一七五三）年に出版された『自然真営道』は、現在、以下の三組が存在する。①慶応本（慶応義塾大学図書館所蔵）一九三二年、狩野亨吉が購入。②村上本（八戸市立図書館所蔵）一九七二年、青森県三戸郡南郷村島守の村上家の土蔵から、村上寿秋が発見。③天満宮本（京都北野天満宮所蔵）一九八二年、安藤昌益研究会が見出す。内容は慶応本と同じ。ここで問題とする点は、①②の『刊自』は、第三巻四章の標題が異なり、内容も前半部が全文にわたって書き改められていることである。また、奥付の版元名が一部変更されていることである。①慶応本の標題は「国々自然ノ気行論」で、版元は「京都小川源兵衛」一人である。②村上本の標題は「暦道ノ自然論」で、版元名は「江戸　松葉清兵衛、京都小川源兵衛」の共同出版である。『全集』解説⑬七二〜七五）では、「改刻〔彫り直し〕のさい『江戸松葉清兵衛』を削ったことが歴然としており、（中略）確実に言えることは、村上本が前刷りで、慶応本が後刷り」であるという。降りた江戸松葉清兵衛は、「江戸書物屋仲間の行事役を長く勤めた有力な書肆〔書籍業〕」という。また、内容の一部差し替えについて、「内容的な続き具合いからして、村上本が原型であり、慶応本は後日の改刻本であることは明瞭である。しかし、内容上はそれほど重要な改訂でもないのに、なぜわざわざ三葉五頁にもわたって版木を刻りなおしてまで文を改めたのか、その理由は定かでない」と、内容の差し替えの理由について考えあぐねている。

差し替えられた理由として、筆者は村上本にある次の箇所の記述が問題視されたのではなかろうかと見ている。

「夫レ暦・運気ハ、転下ノ大事、万道ノ太本、至ツテ重キ道ナリ。（中略）然ルニ今世ノ暦・運気ヲ視ルニ、書教ノ如ク歳・日ノ気行ヲ考ヒ省ルニ、共ニ自然ノ行ハレ来ル気候ニ合コト無シ。故ニ今世ノ暦・運気ノ書論ヲ以テ、転定ノ気感、風雨、穀種・万物ノ能毒・熟不熟、人業ノ吉凶、人病ノ浮沈〔脈位の深さ。浮脈は浅く、沈脈は深い〕・活死〔生死〕ヲ弁ジ、之レヲ以テ証ト為ル則ハ、大イナル災害ヲ得ルトモ、難迷ヲ免ルベカラズ。故ニ今ノ暦ハ、国国・耕農・自然ノ気行ニ相合フコト無シ」（⑬三七二〜三七三）

昌益は、かつて「暦ハ朝廷ノ胡《ママ》実・国政ノ大元」（⑯下九三）と述べ、「今世、『貞享暦』ヲ用ユ」（⑯下一四二）と、『貞享暦』を活用していた。『刊自』出版前後、宝暦二〜三年頃も幕府公認の『貞享暦』であった。差し替え以前の「村上本」を見て、やはり、この「今ノ暦ハ、国国・耕農・自然ノ気行ニ相合フコト無シ」という記述が、出版業者に問題視されたのではないかと推測する。

他の箇所にある「古説ノ暦・易ノ失リヲ糺シテ、自然ノ気行ノ明弁」（⑬一七八）という記述は削除されておらず、やはり「今ノ暦」への否定的な記述が問題視されたのではなかろうか。異国の運気論批判をめざして出版を急ぐ昌益や仙確の心の高揚が、自然真営道の暦道（「夫レ暦・運気ハ、転下ノ大事、万道ノ太本、至ツテ重キ道ナリ」）の主張を優先した結果、「今ノ暦ハ、国国・耕農・自然ノ気行ニ相合フコト無シ」という勇み足となったのであろう。

江戸の松葉清兵衛は、文章を差し替えても降りた。『刊自』の濃密かつ自在《ラフ》な批判姿勢と内容（儒教・聖人批判、既成教学批判など）に、江戸書物屋仲間の行事役を長く勤めた有力な書肆としての勘と経験が、この出版から手を引かせたのではなかったか。また、この頃、幕府の手になる宝暦暦《ほうりやくれき》改暦の渦中でもあった。八代将軍徳川吉宗（貞享元〈一六八四〉年～宝暦元〈一七五一〉年）は、西洋天文学にもとづく改暦に積極的であった。宝暦元年、造暦の権限をもつ幕府天文方の西川正休《せいきゅう》（元禄六〈一六九三〉年～宝暦六〈一七五六〉年、西川如見の子）は、京都において改暦交渉に入った。

この交渉中に吉宗が死去。京都の、かつて造暦の主導権を握っていた土御門泰邦《つちみかどやすくに》（正徳元〈一七一一〉年～天明四〈一七八四〉年）は、造暦の主導権を奪還すべく、ただちに行動に出、互いに暗闘をくり広げたのである。

この状況下、幕府は翌宝暦二年、西川正休を江戸へ呼び戻し、改暦は土御門泰邦の手で進められることとなった。そして新暦案は宝暦四年、改暦宣下されたのである。この改暦出版には、暦書の版元や書物問屋が関わる。松葉清兵衛は、この宝暦の改暦騒動を知っており、この微妙な状況に対処したものと推測される。筆者は『刊自』の差し替え、版元離脱の背景の一つとして、この宝暦改暦騒動の存在を見ている（宝暦暦については、内田正男『暦の語る日本の歴史』〈吉川弘文館、二〇一二〉を参照）。

15　刊本『自然真営道』の読者

『刊自』の発行部数や価格などは不明であるが、読者が存在したことが報告されている。この事実を発見したのは、当時、愛知教育大学大学院生であった尾崎まとみで、一九八三（昭和五十八）年のことである。松宮観山（貞享三〈一六八六〉年〜安永九〈一七八〇〉年）の『天地開闢推量考弁』（『松宮観山集』第二巻）にそれが記されているという。

　観山は、昌益とほぼ同時代の人物で、下野（現栃木県）の出身で、のち江戸下谷にて家塾を開いていたという。観山のこの著書は宝暦十（一七六〇）年の著作で、北越の人中岡一二斎が著わした『推量考』五巻に対する批評をその内容とする。このなかに中岡一二斎の『刊自』読後感の一端が記述されていた。以下にその当該箇所を提示する。

「宝暦壬申（宝暦二〈一七五二〉年。仙確の「序」の年号と一致）ノ新刻ノ書、自然真営道ト題スルモノ有リ。曰ク、天ハ転也、地ハ定《チ》也。按ニ、定・止ト其ノ義一般、愚見ト暗合スルヲ以テ、楽ミテ殆《ほとん》ト食味ヲ忘レル。但、恨ハ其ノ見、虚高、実無シ。独智・自然ヲ主トシテ、聖経賢伝ヲ排斥ス。蛇前ノ盲人、井蛙ノ管見、亦、取ルニ足ラズ」（三宅正彦「安藤昌益の著書と読者―中岡一二斎の発見」『歴史と地理日本史の研究』一三五「史料紹介」山川出版社、一九八六、引用に当たり、原漢文を書き下し、振り仮名・句読点を施した）。

　これは近世人の思考・視点から見た『刊自』に対する感想・書評であり、貴重な発見である。筆者がこの一二斎の評を見たとき、かつて筆者が昌益の思想に初めて対したときの印象に近いものを感じた。著名な思想家や教学を「自然に非ズ」「不耕貪食」と一刀両断、快刀乱麻する姿勢・思想に何ともいえない安易さを感じた。強いていえば、もっと相手の懐に入り、相手の思想の中味を自分の思想の深みに結びつけたらなあ、と思うこともあった。

　かつて司馬遼太郎は、「私も安藤昌益について書かれたものをいくつか読み、その壮大で苛烈な独断《ドグマ》に目を見はる思いがした」（「陸奥のみち、安藤昌益のこと」『街道をゆく』3、四八頁、朝日新聞社、二〇〇五）と述べていた。筆者は昌益思想研究をする過程で、昌益が日本の近世封建社会の批判者、人間・男女平等思想を主張する思想家ではないことが少しずつわかってきた。外国思想である聖人の儒教、釈迦の仏教への批判を根底とした、外国の思想に対抗する神道家・国学者と共通する姿勢を貫く思想家であることが理解できたとき、昌益の外国思想・人物への激しい批判の意味がやっと理解できた。強いナショナリズムが思想の根底にあるのである。

さて、この中岡一二斎は、こうした昌益思想の本質をきちんと捉えている。中岡はこの書を「聖経賢伝ヲ排斥ス」るものと指摘した。彼は『刊自』が中国儒教の聖賢批判の書と見抜いたのである。また、この書は昌益が「独智、自然ヲ主トシテ」創造した独自な意味内容を備えていることをきちんと認識してもいた。昌益の「自然」が、それまでの「おのづから」の意味内容だけではなく、「自リ然ル」生命体の意味内容を根底にもっていることを「独智、自然ヲ主トシテ」と理解して表現したのであろう。

一番重要なことは、当時の読者が昌益思想に、何を読みとったのかということである。読者中岡一二斎は、『刊自』の「人倫世ニ於テ上無ク下無ク、貴無ク賤無ク、富無ク貧無ク、唯自然・常安ナリ」（⑬二〇〇〜二〇一）「万万人ニシテ自リ然ル一般ニ無上・無下・無二ノ世人ヲ以テ、君臣・父子・夫婦・兄弟・朋友ノ五倫ヲ分カチ立テ、士・農・工・商ノ四民ヲ立テ、是レ何事ゾ」（⑬二〇三）とある記述内容には一切関心をもたなかった。

現代人は、この記述内容に昌益の身分制批判、人間平等思想を読みとる。近世人と現代人との視点が異なるのか。中岡一二斎が昌益思想の先駆性を読みとれなかったのか。筆者は、中岡にとって『刊自』は中国の「聖経賢伝ヲ排斥」する書であり、「人倫世」「五倫」「四民」も、異国・中国のことがらだったのではないか。自分の住む江戸社会の事柄とは見ていないのではないか。私たちは現代人の視点のみで昌益思想を見てきていた。

長い間、昌益思想を知る人は、近代的な革新思想と、近世的な思考様式を合わせもつ昌益思想を、整合的に理解することができなかった。近世人中岡一二斎の目を通して、昌益思想の時代的な視点・位置を確認することができた。

四　後期安藤昌益の到達点

1　『大序巻』考

現存する『稿自』の大部分は、表紙が紺色で大きさもほぼ同一である。以下に検討する「大序巻」、第二十四「法世物語巻」、第二十五「真道哲論巻」は、表紙が渋茶色で大きさも他のものとは異なる。

『刊自』の出版に関わった幕府の書籍改め役人や書物屋仲間行事は、『刊自』を「猥成儀異説」と認定しなかった。読者の中岡一二斎も、中国聖人批判の書であることを読み取り、江戸社会の身分制批判の書とは捉えなかった。ここに近世人と現代人との、昌益を見る〝ずれ〟があったのである。

また、使用用語も異なり、執筆・製本時期の違いを推測させる。

『全集』の解説によれば、『大序巻』第二十五段は、「仙確による師昌益への送葬の辞」(①一五二)であるという。具体的には、「此ノ作者、常ニ誓ツテ曰ク、『吾レ転ニ死シ、穀ニ休シ、人ニ来ル、幾幾トシテ経歳スト雖モ、誓ツテ自然・活真ノ世ト為サン』ト言ヒテ転ニ帰ス、果シテ此ノ人ナリ」（①一五二）というのがそれである。

また、第二十五『真道哲論巻』第五十段に、「貞中〔昌益門人〕、先師ノ余徳ニ沢《うるお》フテ、此ノ言ヲ為ス」（①二三〇～二三一）と「先師」の表現があり、『全集』のこの「先師」にたいする注には、「普通は『亡き師』の意だが、なぜここで昌益を先師と呼んでいるのかは不明」（①二三一注1）とある。昌益没後の資料と推定されている『転真敬会祭文』に、「先師ノ真学ニヨリテ敬尊ノ義ヲ知ル」（⑯下三八二）とある。筆者は、他の多くの『稿自』と装丁・判型の異なる、これらの巻は昌益死没前後の著作と推定している。筆者は以下これら装丁と判型が異なる資料を、昌益思想〈後期〉のものとして検討していくことにする。

はじめに『大序巻』の特徴を箇条書きで提示してみよう。

(1)『大序巻』において、昌益の重要な用語である「自然」「自リ然ル」「互性」「活真」（「土活真」を含む）の使用回数（頻度数）を調べてみた。「自然」は一七回、「自リ然ル」は一回、「互性」は二三二回、「活真」は一二七回である。昌益の中期思想の中心である「自然」「自リ然ル」は大きく減少し、後期の思想の中心となる「互性」「活真」が、圧倒的な頻度数として登場した。このことは中期の「自然」「自リ然ル」から、「互性」「活真」への変化が後期思想の大きな特徴といえよう。

既成教学批判の原理は、中期の「自然ニ非ズ」から、後期の「互性ニ非ズ」へと移行した。中期は宝暦期前後の医学界における「自然」と「作為」の医学論争の渦中にあった。昌益は中国渡来の医学理論の「作為」に対し「自然」を対置して、聖人の「作為」を激しく批判した。

後期、医学界は古方・蘭医学の時代であった。昌益は旧態の五行論を解体して新たな理論構築を始めたのではないか。「四行八気」「互性活真」「土活真」「気行・味道ノ互性」などの展開は、こうした医学界の新たな状況に昌益なりに対応するものであった。息子周伯が古方派の山脇東門に入門したのは、ごく自然のことであった。

(2)中期の「真」「一真」から、後期の「活真」へと移行した。昌益は「活真《イキテマコト》」と振り仮名をつけた。中期の「真」に対して「活ナルカナ、真ナルカナ」（①二一五）と、より生命的な活動性を付与したのである。中期の「自然ト言フハ五行ノ尊号ナリ」（⑬八五）から、後期には「自然トハ互性妙道ノ号ナリ」（①六三）と、後期の「互性」が「自然」の原理・意味内容を受け継いだ。さらに「八気互性ハ自然、活真ハ無二活・不住一ノ自行、人・物生生ハ営道ナリ」（①六五）と、生命の原初・太元の混沌の姿を、成句（フレーズ）で表現することを始めた。

前期昌益が「未発・本然ノ一、自《ヲ》ヅカラ二ヲ具フ」（⑯下三〇〇）と考究していた生命生成の原初の姿を、より洗練されたフレーズで再登場させたのである。『全集』は、このフレーズを「昌益の弁証法の標語化。（中略）対立と統一の矛盾の論理を表わす」（①七〇注47）という。しかし、これは「自リ然ル」生命生成の動体・流体（一→二→一）の姿のことである。生命活動の動的な姿であり、弁証法（対立・矛盾）でもなんでもない。生命体「気」の生成・流体の姿を、「互性活真」論で洗練したフレーズ化であろう。『大序巻』は後期思想の「大いなる序」（序文の意味ではない）なのである。

2　「互性」考

『太極図説』に「一動一静、互ニ其ノ根ト為リ、陰ニ分レ陽ニ分レテ両儀立ツ」とある。天地万物の根元である太極の内部において、動静・陰陽は互いに「根」（存立の根拠）の関係として機《きざ》す（発現・感応）。この陰陽互根論は、「陽ナキトキハ、陰、以テ生スルコトナシ。陽ナキトキハ、陰、以テ化スルコトナシ。此レ陰陽互根ノ理ナリ」（加藤順庵『癆瘵《ろうさい》発揮』寛延四〈一七五一〉年）と江戸時代の医者たちにも受容されていた。

前期の昌益も「陰陽相生ジ相離レテ互ヒニ其ノ根

ニ通ズ。自然ノ天理ナリ」と捉え、中期には「是レ自然・互根ノ進退スル妙行」「性ヲ互ヒニ」と、互性論成立に近づく。後期になると昌益は、人間の人相面・精神面・人体面部に視点の中心が移行する傾向が強くなり、自然の運気論の説明に有効であった「進退」という動的・流体的な語句よりも、広範囲に機能・適応関係（対関係・二項関係）を説明できる「互性」という用語で全構造を把握しようとした。例えば、「無始無終（「真」のこと。昌益のラフな使用例）ヨリ転定・人・物・微塵ニ至ルマデ、互性ノ妙道ニ非ズト云フコト無シ」（①一一五）のようにである。

人家の炉や医論における面部や蔵府の相互の関連・関係性の説明には、「互性」（対）関係で捉えることの方がより有効であったのであろう。例えば、病気論でも、「外傷病ムトキハ必内ニ感ジ、内傷病ムトキハ必外ニ感ズル也。内ハ蔵也。外ハ府也。府蔵一気ノ進退ナル故ニ、互ニ感ズル所以也。（中略）病ム方ハ実シテ感ズル方ハ虚スルハ、其互性ノ妙具ナレバ也」（『進退小録』⑭二四七）のようにである。

人体内の蔵府は、前後・表裏・左右・上下と隣接して、互いに有機的に生命の維持活動をしつつ、病気になると、有機的な人体のネットワークは互いに影響を受ける。近世医学において「互性」論は、自然界と人体の相互のネットワーク、人間の精神と肉体の有機的な構造連関などを説明するための認識論・原理論・疾病論として説得力をもったのであろう（『人相視表知裏巻』「気道ノ互性」「味道ノ互性」）。ここには中期の濃密な運気論医学から、多様な臨床事例に柔軟に対応できる昌益医学論の変化が以前よりはっきりと窺える。

筆者は、中期の「互根」から後期の「互性」へ、「根」から「性」（「性《セイ》心ヲ生《イカ》ス、生《イカ》ス心、故ニ『タマシイ・イノチ』」②二〇四）への変化は、後期の「活真」（「イキテマコト」）の登場と連動したものと考えている。

互性論の登場について指摘しておくことがある。前述したように、後期昌益の特徴は中期思想の中心であった「自然」「自リ然ル」「真」（中真・一真）「進退」などの用語の使用数が少なくなり、それらの意味内容を「互性」が担うのである。

例えば、「互性ハ自然」「進退ハ互性ナリ。互性ハ活真ノ自行ナリ」（①一三〇）「互性ハ二別無キ一活真ノ自感ナリ。応感シテ二用ニ見ハルルナリ」（⑦二四〇）と、「真」の自感・自行・進退を「互性」で捉える。中期においては、真・「自然（自リ然ル）」・進退の「二」の原理からの二別批判が行なわれたが、後期はそれを互性論が担うことになる。

『昌益事典』ではこの「互性」について、「対立と統一と転化の矛盾関係・矛盾運動のことである」（別一八二）と規定している。しかし、例えば昌益は「互性」を「昼夜互性ニシテ活真ノ一日ナリ」「往来ハ進退ナリ。進退ハ互性ナリ」「薪ト煮水ト等対スル則ハ、互性ノ妙用相違ス」のように用いているが、ここには「対立と統一と転化の矛盾関係・矛盾運動」は認められない。

3　『真道哲論巻』考

『稿自』二十五「真道哲論巻」の「良子門人、問答語論」を、昌益と門人たちとの全国集会の記録とする説がある。寺尾五郎『先駆安藤昌益』（二四三頁、徳間書店、一九七六）と、安永寿延『安藤昌益』（五三頁）によってほぼ同時に提唱された。その後、安永は『稿本自然真営道』（平凡社、一九八一）において、「良演哲論巻」の叙述は、『稿自』三十五巻「人相視表知裏巻二」の「中身《ちゅうしん》ノ弁」（⑥二六〇）の記述内容・記述順序が、ほぼ似ていることを指摘した（二六六頁）。

その後、この「全国集会の記録」説に対し、萱沼紀子は「『良子門人問答語論』の虚構」（『安藤昌益の学問と信仰』五二頁、勉誠社、一九九六）において反論を展開した。萱沼は「全国集会という寺尾の構想自体は虚像にすぎない」（同前五七頁）とし、『良演哲論巻』の編者兼記者を神山仙確と断定した。

また、新谷正道は、「稿本『自然真営道』第二十五『良演哲論』をめぐって―「確竜堂一門、全国集会」説への異論」（『しらべるかい』第二号、調べる会、二〇〇九）において、「『良演哲論』の大文字部分が『人相巻』（「中身ノ弁」）を中心とした昌益の既存の著作から抜粋して編集されたもので、小文字（細字）部分は、その註解である」（同前二二頁）と指摘した。

筆者は『真道哲論巻』を読んだ感想として、内容的に新鮮さがなく、討論の雰囲気を感じることもなかった。寺尾・安永の全国集会説の主張に対する筆者の感想は、その主張を実証する論拠は特に提示されておらず、推測の域を出ていないものと見る。

一方、萱沼・新谷の主張には、具体的かつ説得力のある指摘を感じた。新谷は『良演哲論』を「稿本『自然真営道』の最終的な編集と絡んだ作業」と位置づけているが、筆者もそのような認識をもっている。

筆者は、出版予告のあった『自然真営道（後篇）』は出版されなかったと推定している。そのため確門の高弟仙確が、亡き昌益を顕彰するために、稿本『自然真営道』を編集し、そのなかに「真道哲論巻」等を新たに編集して加えたものと考えるのである。

こうした「全国的な集会」説に対し、はじめに小さな指摘をしておこう。まず、『真道哲論巻』（『良演哲論巻』）の「良子門人、問答語論」の冒頭に、「良演哲論」の題名の意味を解説する次のような記述があるので、以下にそれを検討する。

仙ガ曰ク、「『良』ハ、乃イ確龍堂良中ノ名ナリ。『演』ハ、先生自《ミずか》ラ演《の》ブルナリ。『哲』ハ、群門人先生ノ意ヲ知ルノ言《いイ》ナリ。『論』ハ、乃イ門人師意ヲ弁論ス」（①一七八）。

――文中の「群門人」について、『全集』の註解は「群は一か所に集まること。この冒頭の三行は、昌益と門人とが一堂に会して討論したことを示し、昌益一門の全国的な集会が実在したことを、仙確の言葉で立証している」（①一八一注6）とある。筆者は、「群」の意味を『角川漢和中辞典』で検索した。①むれる・あつまり。②なかま。③おおくの、がある。「群門人」は「多くの門人」との解釈も可能であり、「群は一か所に集まること」（『全集』）との断定的な解釈には疑義がある。

筆者の解釈では、「哲」は、「モノシリ・サトル・アキラカ」（②二四六）との昌益の字解もあり、その箇所は、「『哲』は、多くの門人が先生の意を知るの言なり」との解釈をする。また、資料の「師意ヲ弁論ス」の解釈について、『全集』の現代語訳は、「われわれが先生の思想について行う討論である」と訳している。

筆者が思うに「弁論」の語句は、現代人の眼からは、「討論」と解釈しがちである。昌益の「弁」の使用例は、「弁《わきま》ヘ」「弁《わきま》ヒ」が多い。したがって、この箇所は「師の意を弁《わきま》え論ず」と解釈すべきではないか。

筆者は、編者仙確による『真道哲論巻』制作の目的は、師昌益の思想を門人たちが理解（「弁《わきま》ヘ」）していることを、顕彰記録として残そうとしたものと捉えている。

この第二十五巻について、編者の仙確が「真営道書中、眼燈此ノ巻ナリ」と付記したのは、そのような位置づけの意味であろう。

仙確は、完成した『稿自』を、二代目安藤昌益に、師（父）良中の偉業として手渡したと推測している。筆者は、新たな資料の出現があれば再考したいが、「全国集会《シンポジウム》」説には否定的である。その理由はすでに指摘したが、それ以外に、

(1)八戸で行なったとして、門人たちは、松前（葛原堅衛《けんえい》）・奥州須賀川（渡辺湛香《たんこう》）・江戸（村井中《ちゅう》香《こう》）・大坂（志津貞中・森映確）・京都（明石龍映・有来静香《せいこう》）など、他領から参加することになる。各自、寺・村役人が発給した通行手形（往来手形）をもち、八戸藩領境の関所（番所）で手形改めを受け、当然番所から役所への報告があるであろう。また、八戸城下の出入り口番所にても検閲を受けるであろう。江戸時代は他領からの流入者には厳しい対応が想定されるからである。

八戸藩の資料には次のようなことが記されてい

る。「他領者、立帰り者、其の他諸観進〔興行のこと〕の類、すべて宿無し躰の者を置かぬこと。そのため、町々村々に隠し目付を出し、少しにても疑わしい者は家臣の召使いであっても捕え、住所を糺しそれぞれへ渡す」（「神山仙庵八戸藩御日記抜書」校倉版『全集』十巻二七九頁）とある。もう一つの事例がある。

天保四（一八三三）年、出羽村山地方（現山形県村山地方）の医師が、天保の大飢饉のなか、救荒（飢饉の対応策）のための研究会の集まりを計画した。この救荒のための研究集会について、次のような紹介がある。「天領私領を越えて集会を持っていることである。この集会は領分を越えているとして差止めをくっているが」（今田洋三『江戸の本屋さん―近世文化史の側面』一三六頁、平凡社、二〇〇九）と記述する。これ以上の記述はないので、この件の詳細は不明であるが、緊急時に医師たちが自主的に救荒のための研究会を立ち上げようとし、今ならば大いに評価されるであろうこの研究会は、結局「領分を越えたもの」としては差し止められたという。

江戸時代は今とは異なる世界である。藩の枠を越えて外から多くの人が一堂に集まって集会することは、不可能な社会と思ったほうが実情に近いのではないか。江戸時代の空気を吸う近世人と、現代人が見る江戸時代へのまなざしには大きな〝ずれ〟があるのではなかろうか。

⑵全国集会の年代について、『全集』の「真道哲論巻」解説では、「宝暦六、七ごろと推定されるだけで、場所も会期も判然としない」（①一六七）とし、『昌益事典』では、「宝暦七、八年頃」（別一五）と、実証資料がないため微妙に変化している。この頃の仙確（仙庵）の動向を、「神山仙庵八戸藩御日記抜書」（前出三四～三六頁）から提示してみよう。

宝暦六年　八月　「神山仙庵母、大病ニ付看病御暇《いとま》願」
　　七年十二月　仙庵、江戸より帰還
　　八年　　　　（この頃、昌益大館へ？）
　　　　　二月　仙庵、病気（「此節神山仙庵病気罷

在候付、齋藤意仙江御治療被仰付」）

とある。この仙確の動向から、はたして「集会」は実現可能であろうか。

(3)宝暦八年以降の大館二井田、八戸の災害・飢饉の様子を見てみる。出典は①『大館市史』、②『坊沢郷土誌』、③七崎修「安藤昌益在世時の八戸藩における気象災害記録」（八戸市立図書館編『安藤昌益』）。カッコ内は昌益の年齢。

宝暦　五　年（五十三歳）①大凶作。②大洪水・凶作。③凶作飢饉。
宝暦　六　年（五十四歳）①飢饉。③凶作飢饉。
宝暦　七　年（五十五歳）③水損。
宝暦　八　年（五十六歳）昌益、二井田村移住か。
宝暦　九　年（五十七歳）③大風雨・洪水。
宝暦十一年（五十九歳）②凶作。
宝暦十二年（六十歳。死去）③凶作・飢饉。

(4)『真道哲論巻』には「良中先生（中略）秋田城都ノ住ナリ」とある。この巻が構想された頃、昌益は秋田に移住していた。「八戸集会」が宝暦八年以降として、昌益が帰住した大館二井田周辺は、「極窮の村」「潰れ寸前の村」と言われるほど、連年の飢饉後で疲弊し、昌益は安藤家の再興や、村内活動で多忙であったと思われる。

二井田村の石高は、享保七（一七二二）年の二〇〇九石を最高に、寛延四（一七五一）年一五〇九石、宝暦八（一七五八）年一一四二石、昌益没後の明和二（一七六五）年一一四八石である（前出『大館市史』第二巻第三章「二井田村と昌益」二五五〜二五六頁）。

このような状況のなかで、昌益が集会のために八戸に行くことが可能であろうか。また、当時八戸は安穏とした状況であったのであろうか。八戸の農民人口は、「寛延二年（一七四九）から宝暦十二年（一七六二）に至る十三年間で一万四八四二人の減」（『新編市史』通史編Ⅱ「近世」六四頁）と記述する。

昌益は、宝暦八年ころ大館に移住して、十二年に亡くなっている。大館での生活は五〜六年程ではなかろうか。

はたして昌益に「八戸集会」参加の余裕があるの

であろうか。『新編市史』は、「もし八戸で開かれたとすれば、少なくとも七人の人たちが八戸の外から来たことになる。藩庁日記類には、他所から来た人が宿泊したときの届け出が記されている。もっとも全ての旅行者が記録されたとは考えられないわけだが、とにかく彼らが八戸に来たということは記録上では確認できない」（『新編市史』近世資料編Ⅲ四五三頁）という。

八戸の町医者安藤周伯宅に、知人の三戸の医者山本由益が宿泊することも藩に届け出るのが当時の社会である。「集会」の存在についてはもっと総合的に資料を固め、整合的に検討すべきと考える。一研究者として「八戸全国集会《シンポジウム》説」の「独り歩き」をおそれる。

4 『契フ論』考

この『契フ論』（「私法盗乱ノ世ニ在リナガラ自然活真ノ世ニ契《カナ》フ論」『契フ論』と略称・通称する）は、先学が指摘するように、著者（編集者）の明確な意図・構想のもとに『真道哲論巻』の続き物として作成されたものである、と筆者も見る。

『全集』の「真道哲論巻」の解説には、「この最終の部分で、究極の目標である『直耕一般』『無盗無乱』の『自然世』に到達するための過渡期の構想がしぼりだされてくるのである」（①一七〇）と、『契フ論』を現実の幕藩制社会における社会変革の「過渡期」論と捉えている。筆者はこの見解には否である。

さて筆者は『契フ論』を検討するにあたり、はじめにこの『論』を読解する筆者の「視点」を提示し、次に『契フ論』の主要な「内容」を検討してみよう。

（1）視点

（1）『稿自』「統目録」（『大序巻』巻末にある）には、第二十五巻の題名を「良演哲論巻及法世政事並真韻論」とし、「真営道書中、眼燈此ノ巻ナリ」（①一五五）として、著者は目的意識を明確にして編集している。この巻の内容の構成を筆者なりに表現すると、良演哲論→契フ論→活真妙論→孔子・曾参論→炉・面部論→音韻論→『韻鏡』妄失論、と見ることができる。この構成は後期昌益（仙確）が最後まで「眼燈此ノ巻ナリ」とした問題意識・内容であり、この内容を後期思想の「互性活真」論・「四行八気」論で論じているのである。

筆者は、『良演哲論』は良中の思想を「門人師意ヲ弁論」（師意を弁え論ずる）するもので、後期の互性活真論で中期以降の視点を更新したものと見る。『契フ論』は、「統目録」に「法世政事」と表記されるように、互性活真論から法世を批判した内容である。『活真妙論』は互性活真原理の本質論の提示。『孔子・曾参論』は、『孔子一世弁紀』を断念した昌益が終生の論敵・異国儒教の最大の思想家孔子を、「不耕貪食シテ、僅カノ栄花ニ転道ヲ盗ミテ、永ク四類ニ落ツルコト」（『孔子・曾参論』①三〇二）と孔子を断罪したものと見る。このような意味で「眼燈此ノ巻ナリ」なのである。

(2)この『契フ論』の世界は、最初に、

「其ノ妙序、転ハ定外、定ハ転内ナリ。外、転内ニ定備ハリ、内《ウチ》、定内ニ転備ハリ」（①二六七）

「転定ハ一体ニシテ上無ク下無ク、統ベテ互性ニシテ二別無シ。故ニ男女ニシテ一人、上無ク下無ク、統ベテ互性ニシテ二別無ク、一般・直耕、一行・一情ナリ。是レガ自然活真人ノ世ニシテ、盗乱・迷争ノ名無ク、真儘（「真」が貫徹している）・安平ナリ」（①二六八〜二六九）

と、導入部として『契フ論』を理解するための〝舞台設定〟をはじめに説明している。この編集者（著者）の〝舞台設定〟を看過するととんでもない読解となる。この舞台とは、渾天説の世界で、天地に上下はないという世界であること。また、真体の「一」の世界（転定一体・男女一人）の「自然活真人ノ世」に関する舞台設定であることを初めに明確に提示している。また、舞台内容は天地生成後、「活真ノ世」を破壊した聖釈の法世の世界のことである。それは、例えば宝暦期・幕藩制社会という現実世界のことではないのである。

(3)『契フ論』における昌益の基本的な認識は、「世ハ聖人乱シ、心ハ釈迦乱シ」(①二七二)「然ルニ聖人出デテ、耕サズシテ只居テ、転道・人道ノ直耕ヲ盗ミテ貪リ食ヒ、私法ヲ立テ税斂ヲ責メ取リ(中略)王民・上下、五倫・四民ノ法ヲ立テ、賞罰ノ政法ヲ立テ、己レハ上ニ在リテ此ノ侈威ヲ為シ、故ニ下ト為《シ》テ之レヲ羨ム。且ツ、金銀通用、之レヲ始メ、金銀多ク有ルヲ、上貴キト為シ、少《スク》ナク、無キヲ下賤シキト為シ、凡テ善悪・二品、二別ヲ制ス」(①二六九～二七〇)。この記述内容は異国の聖人の私法に対する批判である。これらの視点が『契フ論』の舞台内容の大前提にあり、そのため昌益の具体的な批判の記述内容も皆聖人の私法に則って展開されることになる。

(4)昌益の基本的な視点は「悉ク妄乱ノ徒ラ・悪事、止ムコト無キハ、上ノ侈リヨリ出ヅルナリ。本《ト》、聖釈ヨリ始マル所ナリ。天竺・南蛮・漢土・朝鮮・日本、一般ニ是ノ如ク、迷欲・盗乱止ムコト無シ。(中略)活真ノ妙道ヲ弁ヒ、改ムルニ非ズンバ、無限ニ迷欲・盗乱絶ユベカラズ。故ニ、是レガ私法ノ世ノ有様ナリ」(①二七三)。この昌益の「法世」は、渾天説下の「天竺・南蛮・漢土・朝鮮・日本、一般ニ是ノ如ク、迷欲・盗乱止ムコト無シ」の認識である。

昌益の視点は特定の日本社会に限定した記述ではなく、「一般ニ是ノ如ク、迷欲・盗乱止ムコト無シ」という「法世」一般論の視点からである。昌益の認識は、聖釈・「上」の私欲が法世の出現及び元凶(「妄乱ノ徒ラ・悪事、止ムコト無キハ、上ノ侈リヨリ出ヅナリ。本《ト》、聖釈ヨリ始マル所ナリ」)であること、この昌益の視点は絶対に揺るがない。

この視点さえ確保すればその他の記述内容はラフで、昌益の視点は「転下ハ転真ノ世ニシテ法ヲ知ラズ。然ルニ聖人、上ニ立チテ私法ヲ為ス、故ニ私法ハ盗乱ノ根ト成ル」(①二六二)と、常に「転下ハ転真ノ世」対「法世」との対決図式となる。以上のことからこの『契フ論』の舞台内容は抽象的・思弁的とならざるを得ないのである。次に主要な〝内容〟を紹介して論ずる。

(2) 内容

①「若《も》シ上ニ活真ノ妙道ニ達スル正人有リテ、之レヲ改ムル則ハ、今日ニモ直耕・一般、活真ノ世ト成ルベシ。然レドモ上ニ正人無クンバ、如何《いかン》トモ為《ス》ルコト能ハズ。盗乱ノ絶ユルコト無キ世ヲ患ヒバ、上下盗乱ノ世ニ在リテ、自然活真ノ世ニ達スル法有リ。止ムコトヲ得ズ、左ノ如シ」(①二七三)

②「失リヲ以テ失リヲ止ムル法有リ。失リノ上下二別ヲ以テ、上下二別ニ非ザル法有リ。似タル所ヲ以テ之レヲ立ツルニ、暫ク転定ヲ仮リテ之レヲ謂フ則ハ、転定ニ二別無ク、男女ニ二別無ケレドモ、私法ヲ為シテ、転、高ク貴ク、定、卑ク賤シク、男、高ク貴ク、女、卑ク賤ク、高卑・貴賤ニシテ一体ナリ。之レニ法リテ上下ノ法ヲ立ツル則ハ、今ノ世ニシテ自然活真ノ世ニ似テ違ハズ」(①二七五〜二七六)

——①は、「正人」(互性活真を理解・実践する人間。「己レ備足ノ活真ニ感ジ、通達」した人間。活真人に同じ。偏知・偏惑の用語に対応した「正人」の表記)が登場する。異国の既成教学批判を確立した中期昌益の視座は、「気《ソナワリ》」(善の体系)思想から、流入した既成教学を批判・廃棄すれば自然と「自然ノ世」「自然真営道」の「善の世界」が現われると考えていた。後期昌益は理想的な人間像である「正人」を登場させるが、「上ニ正人無」しではどうしようもないとする。しかし、盗乱無き世実現のために、「上下盗乱ノ世ニ在リテ、自然活真ノ世ニ達スル法」があるという。

②は、「失リヲ以テ失リヲ止ムル法有リ」という。「私法」をもって、転定・男女・高卑・貴賤を「一体」と捉えるならば、「今ノ世ニシテ自然活真ノ世ニ似テ違ハズ」と昌益は認識する。昌益のもつ「二別」批判が、現実社会の「二別」(身分制社会)批判から生み出されたものではなく、「真」(「一体」)の原理から主張されたものなので、「一体」の原

理・認識・把握であれば、「今ノ世ニシテ自然活真ノ世ニ似テ違ハズ」というのである。

昌益のいう「契フ」の意味は、「自然真ノ道ニ契フ」「転定ニ契フ」ことであり、「契合」（合致）のことである。「一真」「転定ニシテ一体」という「一」原理に「契フ」ことなのである。筆者は『契フ論』は現実社会の変革をめざした「過渡期論」というより、昌益の思弁的な原理契合構想論と見る。

続けて次のような構想を提示する（筆者の関心のある箇所を提示する）。

「上ノ領田ヲ決メ、之レヲ耕サシメ、上ノ一族、之レヲ以テ食衣足ルトスベシ。諸侯、之レニ順ジテ国主ノ領田ヲ決メ、之レヲ以テ国主ノ一族、食衣足ンヌベシ。万国凡テ是ノ如クシテ、下、衆人ハ一般直耕スベシ。凡テ諸国ヲ上ノ地ト為シ、下、諸侯ノ地ト為サズ。是レ若シ諸侯、己レガ領田ノ耕道怠ラバ、国主ヲ離スベキ法ト為ス。若シ諸侯ノ内ニ、迷欲シテ乱ヲ起シ上ヲ責メ取ルトモ、決マレル領田ノ外、金銀・美女無シ。故ニ、上ニ立ツコトヲ望ム侯、絶無ナリ。税斂ノ法、立テザル故ニ、下、侯・民ヲ掠メ取ルコト無ク、下、上ニ諂フコト無シ。上下在リテ二別無シ」（①二七六〜二七七）

——「活真ノ世」から聖人の「法世」を見るため、難解な記述となっている。「万国」「諸国」がある。渾天論下の「転下ハ転真ノ世」であるので「万国」の表現は可能であるが、この「万国」の表現から、著者の時代設定は徳川幕藩制社会に限定したものではないことがわかる。

また、「上」の表現は具体性がない。研究者各人の推測で、日本社会の天皇・徳川将軍なのか、それとも徳川将軍・大名の武家権力なのか、『全集』では「最高統轄者」（①二七六、現代語訳）とある。「下」は、「衆人」「民」と同じく具体性がない。これらの認識は江戸時代の現実の具体的社会関係の名称・役割を踏まえた記述ではない。昌益は真論の「一」論対『易経』の「二別」論の図式にこだわるので、「上下」という二分法の原理で社会関係をラフに見るのであろう。

「若シ上《ミ》、不耕貪食シテ栄侈ヲ為ス則ハ、転道ヲ盗ムナリ。故ニ下、之レヲ羨ミテ貨財ヲ盗ム。乱、此ニ始マル。故ニ上、之レヲ明カシテ栄花・遊楽ノ侈リヲ止ムル則ハ、下、羨ムノ心無ク、欲心《ヲ》自ヅカラ止ム。是レ上、盗ノ根ヲ絶《タ》ヤスナリ。故ニ下、枝葉ノ賊《ヲ》自ヅカラ絶エテ、上下ノ欲盗、絶ユル則ハ、庶幾《コエネガ》フトモ乱ノ名ヲ知ラズ。是レ上下ノ法世ニシテ、乃イ自然活真ノ世ナリ」（①二八九～二九〇）

――昌益思想は、二別的・分別的な見方・思考を忌避・批判する思想・原理を根幹としている。人間の欲望の対立・衝突をいかに避けるか、この難問題が昌益の終生の課題であった。この『契フ論』で、「然レドモ上ニ正人無クンバ、如何《ン》トモ為《ス》ルコト能ハズ。盗乱ノ絶ユルコト無キ世ヲ患ヒバ、上下盗乱ノ世ニ在リテ、自然活真ノ世ニ達スル法有リ。止ムコトヲ得ズ」とか、「失リヲ以テ失リヲ止ムル法有リ。失リノ上下二別ヲ以テ、上下二別ニ非ザル法有リ」との記述は、昌益思想の後退ではなく、昌益思想の本質に深く根ざした構想・解決策であると筆者は考える。

昌益が儒教・仏教の外来思想の分別・分知（二別）を嫌悪する理由は、「二別」は、欲望を喚起させ、互いの欲望が衝突すると昌益が見ているからである。昌益の願いは調和・和合にある。「自リ然ル」原理は、固定・固執せず常に循環する。循環には「二別」が成立しない。固執・二別は対立が発生し易いと昌益は見る。昌益はこの『契フ論』で、上下・貴賤を「一体」と見ることで自己の思想・原理である「一」論に「契フ」のである。昌益は「上下在リナガラ一活真ノ世ニ契フテ、無盗・無乱・無欲・無賤・無惑ノ世ト成リ、安平ナラン」（①三〇九）という。

「若シ生レ損《ソコ》ネノ悪徒者出ヅルコト之レ有ル則ハ、其ノ一家一族ニ之レヲ殺サシメ、上ノ刑伐ヲ加フルコト勿レ。之レヲ邑政《ゆうせい》ト為ス。毎《おのおの》一族、互ヒニ之レヲ糺ス則ハ、悪徒ノ者之レ有ルコト無シ」（①二九〇）

――この記述も難解である。まず、「生レ損《ソコ》ネノ悪徒者」の表現と内容である。落語などにて、「この生れ損ね」に似たような表現・やり取りは、当時の社会では普通の表現のように思える。問題は悪徒者に対する次の記述である。「其ノ一家一族ニ之レヲ殺サシメ、上ノ刑伐ヲ加フルコト勿レ。之レヲ邑政ト為ス」とある。

昌益の著作に親しんだ現代人の筆者にはとても違和感のある記述内容である。八戸・大館周辺の村落内にこのような事例に近いことがかつて存在したのであろうか。例えば、大館二井田村に隣接する笹館村（現大館市比内町笹館）で、昌益没後六年にあたる明和五（一七六八）年に、菅原清右衛門強殺事件が起こった。郷中の良き指導者が、村人たちによって生き埋めにされ殺されるという事件である。

この菅原清右衛門は、当時農村での大事な行事である日待・月待・神事・祭事などは、一文の役に立つものではないから、こんな無駄はやめるべきであると主張したという（ふと筆者は「近年昌益当所へ罷出、五年之間ニ、家毎之、日待・月待・幣白・神事・祭礼等も一切不信心ニ而相止」の資料を想起した）。

このような言動が人々から嫌われ、また、領主から派遣された役人と紛争を起こした廉で郷払いの処分を受けたという。時々里に下っては従来の主張を宣伝するので、領主の命を受けた五ケ村の重立者が多数の村民を引きつれ強殺した事件である（『比内町史』九六九頁、一九八七）。詳しい内容は不明であるが村落内でこのような歴史的な事実があったことは留意しておきたい。

さて『契フ論』の「邑政」の「一家一族ニ之レヲ殺サシメ」という近世的世界の意味内容については、現代人の筆者には正直違和感がある。後期昌益の思想に突如、「邑政」、そして「若シ生レ損《ソコ》ネノ悪徒者出ヅルコト之レ有ル則ハ、其ノ一家一族ニ之レヲ殺サシメ、上ノ刑伐ヲ加フルコト勿レ。之レヲ邑政ト為ス」と登場する。昌益が「不耕ノ徒者《ラ》」「若シ耕ヲ怠リ遊芸ヲ為ス者ヲバ、一族、之レニ食ヲ与フベカラズ」（①二七八）という主張は、近世農民世界の現実を直視した視点からの主張であろうか。

安永寿延は「邑政コミューン」「粛清の制度」（『安藤昌益　研究国際化時代の新検証』八六頁、農文協、一九九二）などとの指摘をするが、筆者は、『契フ論』は、他の『真道哲論巻』『法世物語巻』（表紙は「私法世物語巻」）と同じ心象風景（「転真ノ世」対聖人「法世」の図式）・舞台設定のなかで編集されたもので、思弁性・作為性が強く、「邑政」の記述内容について、昌益思想の受け手は柔らかく対応してよいのではないか、と考える。

筆者の稚拙な視点であるが、前期昌益は、「猫音」の反切で、「『猫《ネウ》』『音《イン》』ノ切シ『若《ニャン》』（中略）是レ猫音、自然ニ『若《ニャン》若《ニャン》』」（⑯下三〇四）と遊ぶ。後期の『法世物語巻』（⑥九八）にて、「猫、座ノ隅ニ居タリ。狐、猫ニ向カヒテ曰ク、『猫殿ハ何《ニャン》ニモ言ハズニ居ルハ何《ニャン》ゾ』」と、遊びは一貫している。通説の昌益像は、現実の支配体制・政治権力を激しく批判して、日々緊張感をもっていた人物のように描かれやすい。

筆者は、後期昌益思想の『法世物語巻』における鳥獣の目から人間社会（法世）を批評・批判させるユーモラスな物語の心象世界が、昌益の実像に近いのではないかと推測している。

昌益は「気《ソナワリ》」の思想家であり、自国を強く肯定する思想的立ち位置から、「無二一真」の「和」の世界を破壊した異国の儒教・仏教を廃棄して、人々が「己レ備足ノ活真ニ感ジ、通達」すれば、自然と廉正な「自然真ノ神道」にもとづく日本が現われると考えていたと推測するのである。

流入した異国教学（儒教・仏教）に対する昌益の激しい批判的な言説は、民族主義的な神道思想家としての危機感からの言説であると理解している。

おわりに

狩野亨吉が安藤昌益を見出した一八九九（明治三十二）年から一世紀余りの間、数多くの研究者によって昌益像が追求され、形成・確立されてきた。しかし、一見百家争鳴、多種多様にみえる昌益像も、それを俯瞰するとある共通項、類似点があるように思える。

それが通説とされるものであるが、それは簡単にいえば、安藤昌益は近世幕藩身分制社会を激しく批判し、人間・男女平等思想を唱えた思想家であるという評価である。本書はこうした通説に対して異を唱えるものであり、昌益思想を詳細に分析した結論である。ここでもう一度本書の結論をまとめると以下のようになる。

(1) 昌益研究の最大の難題は、画期的な封建的身分制批判思想と、一方での旧態の朱子学的な思惟構造との融合した思想構造の整合的な解明である。

本書では、昌益の思想的本質は朱子学的（近世的）な天人合一原理であると規定する。

昌益の運気論原理は万物一体・万物同根原理を根底にもち、気（太元・転定）の原理・構造から人間・社会をアナロジー（類推・相似）して演繹的に認識するという特徴をもつ。

(2) 昌益の天地観は上下観のない渾天説を基礎とし、天地万物の原初・太元である生命体「真」（一気・一体）の「一」の原理・構造で天地万物・人間が生成・存在し、「一」の原理・構造ですべてを認識できるとする。昌益はこの「一真」の原理・構造（一元論）から上下・貴賤・悟迷など、すべての「二別」原理・思想を批判した。

昌益の「二別」批判の視点は、現実の封建的な上下・尊卑の身分制社会を検討・分析した結果ではなく、運気論の「真」の原理・構造から生み出された「二別」批判である。

昌益の万人＝一人論、男女《ヒト》論も封建的身分制社会

の現実を直視した主張ではなく、「無二一体」論・「無二一真」論からの認識・批判である。

(3)　昌益思想変貌の画期は、十八世紀後半の医学界における医学論争にある。運気論医学が否定される宝暦期前後の医学界において、濃密な運気論医であった昌益は、「無二一真」原理の運気論を構築しつつ、中国渡来の聖作『内経』運気論の作為、なかんずく『内経』の「運気・二火論」(二別)原理を激しく批判した。それは『内経』運気論が、自己の「無二一真」運気論と対立する原理であったからである。

昌益の「二別」批判は、この「運気二火」論争の渦中から獲得された視座であって、広く流布しているような東北地方の凶作や飢饉から獲得された視座ではない。「二別」原理は、聖作『易経』においても天地・上下・貴賤などの二別原理が貫徹されている。この『易経』をはじめとする異国渡来の聖人の教学・経典に「二別」原理が貫徹していることを、昌益は鋭く見抜いたのである。

昌益は、この「医学論争」の渦中に身を置きつつ、異国渡来教学を厳しく批判するナショナリズムを色濃くもった「自然真ノ神道」を構築していた。この重層した昌益の視座こそ、昌益思想の本質であり、歴史的位置なのである。

(4)　昌益の四民(士農工商)・五倫・武士批判は、中国儒教の聖人の私法批判の一つの素材であり、昌益の視点は日本の身分制社会に対する批判ではない。それは昌益の自国認識の肯定的な立ち位置からもわかる。昌益には自国の現実社会の記述が少ないのは、昌益のまなざしは異国教学である儒教・仏教批判などに注がれていたからである。

以上の昌益思想の分析結果から、通説の昌益像―近世幕藩制社会の批判者・近世身分制社会の批判者など―の再検討の必要性を提起するものである。

(5)　かつて津田左右吉は、昌益の思想的立ち位置を、外国思想への批判的な神道的・国学的な脈絡のなかに置いて把握していた。本書も同じ認識である。昌益思想の本質は天地生成以前の太元「真」のあり方に価値をおく善の体系からの批判的視座である。天地生成後の世界は人為・人知の欲望の世界と見る。昌益は外国の儒教・仏教に代表される既成教学は、分別知・二別論を根底にもち、欲望の競い合い・対立を前提にしているものと認識していた。昌益思想の根底には外国思想によって被害を被った被害者意識がある。昌益の著作の大部分が外国思想への批判で埋め尽くされていることを直視したい。

昌益思想の歴史的・思想的立ち位置は、神道家・国学者と同じような、外国思想に対抗する強いナショナリズム・神道論（「自然真ノ神道」）にある。この点を無視すると複雑な昌益思想の実像を「整合的」に理解できない。

(6) 昌益の「自然」は、天地生成以前の生命体である「真」体のあり方であり、天地生成後の、天地万物の「自然界《ネーチャー》」ではないことを明らかにした。近世思想史の視座としての「自然」と「作為」として表現すると、混沌の一気・妙体の「真」のあり方は「自然」、天地生成後の既成教学は「作為」となる。「気《ソナワリ》」の「自リ然ル」世界は「一」気の流体で、「二別」が存在しないあり方である。分別・対立の起こらない世界、「私《コシラヘ》」の欲望が起こらない世界であり、あり方である。昌益思想の「自リ然ル」世界・あり方の主張は、独自な思想体系をもち、近世思想史上に高く位置づけられるものである。

(7) 最後になるが、筆者は、狩野亨吉証言にある家康批判の「張紙」の件は、昌益思想との整合性はなく、後世の他者による「作為」の可能性が高いと疑義をもつに至ったものである。筆者は新たな昌益像の出現を待っている。

あとがき――わが昌益遍歴

一九六七（昭和四十二）年、なにもわからずに、院生の卒業論文のテーマに「安藤昌益」を選んでしまった。古文書という別世界のことがわからないことが大きな理由であった。東京大学総合図書館に通い、稿本『自然真営道』をひたすら筆写した。漢文の基礎もなく、合成字（ヿ《コト》）の存在さえ知らずに……。東京大学構内には立て看板が日増しに多くなっていく頃のことである。

翌年、八戸の昌益資料閲覧のため上杉修さんを訪い、一部が焼けこげた『自然真営道』（『甘味ノ諸薬・自然ノ気行』）を見せて頂いた。そのなかに香川修徳のことが記述されていて、筆写を申し出たが断られた。

私は昌益関係の論文を読み込んだが、多くの論文がいわゆる反映論であった。まるで判で押したように昌益思想の解読が東北の飢饉と関わらせて行なわれていた。宝暦期、軽米《かるまい》の医者富坂涼仙、一関の医者建部清庵も飢饉を目撃しているが、徳川身分制社会を批判していない。なぜ昌益だけなのか。昌益の資料を読み込むと、飢饉の視点だけでは昌益の思想は解読できないことがわかってきた。

昌益の資料は一種の医学書なので、昌益は近世医学史の脈絡のどこに位置するのかと近世医書を読みあさった。その過程で京都大学医学図書館「富士川文庫」から昌益医学の全貌を記録した『真斎謾筆』を見出すことができ、そのほかに見出した昌益関係資料とともに『史学雑誌』（七九編二号）に「安藤昌益学派の医書について」として報告することができた。

この発見は、関東大震災で灰燼に帰した安藤昌益の稿本『自然真営道』の医学部分を再現する画期的な資料として高く評価され、その後も一介の高校教員に過ぎない筆者に研究発表の場を与えてくれる契機となった。この僥倖は筆舌に尽くせないものがある。

その後、高校教諭の職を得て、昌益研究から離れ、大館での昌益の墓や大館資料の発見さえ知らずに過ごしていた。やがて地域（千葉県木更津・君津地域）の歴史的課題を知り、十年余の調査を終え、二〇〇〇（平成十二）年、『二十一世紀の君たちへ伝えておきたいこと―第二海軍航空廠からみた軍国日本の膨張と崩壊』（崙書房。増補版二〇〇六年、うらべ書房）をまとめ、生徒たちに地域の戦争体験の調査記録を遺すことができた。

定年退職直後の二〇〇六（平成十八）年、「安藤昌益と千住宿の関係を調べる会」が京大内田銀蔵未公開資料を発掘。事務局から資料解読への誘いがあり、参加した。

ある日、参加者の雑談に「八戸の昌益門人の全国集会」「秘密結社」のことなどの話があった。筆者が昌益研究から遠ざかっていた間の昌益研究の進展と筆者の昌益思想研究との落差に、完全に「浦島太郎」状態であった。しかし、昌益研究の進展の内容が、渡辺大濤のイメージ先行の昌益像をより拡大したものであることを知り、「危機感」を抱き、昌益研究を再開した。

『安藤昌益全集』（農文協）を紐解くが、学生時代に獲得した昌益像が変化することはなかった。昌益研究の通説が、近世封建身分制社会の批判者、人間・男女平等論者という盤石の研究成果の前に、筆者の拙い研究内容は四面楚歌であった。幻聴であるが、遠くから「日本の封建社会を批判した人物が一人くらいいた方が何か希望をもてるよ」という声も聞こえてくる。筆者の拙い研究内容を放棄することは容易いが、一学徒として自己の研究内容を世に問いたい気持ちはつねにあった。前述した「危機感」である。

二〇一三（平成二十五）年二月、初めて大館を訪れた。大雪で交通機関が寸断され、吹雪のなか、徒歩で二井田温泉寺をめざしたが身の危険と交通機関寸断を予想して断念。翌日は快晴。雪道の温泉寺に到着した。昌益の墓は雪に埋もれていた。住職さんから「冬に昌益の墓を見に来る人はいませんよ」と言われた。かつての八戸訪問も厳冬であった。厳しい風雪のなかで昌益は自己の思想を鍛えのだと思う。

二〇一四年秋、黄金色の田園風景に魅了されつつ昌益の墓と初めて対面できた。長い風雪で文字は判読できなかったが、やっと昌益思想を江戸という時代・歴史のなかに自然に落ち着かせることができたと感じた。人びとは筆者の研究に対して、「無駄・徒労」というかもしれない。

「危機感」から再開した筆者の十年におよぶ昌益研究はこうして幕を閉じた。

最後になるが、本書の上梓に当たってご協力頂いた皆さまのご芳名を掲げ、感謝の意を表したい。

本書の写真・図版掲載に際し、次の皆さまのご協力を頂いた。

貴重な史料の掲載をご承諾頂いた『儒道統之図』現所蔵者の戸村茂樹氏、その画像使用に際し、ご協力・ご提供頂いた岩手県立博物館、および同館学芸員で川村寿庵・安藤昌益研究にも大きな業績をお持ちの齋藤里香氏。

安藤昌益の墓碑やその晩年について記録した二井田史料を見出された地方史家で、写真家の山田福男氏には、発見当時の安藤昌益の墓碑や『石碑銘』などの得難い貴重な写真を本文に、再建された石碑の芸術的な写真をカバー用に、ご提供頂いた。

また、東京大学総合図書館には、カバー用に「大序巻」冒頭の掲載許可と写真をご提供頂いた。

さらに、この厳しい出版状況下、安藤昌益とその事績を記した本書の意義とを理解され、英断を下された農山漁村文化協会、本書の執筆・編集に多くのご教示とご尽力を頂いた同会編集局の泉博幸氏に深く感謝申し上げる。

本書の完成は、本書に掲げた多くの先学諸賢の学恩にもとづくものであることを記して感謝を捧げ、擱筆する。

二〇一五年秋　古希　　著者

著者紹介

山﨑　庸男（やまざき　のぶお）

1944（昭和19）年生。立正大学経済学部・同大学院国史学専攻。大学院在学中、論文執筆の過程で京都大学医学図書館「富士川文庫」などから、安藤昌益学派の医学史料である『真斎謾筆』『進退小録』などを発見。医者としての安藤昌益の業績再現に功績を挙げた。卒業後、千葉県内の公立高校教員を務める傍ら、地方史の研究・指導に従事、今日に至る。

主な著書・論文に以下のものがある。

新版『千葉県の歴史散歩』（分担執筆、山川出版社、1989年）、『君津市史　通史』（分担執筆、君津市、2001年）、増補版『21世紀の君たちへ　伝えておきたいこと―第二海軍航空廠からみた軍国日本の膨張と崩壊―』（うらべ書房、2006年）。

「安藤昌益学派の医書について」（『史学雑誌』79編2号、1970年）、「十八世紀後半の医学界と安藤昌益」（『史学雑誌』93編1号、1984年）、「安藤昌益をめぐる人物―医者・錦城」（『史学雑誌』101編5号、1992年）。

安藤昌益の実像
―近代的視点を超えて

2016年3月20日　第1刷発行

著　者　山﨑庸男

発行所　一般社団法人　農山漁村文化協会
郵便番号107-8668　東京都港区赤坂7丁目6-1
電話　03(3585)1141（営業）　03(3585)1145（編集）
FAX　03(3585)3668　振替　00120-3-144478
URL　http://www.ruralnet.or.jp/

ISBN 978-4-540-15222-1　印刷／藤原印刷（株）
〈検印廃止〉　製本／根本製本（株）

定価はカバーに表示
Printed in Japan
乱丁・落丁本はお取り替えいたします。